"十三五"高等职业教育核心课程规划教材·汽车类

U0719700

汽车电器设备构造与维修

主　编　宋文玺

副主编　马　军　冯　斌

西安交通大学出版社
XI'AN JIAOTONG UNIVERSITY PRESS

内 容 简 介

　　"汽车电器设备构造与维修"是汽车检测与维修专业的核心专业课程。本书围绕工作项目展开,以学生能独立完成工作岗位所要求的作业为项目,介绍了汽车基本电气系统,即电源系统:蓄电池、发电机、电压调节器的结构和原理,充电系统的线路组成及检测维修;起动系统:起动机的组成原理,起动系统线路组成及检测维修;点火系统:分电器、点火线圈、火花塞的结构原理,点火系统的线路组成及检测维修;照明及信号系统;仪表及指示系统;辅助电器系统、空调系统、汽车电气设备线路等。

　　本书可作为各类职业院校汽车检测与维修专业、汽车电子专业和汽车技术服务与销售专业的教材,也可作为汽车技术人员的培训教材,同时还可作为汽车维修行业技术人员的参考书籍。

图书在版编目(CIP)数据

汽车电器设备构造与维修/宋文玺主编 . —西安:西安交通大学出版社,2020.1
ISBN 978-7-5693-0828-0

Ⅰ.①汽… Ⅱ.①宋… Ⅲ.①汽车-电气设备-构造-高等职业教育-教材②汽车-电气设备-车辆修理-高等职业教育-教材 Ⅳ.①U472.41

中国版本图书馆 CIP 数据核字(2018)第 194588 号

书　　名	汽车电器设备构造与维修
主　　编	宋文玺
责任编辑	李　佳

出版发行　西安交通大学出版社
　　　　　(西安市兴庆南路1号　邮政编码710048)
网　　址　http://www.xjtupress.com
电　　话　(029)82668357　82667874(发行中心)
　　　　　(029)82668315(总编办)
传　　真　(029)82668280
印　　刷　陕西金德佳印务有限公司

开　　本　787mm×1092mm　1/16　　印张 14.25　字数 340 千字
版次印次　2020 年 1 月第 1 版　　2020 年 1 月第 1 次印刷
书　　号　ISBN 978-7-5693-0828-0
定　　价　39.8 元

发现印装质量问题,请与本社发行中心联系、调换。
订购热线:(029)82665248　(029)82665249
投稿QQ:19773706

前　言

　　课程建设与课程改革是提高教学质量的核心，也是教学改革的重点和难点。高职院校应积极与行业企业合作开发课程，根据技术领域和职业岗位（群）的任职要求，参照相关的职业资格标准，改革课程体系和教学内容，建立突出职业能力培养的课程标准。为此，我们紧跟高职高专的教学目标，编写了本书。

　　本书以汽车基本电气系统为主线，即电源系统：蓄电池、发电机、电压调节器的结构和原理，充电系的线路组成及检测维修。起动系统：起动机的组成原理，起动系统线路组成及检测维修。点火系统：点火控制器、分电器、点火线圈、火花塞等的结构原理，点火系统的线路组成及检测维修。照明及信号系统，仪表及指示系统，辅助电器系统，空调系统，汽车电器设备线路等。根据课程内容要求，设置了蓄电池、发电机、调节器、起动机、点火系等 9 个实训项目，理论教学与实践教学交互进行，做到了理论联系实际。

　　本书围绕工作项目展开，以项目为载体实现工、学结合，依据工作情景构建教学情景，让学生在工作情景中完成工作过程，在完成工作过程中培养和发展职业能力、构建相关的理论知识。本书将基本知识、基本能力和技能实训体现在各项目任务中。通过讲授活动内容与实训项目相结合的方式，加深学生对于课程内容的直接感受、感知，强化对于汽车电气结构、维修、调整的深刻理解。实训项目主要通过拆装掌握汽车电器部件的组成、工作原理；通过模拟故障诊断掌握故障诊断的思想与逻辑判断思路。融"教、学、做"为一体，强化学生对项目工作过程的能力培养。

　　本书由兰州职业技术学院宋文玺主编，马军、冯斌担任副主编。其中，宋文玺编写项目一到四，马军编写项目五到项目七，冯斌编写项目八、九，全书由宋文玺统稿。本书可作为各类职业院校汽车检测与维修专业、汽车电子专业和汽车技术服务与销售专业的教材，也可作为汽车技术人员的培训教材，同时还可作为汽车维修行业技术人员的参考书籍。

　　由于编者水平有限，教材中仍可能有缺漏及不当之处，恳请各教学单位和读者批评指正。

编　者

2018 年 5 月

目　录

项目一　蓄电池

【项目要求与能力目标】

❖ 掌握蓄电池的结构与类型；

❖ 理解蓄电池的工作原理；

❖ 学会蓄电池技术状况的检查方法；

❖ 学会蓄电池的充电作业方法。

任务1　了解蓄电池的功用、结构及型号

一、蓄电池的功用

蓄电池俗称电瓶，是一种可逆的直流电源，是将化学能转换为电能的装置。其功用主要表现在以下几个方面：

1）起动发动机时，向起动机提供强大的电流，并向点火系统等用电设备供电。

2）在发动机产生故障不能供电时，向用电设备供电。

3）当发电机超负荷时，协助发电机供电。

4）当发电机电压高于蓄电池电压时，储存多余的电能。

5）在发电机转速和负荷变化时，保持电路的电压稳定。

二、蓄电池的结构

普通铅酸蓄电池主要由极板、隔板、电解液、壳体、联条等部分组成。蓄电池由单体电池组成，12V 蓄电池由 6 个单体电池串联而成，每个单体电池电压为 2.1V，如图 1-1 所示。

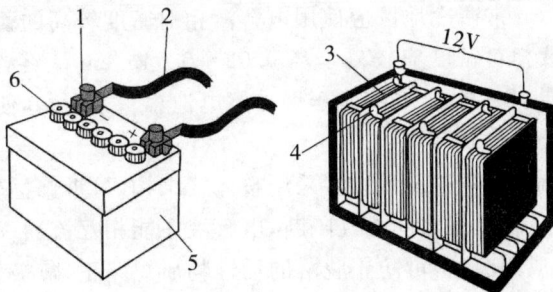

1—极桩；2—起动电缆；3—单体电池；4—联条；5—外壳；6—加液孔盖。

图 1-1　蓄电池的构造

1. 极板

极板是蓄电池的核心，由栅架和活性物质组成。活性物质填充在铅锑合金铸成的栅架

1

上。正极板上的活性物质是褐色的二氧化铅（PbO_2），负极板上的活性物质是青灰色海绵状铅（Pb）。

由于单片极板上的活性物质数量少，所存储的电量少，为了增大蓄电池的容量，通常将多片正、负极板分别并联，用横板焊接。安装时，正、负极板相互嵌合，中间插入隔板，组成正、负极板组。同时，横板上方有极桩，以便连接各个单格电池，如图1-2所示。

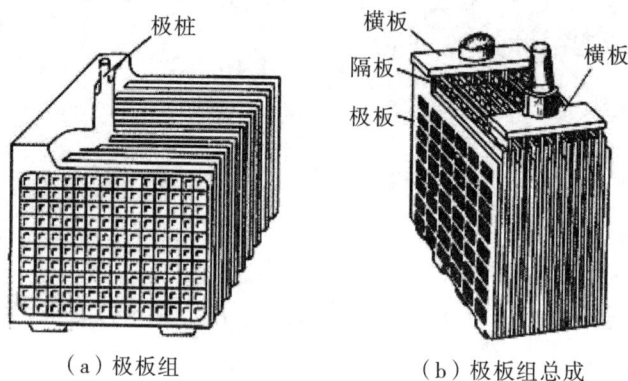

（a）极板组　　　　　　　　（b）极板组总成

图1-2　极板结构示意图

在每个单格电池中，负极板的数量总比正极板多一片。这是因为正极板在进行电化学反应时比负极板强烈，且正极板上的活性物质比较疏松，为防止正极板放电不均匀造成极板拱曲而使活性物质脱落，因此在制造时使正极板处于负极板之间。

2. 隔板

为减小蓄电池内阻和体积，防止正、负极板接触而短路，通常在正、负极板之间插入隔板。隔板材料应具有多孔性以便电解液渗透，同时应具有良好的耐酸性和抗氧化性。隔板的材料有木质、微孔橡胶、微孔塑料、玻璃纤维和纸板等，其中微孔橡胶性能较好，但价格较高。目前广泛使用微孔塑料隔板做成袋状，且带槽一面朝向正极板。

3. 电解液

电解液在蓄电池化学反应中起重要作用，由相对密度为 $1.84g/cm^3$ 的纯硫酸与蒸馏水按一定比例配置而成，相对密度一般为 $1.24 \sim 1.30g/cm^3$。不同地区和不同季节所要求的电解液相对密度是不一样的，通常寒冷地区应使用电解液相对密度较高的蓄电池，在同一地区使用的蓄电池，冬季的电解液相对密度应较夏季高 $0.02 \sim 0.04g/cm^3$。冬季在电解液不结冰的前提下，相对密度应尽可能小一些，这样有利于增加蓄电池容量，延长其使用寿命。

4. 外壳

外壳是用来盛装电解液和极板组的，多采用整体式结构，可拆修性较差。只留一对极桩和与单格数相等的加液孔。各单格之间相互隔断，电解液不能相互流通。底部有凸肋，用来支撑极板组。凸肋与底面形成沉淀槽，可防止脱落的活性物质短路正、负极板。对外壳的要求是耐酸、耐热、耐寒、耐震、耐腐蚀及绝缘性能好等。常见铅蓄电池的外壳材料是硬橡胶或聚丙烯塑料。由于聚丙烯塑料不仅各种化学性能及机械性能良好，而且外表美观，壳体透明，便于观察电解液液面高度，因此被广泛应用。

5. 其他部件

极桩：分为正极桩和负极桩，用铅锑合金浇铸。一般正极桩粗些，使用时应注意防护极桩的腐蚀与氧化。

联条：由于各个单格电池相互串联，联条即为与极桩熔焊在一起的连接板条，现在多采用穿壁式连接。

加液孔盖：加液孔盖可防止电解液溅出，上有通气孔，还装有氧气过滤器减少水消耗。

封口料：填充在盖与外壳缝隙之间的易熔材料，起密封与防泄露作用。

三、认识型号

依据《铅蓄电池产品型号编制方法》标准规定，国产蓄电池的型号一般分为3段5部分，标注在外壳上。其排列和型号含义如下：

| 1. 串联的单位格电池数 | 2. 电池型号 | 3. 电池特征 | 4. 额定容量 | 5. 特殊性能 |

第1部分：用阿拉伯数字表示该蓄电池由几个单格电池串联组成。如3表示3个单格电池，额定电压为6V；6表示6个单格电池，额定电压为12V。

第2部分：表示蓄电池的类型，主要根据用途来划分，用大写字母表示。如起动用铅蓄电池用Q表示；摩托车用蓄电池用M表示。

第3部分：为蓄电池的特征代号，其含义如表1-1所示，无字母表示为普通铅酸蓄电池。

表 1-1　蓄电池特征代号

特征代号	蓄电池特征	特征代号	蓄电池特征	特征代号	蓄电池特征
A	干荷电	J	胶体电解液	D	带液式
H	湿荷电	M	密闭式	Y	液密式
W	免维护	B	半密闭式	Q	气密式
S	少维护	F	防酸式	I	激活式

第4部分：表示蓄电池的额定容量。额定容量越大表示其起动能力越强，单位为A·h(安培·小时)。

第5部分：为特殊性能，特殊性能用字母表示，无字母为一般性能蓄电池。如G表示高起动率；D表示低温起动性能好。

例如：6-Q-105型蓄电池表示是由6只单格电池组成，额定电压为12V，额定容量为105A·h的起动型铅蓄电池。6-QW-60G型蓄电池表示是由6个单格电池串联而成，额定电压为12V，额定容量为60A·h的起动型免维护高起动率铅蓄电池。

任务2　了解蓄电池的工作原理、工作特性及容量

1. 蓄电池的工作原理

蓄电池的工作原理就是化学能与电能的相互转化。蓄电池将化学能转化为电能而向外供电的过程称为放电过程；相反把电能转化为化学能储存起来的过程称为充电过程。

（1）电动势的建立

当把极板浸入电解液后正极板发生如下反应：

$$PbO_2 + 2H_2O \rightarrow Pb(OH)_4$$

3

$$Pb(OH)_4 \rightarrow Pb^{4+} + 4OH^-$$

由于 Pb^{4+} 有向正极板运动的趋势,从而正极板带正电。当溶液中 $Pb(OH)_4$ 的生成速度和分解速度达到动态平衡时,正极板的电极电位约为 $+2.0V$。

在负极板处,金属铅受到两方面的作用,一方面,它有溶解于电解液的倾向,因而有少量铅进入溶液,生成 Pb^{2+},在负极板上留下两个电子 $2e$,使负极板带负电;另一方面,由于正、负电荷的相互吸引,Pb^{2+} 有沉附于极板表面的倾向。当两者达到平衡时,溶解便停止,此时极板具有负电位,约为 $-0.1V$。

因此,当外电路未接通,一个充足电的蓄电池反应达到相对平衡状态时,在静止状态下的电动势 $E_j = 2.0 - (-0.1) = 2.1V$,实际测定的结果是 $E_j = 2.044V$。

（2）蓄电池的充电与放电

蓄电池充放电反应具有可逆性,其基本反应方程如下:

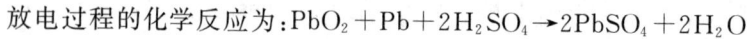

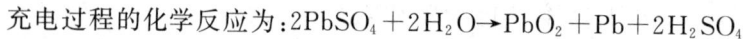

放电过程的化学反应为: $PbO_2 + Pb + 2H_2SO_4 \rightarrow 2PbSO_4 + 2H_2O$

充电过程的化学反应为: $2PbSO_4 + 2H_2O \rightarrow PbO_2 + Pb + 2H_2SO_4$

由以上反应可知,蓄电池在放电时消耗了硫酸而生成了水,电解液密度减小;蓄电池在充电过程中生成了硫酸而消耗了水,电解液密度增大。因此,通过测量电解液的密度可反映出蓄电池的充放电状况。

2. 蓄电池工作特性

学习蓄电池工作特性的目的是为更好地使用蓄电池,其工作特性主要通过静止电动势、内阻及充放电特性等进行描述。

（1）静止电动势

静止电动势即为蓄电池的既不充电也不放电的情况下的电动势。静止电动势可用直流电压表或万用表直接测量,静止电动势的大小取决于电解液的密度和温度,在电解液密度为 $1.050\sim$ $1.300g/cm^3$ 的范围内,蓄电池的静止电动势可用下面的经验公式计算:

$$E_j = 0.84 + \rho_{25℃}$$

（2）内阻

蓄电池的内阻大小反映了蓄电池带负载的能力。在相同条件下,内阻越小,输出电流越大,带负载能力越强。蓄电池内阻包括极板电阻、隔板电阻、电解液电阻、铅连接条和极桩的电阻等。在正常的使用中,蓄电池的内阻很小,约为 0.011Ω。

（3）蓄电池的放电特性

蓄电池的放电特性是指恒流放电时,蓄电池端电压 U_f、电动势 E 和电解液密度 $\rho_{25℃}$ 随放电时间变化的规律。完全充足电的蓄电池以 20h 放电率恒流放电的特性曲线如图 1-3 所示。

第一阶段是开始放电阶段（2.11~2.0V）。这时,蓄电池端电压 U_f 从 2.11V 迅速下降,这是由于放电之初极板孔隙内的 H_2SO_4 迅速消耗,密度迅速下降的缘故。

第二阶段是相对稳定阶段（2.0~1.85V）。

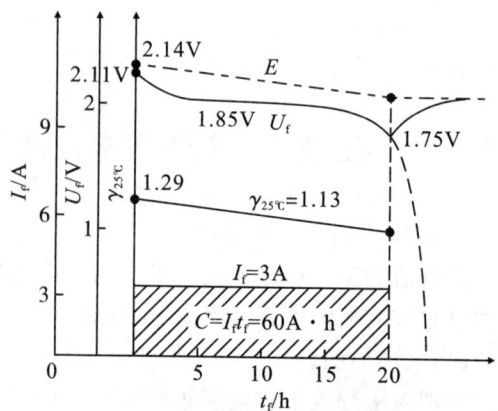

图 1-3 蓄电池的放电特性曲线

这一阶段,极板孔隙外的电解液向极板孔隙内渗透的速度加快,当渗透速度与化学反应速度达到相对平衡时,极板孔隙内的电解液密度的变化速率趋于稳定,端电压将随整个容器内的电解液密度降低而缓慢下降到 1.85 V。

第三阶段是迅速下降阶段(1.85～1.75V)。这时由于放电接近终了,化学反应渗入到极板内层,而放电时生成的硫酸铅较原来的活性物质的体积大(是 PbO_2 的 1.86 倍,Pb 的 2.68 倍),硫酸铅聚集在极板孔隙内,缩小了孔隙的截面积,使电解液渗入困难,因而极板孔隙内消耗的硫酸难以补充,孔隙内的电解液密度便迅速下降,端电压也随之急剧下降。

第四阶段是过度放电阶段(<1.75V)。蓄电池单格的端电压下降至一定值时(20h 放电率降至 1.75V),再继续放电即为过度放电。过度放电对蓄电池十分有害,易使极板损坏。此时如果切断电源,让蓄电池"休息"一下,由于极板孔隙中的电解液和容器中的电解液相互渗透,趋于平衡,蓄电池的端电压将会有所回升。

由此可见,蓄电池放电终了的特征是:

1)单格电压放电至终止电压(以 20h 放电率放电,单格电压降至 1.75V)。

2)电解液密度降至最小许可值(约 1.11g/cm³)。

蓄电池允许的放电终止电压与放电电流强度有关,放电电流越大,则放完电的时间越短,允许的放电终止电压越低。

(4)蓄电池的充电特性

蓄电池的充电特性是指恒流充电时,蓄电池充电电压 U_c、电动势 E 及电解液密度 $\rho_{25℃}$ 等随充电时间变化的规律。蓄电池以 20h 充电率恒电流充电时的特性曲线如图 1-4 所示。

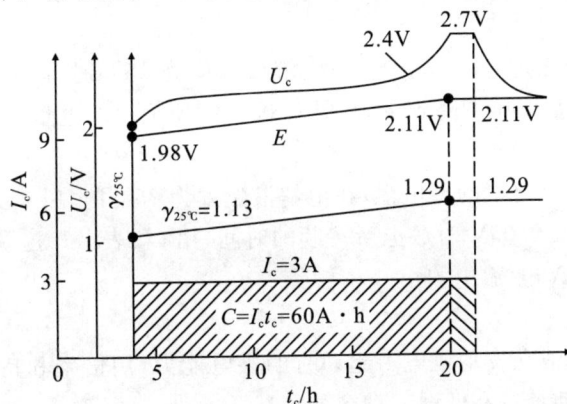

图 1-4　蓄电池的充电特性曲线

由于采用恒流(定电流)充电,单位时间内生成的硫酸量相同。所以,电解液的密度 $\rho_{25℃}$ 呈直线上升,静止电动势也随之上升。

从充电特性曲线可看出,蓄电池单格端电压的变化规律也可分为四个阶段:

第一阶段是开始充电阶段(2.0～2.11V)。开始接通充电电源时,极板孔隙内表层迅速生成硫酸,使孔隙中电解液的密度增大,因此,蓄电池单格端电压迅速上升。

第二阶段是稳定上升阶段(2.11～2.3V)。蓄电池单格端电压上升到 2.1V 以后,孔隙内硫酸向外扩散,继续充电至孔隙内产生硫酸的速度和渗透的速度达到平衡时,蓄电池的端电压就不再上升,而是随着整个容器内电解液密度的上升而相应提高。

第三阶段是迅速上升阶段(2.3～2.7V)。蓄电池单格电压达到 2.3～2.4V 时,极板外层的活性物质基本都恢复为 PbO_2 和 Pb 了,继续通电,则使电解液中的水电解,产生 H_2 和 O_2,以气泡形式出现,形成"沸腾"现象。由于产生的 H_2 以离子状态 H^+ 集结在溶液中负极板处,来不及立即全部变成气泡放出,使得溶液与极板之间产生约 $0.33V$ 的附加电压,因而使得蓄电池单格端电压 U 上升至 $2.7V$ 左右。

第四阶段是过充电阶段($>2.7V$)。蓄电池单格端电压 U_c 上升至 $2.7V$ 时应切断电源,停止充电,否则将会造成"过充电"。长时间过充电易加速极板活性物质的脱落,使极板过早损坏,因此必须避免。

在实际使用中,为保证将蓄电池充足电,往往在出现"沸腾"之后,再继续充电 $2\sim3h$,注意测量端电压和电解液密度,如果不再增加,才停止充电。充电停止后由于充电电流为零,端电压迅速回落,极板孔隙内电解液和容器中的电解液密度趋于平衡,因而蓄电池端电压又降至 $2.11V$ 左右。

可见,蓄电池在充电终了时(充足电)有如下特征:

1)蓄电池内产生大量气泡,即出现"沸腾"现象。

2)端电压上升至最大值,且 $2h$ 内不再增加。

3)电解液密度上升至最大值,且 $2\sim3h$ 内不再增加。

3. 蓄电池的容量

蓄电池的容量是指在规定的放电条件下(包括放电温度、放电电流、放电终止电压),完全充足电的蓄电池所能提供的电量,用 C 表示。蓄电池的容量是衡量蓄电池对外放电能力、质量优劣,以及选用蓄电池的最重要指标。

(1)额定容量

额定容量是指完全充足电的蓄电池,当电解液温度为 $25℃$ 时,以 $20h$ 放电率的电流连续放电,直至 $12V$ 蓄电池端电压下降到 $10.50\pm0.05V$ 时所输出的电量。

(2)储备容量

储备容量是指完全充足电的蓄电池,在电解液温度为 $25℃$ 时,以 $25A$ 电流放电,$12V$ 蓄电池端电压下降到 $10.50\pm0.05V$ 时放电所持续的时间,用 C_m 表示。这说明当汽车电源系统失效时,蓄电池能提供 $25A$ 电流的时间。

(3)起动容量

起动容量是指蓄电池在发动机电力起动时的供电能力,用倍率和持续时间表示。起动容量有两种规定:常温起动容量和低温起动容量。

1)常温起动容量:常温起动容量为电解液初始温度 $25℃$ 时,以 $5min$ 放电率的电流放电,放电 $5min$ 至单格电池电压降至 $1.5V$ 时所输出的电量。$5min$ 放电率的电流在数值上约为其额定容量的 3 倍。

2)低温起动容量:低温起动容量为电解液初始温度为 $-18℃$ 时,以 $5min$ 放电率的电流放电,放电 $2.5min$ 至单格电池电压下降至 $1V$ 时所输出的电量。

(4)影响蓄电池容量的因素

蓄电池容量由构造因素和使用因素两方面决定。构造因素包括:极板的厚度、面积、中心距等;使用因素包括:放电电流、电解液温度与密度等。

小贴士:实践证明,电解液密度偏低有利于提高放电电流和容量。因此,冬季在不致结冰的前提下,应尽可能使用密度较低的电解液。

任务3　了解新型蓄电池

1. 免维护(MF)蓄电池

普通铅酸蓄电池在使用中存在自放电严重、失水量大、极柱腐蚀严重等问题,所以现在越来越多的汽车使用免维护铅蓄电池。

免维护蓄电池又称 MF(Maintenance-Free)蓄电池,其含义是在合理的使用期限内不需添加蒸馏水,如短途车可行驶 80 000km,长途货车可行驶 400 000km~480 000km 而不需进行维护,可使用 3.5~4 年不需加蒸馏水,在其使用过程中不需作任何维护或只需较少的维护工作。如图 1-5 所示为免维护蓄电池的结构示意图。

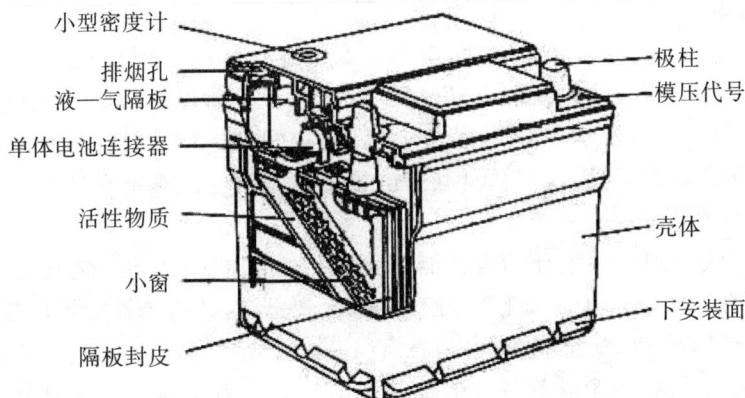

图 1-5　免维护蓄电池的结构示意图

(1)免维护蓄电池的结构特征

1)排烟孔采用新型安全的通气装置和气体收集器,孔塞内装有一个氧化铝过滤器或催化剂。过滤器可以阻止水蒸气和硫酸气体通过,避免其与外界火花接触而爆炸,催化剂能促使氢氧离子结合生成水,故电解液中蒸馏水的消耗很少。

2)正极板装在袋式微孔塑料隔板之中,可以取消壳体的底部凸筋部分,降低极板组的高度,使极板上部的容积增大 33%,电解液的贮存量相对增加。由于正极板装于塑料袋中,活性物质不易剥落,极板短路现象大为减少,自放电的可能性也大为减弱。

3)单体电池采用穿壁式贯通连接,使内阻减小,输出电流增大。同时采用聚丙烯塑料热压外壳和整体式电池盖,壳体内壁薄,储液多,与同容量普通铅酸蓄电池相比,重量轻,体积小。

4)对于无加液孔的免维护蓄电池,由于不能采用传统的密度计来测量电解液的相对密度以判断其技术状况,在蓄电池顶上常装有一个小型密度计以判断其技术状况。

小贴士:从检视窗口观察,如果看到绿点,表明蓄电池工作情况良好;看不到绿点但显示为淡绿色,说明电解液相对密度降低,蓄电池充电不足,应及时充电;如果检视窗显示浅黄色或无色,说明蓄电池已无法正常工作,必须更换蓄电池。

(2)免维护蓄电池的使用特点

1)在整个使用过程中不需补充蒸馏水。所谓免维护,主要是指使用中不需补加或少加蒸馏水。铅酸蓄电池电解液中的水分消耗主要为水蒸发(约占 10%左右)和水的电解(约占 90%

左右),尤其在过充电的情况下,水的电解更加严重。普通铅酸蓄电池每行驶 1 000km,水的消耗量为 16~32g,而免维护铅蓄电池每行驶 1 000km,水的消耗量仅是铅蓄电池的 1/10,即 1.6~3.2g。

2)自由放电少,存放电损失少。免维护铅蓄电池与普通铅蓄电池相比较,自由放电很少,免维护铅蓄电池湿式贮存可达两年以上。

3)使用寿命长。免维护铅蓄电池的使用寿命一般在四年以上,是普通铅蓄电池使用寿命的两倍多。

4)接线极柱腐蚀小。

5)内阻小,起动性能好。

6)主要缺点是极板制造工艺复杂,价格高。

2. 干荷电蓄电池

干荷电蓄电池即干式荷电铅蓄电池,它与普通铅蓄电池的区别是极板组在干燥状态的条件下能够较长期地保存在制造过程中所得到的电荷。干荷电铅蓄电池在规定保存期(两年)内如需使用,只要灌入符合规定密度的电解液,搁置 30min,调整液面高度至规定标准后,不需要进行初充电即可投入使用,且其荷电量可达到蓄电池额定容量的 80% 以上,是理想的应急电源。

干荷电铅蓄电池之所以具有干荷电性能,主要在于负极板的制造工艺与普通铅蓄电池不同。正极板的活性物质 PbO_2(二氧化铅)化学活性比较稳定,其荷电性能可以较长期地保持。而负极板上的活性物质 Pb(海绵状铅)由于表面积大,化学活性高,容易氧化,所以要在负极板的铅膏中加入松香、油酸、硬脂酸等防氧化剂;并且在化成过程中有一次深放电循环或进行反复地充电、放电,使活性物质达到深化。化成后的负极板,先用清水冲洗后,再放入防氧化剂溶液(硼酸、水杨酸混合液)中进行浸渍处理,让负极板表面生成一层保护膜,并采用特殊干燥工艺(干燥罐中充入惰性气体或抽真空)干燥,即可制成干荷电极板。由于负极板经特殊处理,其抗氧化性能得到提高。因此,与普通铅蓄电池相比,自放电小,贮存期较长。干荷电蓄电池的维护与普通蓄电池基本一样。对于贮存期超过两年的干荷电蓄电池,因极板有部分氧化,使用前应先充电 5~10h。

任务 4　蓄电池技术状况的检查

蓄电池的技术状况直接关系到蓄电池的工作状况,定期进行检查不仅能使蓄电池发挥最大效能,而且能延长蓄电池的使用寿命。一般来说,轿车每行驶 1 000km,或冬季行驶 10~15天,夏天行驶 5~6天,须对蓄电池进行下列检查。

1. 外部检查

1)检查蓄电池安装是否牢靠,接线是否松动,极桩是否腐蚀或氧化。

2)检查蓄电池封胶是否开裂,壳体有无破裂,电解液有无泄漏。

3)检查蓄电池是否有尘土或污垢,通气孔是否畅通。

2. 液面高度检查

蓄电池电解液液面高度通常采用目测法或玻璃管检查法进行检查。目测法适用于半透明式蓄电池,液面应位于最高(Max)和最低(Min)液面标记之间。

玻璃管检查法如图 1-6 所示,把内径为 3~5mm、长 100~150mm 的玻璃管插入加液孔内,使其与极板防护片相抵,然后用手指堵住玻璃管的另一端,把玻璃管提出后测量吸入管内的液柱高度,应在 10~15mm 之间。液面过低时,应补加蒸馏水;液面过高时,应用密度计吸出部分电解液。

3. 放电程度检查

(1)用密度计检测电解液密度

将一定量的电解液吸入密度计内,使密度计浮子处于吸管的中部,不能触及吸管的顶部、底部及玻璃壁,液面所在的刻度即为相对密度值。或根据浮子上的红、绿、黄三色标签,粗略判断密度值,红色区域为 $1.1~1.15g/cm^3$,绿色区域为 $1.15~1.25g/cm^3$,黄色区域为 $1.25~1.30g/cm^3$,如图 1-7 所示。在测量电解液密度值时,应同时测量电解液的温度,并将测得的电解液相对密度转换成 25℃时的相对密度(我国以 25℃为标准),转换公式为:

$$\rho_{25℃} = \rho_t + \beta(t-25)$$

式中,$\rho_{25℃}$——25℃时的电解液相对密度;

ρ_t——实测电解液密度;

t——实测电解液温度;

β——密度温度系数,大小为 0.00075,即温度每上升 1℃,相对密度下降 0.00075。

根据实际经验,电解液相对密度每减少 $0.01g/cm^3$,相当于蓄电池放电 6%,所以从测得的电解液相对密度就可以粗略估算出蓄电池放电程度。需要注意的是,对大电流放电或刚加注蒸馏水的蓄电池,不可立即测量电解液密度,因为此时电解液混合不均匀。

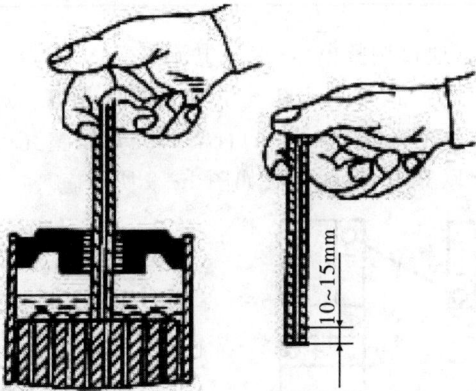

图 1-6 电解液液面高度检查

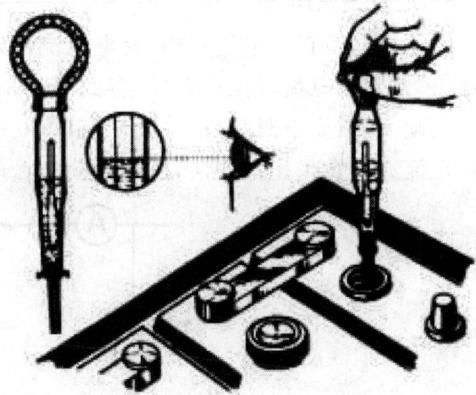

图 1-7 电解液密度检查

(2)用高率放电计检测放电电压

高率放电计如图 1-8 所示。用 12V 高率放电计或蓄电池测试仪测量蓄电池的端电压,测量时将两个叉尖紧压在单格电池的正负极柱上,并保持 3~5s。对于 12V 蓄电池,若电压稳定保持在 9.6V 以上,说明蓄电池性能良好,但存电不足;若稳定在 10.6~11.6V,则说明存电较足;若电压迅速下降,则表示有故障。

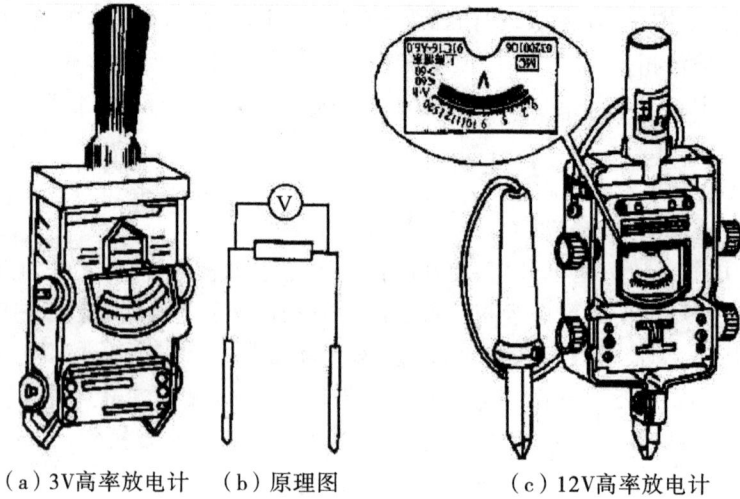

（a）3V高率放电计　（b）原理图　　　　　（c）12V高率放电计

图1-8　高率放电计

任务5　了解蓄电池的充电

一、充电方法

蓄电池的充电方法有三种:定流充电、定压充电和脉冲快速充电。

1. 定电流充电

定流充电指在充电过程中,充电电流恒定不变(通过调整电压,保证电流不变)。定流充电的优点为:充电电流可任意选择,有助于延长蓄电池寿命,可用于初充电和去硫化充电。定流充电的缺点是:充电时间长(一次初充电 60～70h,补充充电 10～13h)且需要经常调整充电电流。定流充电常采用串联法,尽可能同容量电池串联充电,接线方法如图1-9所示。

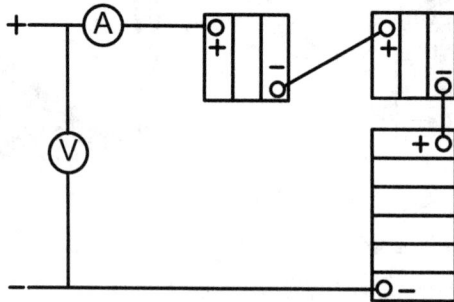

图1-9　定流充电的接线方法

2. 定压充电

定压充电指在充电过程中,充电电压恒定不变。在汽车上,发电机对蓄电池的充电就是这种方法。定压充电的优点为:充电速度快,充电时间短,充电电流 I 会随着蓄电池电动势 E 的上升而逐渐减小到零,使充电自动停止,不必人工调整。定压充电的缺点是:充电电流大小不能调整,所以不能保证蓄电池彻底充足电(不能用于初充电和去硫化充电)。定压充电常采用并联法,各并联电池电压应相等,但型号、容量和放电程度可以不同。接线方法如图 1－10 所示。

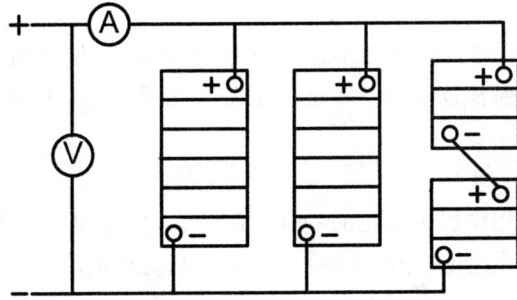

图 1－10　定压充电接线方法

3. 脉冲快速充电

脉冲快速充电,亦称分段充电。其显著特点就是充电速度快,新蓄电池初充电不超过 5h, 补充充电只需 0.5～1.5h。以脉冲大电流来实现快速充电,大大缩短充电时间,但对蓄电池有不利影响。

其充电过程可表述如下,电流波形如图 1－11 所示。

1)大电流恒流充电 $I_C=(0.8～1)C_{20}$ 至单池电压升至 2.4V;

2)前停充 15～25ms;

3)反向脉冲充电 $I_C=(1.5～3)C_{20}$ 时间为 150～1000μs;后停充 25～40ms。

如此循环,直至充足电。

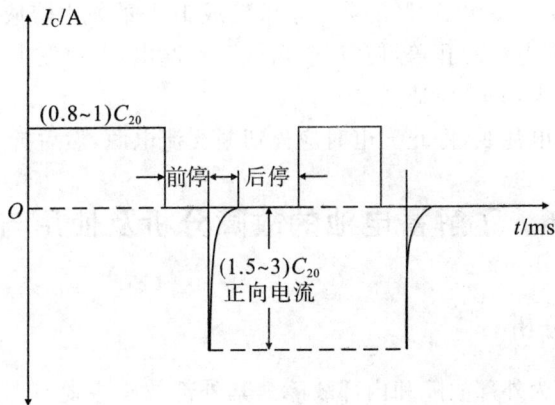

图 1－11　脉冲快速充电的电流波形

二、充电种类

1. 初充电

对新蓄电池或更换极板后的蓄电池进行的首次充电称为初充电。充电之前首先按规定加入电解液,待温度降到 35℃以下,连接充电设备。通常采用改进的定流充电方法,即充电分两个阶段进行。第一个阶段把充电电流设为 $C_{20}/15$,充至单格电池电压达到 2.4V。第二阶段将充电电流减半($C_{20}/30$),充电至电解液沸腾,单格电压达到 2.7V 且电压连续 3h 不变为止。

充电过程中应注意：①旋开加液孔；②观察充电电流，及时调整；③每隔2～3h应测量一次电压和密度，及时转为第二阶段，经常测量温度，控制温度不高于45℃。

2. 补充充电

蓄电池在使用过程中，经常有充电不足的现象发生，故应根据情况进行补充充电，一般一个月进行一次。补充充电通常也采用定流充电方法，一般选取第一阶段充电电流为 $C_{20}/10$，第二阶段为 $C_{20}/20$。

3. 间歇过充电

间歇过充电是避免使用中极板硫化的一种预防性充电，一般应每隔3个月进行一次。充电方法是先按补充充电方式充足电，停歇1h后，再以减半的充电电流进行过充，直至充足电为止。

4. 循环锻炼充电

为迫使相当于额定容量的活性物质都能参加工作，以避免活性物质由于长期不参与化学反应而收缩，每隔一段时间（如3个月）应对蓄电池进行一次循环锻炼充电。充电方法是先用补充充电或间歇过充电方式将蓄电池充足电，然后以20h放电率放完电，再用补充充电法充足电即可。

三、充电注意事项

1）严格执行充电规范；

2）监控单格电池的电压、电解液相对密度和温度，及时了解充电情况；

3）初充电必须连续进行，不可长时间断开；

4）配制和灌入电解液时，严格遵守安全操作规则和器皿的使用规则；

5）充电时，应经常备有冷水、10%的苏打水溶液或10%的氨水溶液；

6）室内充电时，打开电池的孔盖，使氢气、氧气顺利逸出，以免发生事故；

7）充电室内严禁明火，并且应通风良好；

8）充电时应先接牢电池线，停止充电时应先切断交流电源，然后拆下其他连接线。

任务6　了解蓄电池的故障分析及使用与维护

一、蓄电池故障分析

蓄电池的故障可分为外部故障和内部故障。其外部故障主要有：外壳裂纹、封口胶干裂、极桩腐蚀和松动等；内部故障主要有以下几种类型。

1. 极板硫化

（1）现象

内阻增大显著，极板上生成白色粗晶粒硫酸铅的现象，称为硫酸铅硬化，简称"硫化"，主要发生在负极板上，是导致蓄电池寿命终止的主要原因。

（2）特征

1）极板颜色不正常；

2）放电时，端电压下降快；充电时，端电压上升快；电池容量降低；

3）电解液密度低于正常值；充电时密度增加很慢；

4)充电时单格电压上升很快;单格电压过高(2.8~3.0V);

5)易早沸腾。

(3)主要原因

1)蓄电池长期充电不足或放电后不及时充电,温度变化时,硫酸铅发生再结晶;

2)蓄电池液面过低,极板上部发生氧化后与电解液接触,也会生成粗晶粒硫酸铅;

3)电解液密度过高;

4)电解液中含有较多杂质;

5)气温变化剧烈。

(4)处理方法

1)程度轻的:过充电法;

2)较严重的:小电流长时间过充电法;

3)严重的:采用水处理法。

(5)防硫化措施

1)保持蓄电池经常处于充足电状态;

2)汽车上的蓄电池定期送充电间彻底充电;

3)放完电的蓄电池在24h内送充电间充电;

4)电解液液面高度应符合规定。

2. 自行放电

(1)现象

充足电的电池,在30天内每昼夜容量降低超过2%为自行放电故障。

特征:电池不用时,电能自行消耗。

(2)主要原因

使用因素:

1)电解液杂质过多;

2)电解液密度偏高;

3)电池表面不清洁;

4)电池长期不用。

结构因素:

1)未使用专用硫酸配制电解液;

2)配制用器皿为不耐酸材料,或有脏物掉入;

3)电池盖未装好;

4)未清洁表面,未保持干燥。

(3)处理方法

对于自放电严重的蓄电池,若是因为电解液不纯引起的自放电,可以将蓄电池完全放电或过度放电,使极板上的杂质进入电解液,然后将电解液倒出,用蒸馏水将蓄电池仔细清洗干净,然后加入新电解液重新充电。

3. 极板短路

(1)现象

无法起动;蓄电池无电压。

（2）特征

1）充电时电解液温度迅速升高；

2）电压和密度上升很慢；

3）充电末期气泡很少；

4）用高率放电计试验时，电压迅速下降；

5）易早沸腾。

（3）主要原因

1）隔板损坏；

2）极板拱曲；

3）活性物质大量脱落。

（4）处理方法

解体，更换极板或隔板。

4. 极板活性物质脱落

（1）现象

蓄电池电解液浑浊，有褐色物质浮出。活性物质脱落主要在正极板上发生，是蓄电池过早损坏的主要原因之一。

（2）特征

1）蓄电池容量明显下降；

2）充电时，单格电池端电压上升快，电解液过早出现沸腾现象，电解液密度不能达到规定的最大值；

3）放电时，蓄电池容量明显下降。

（3）主要原因

1）充电电流过大；

2）"过充"时间长，电解水产生的氢气和氧气冲击极板上的活性物质；

3）低温大电流放电，造成极板拱曲；

4）电解液不纯；

5）汽车行驶时颠簸、震动。

（4）处理方法

1）程度轻的：清洗后更换电解液；

2）严重的：更换极板或报废。

二、蓄电池的使用与维护

1. 蓄电池的正确使用

1）安装和搬运蓄电池时，应轻搬轻放，不可敲打或在地上拖拽。蓄电池在汽车上应固定牢靠，以防行车时震动和移位；

2）大电流放电时间不宜过长，使用起动机时，每次的时间不超过5s，相邻两次起动之间应间隔15s；

3）充电电压不能过高，注意防止过放电和欠充电；

4）冬季应适当调整电解液密度，要保证充足电，防止电解液结冰。

2. 蓄电池的正确维护(保养)

1)经常清除蓄电池表面的灰尘污物,电解液溅到蓄电池表面时,应用抹布蘸 10％浓度的苏打水或碱水擦净,电极桩和电线夹头上出现氧化物时应及时清除;

2)经常疏通加液孔盖上的通气孔;

3)定期检查和调整电解液的相对密度和液面高度;

4)放完电的蓄电池在 24h 内应及时充电;

5)停驶车辆的蓄电池,每两个月应进行一次补充充电;

6)常用车辆的蓄电池,放电程度冬季达 25％,夏季达 50％时即应充电,必要时及时进行补充充电;

7)拆卸蓄电池电缆时,应先拆下蓄电池负极,再拆下蓄电池正极;安装蓄电池电缆时,应先安装蓄电池正极,再安装蓄电池负极,以免拆卸过程中造成蓄电池断路。

本章小结

1)蓄电池是一种可逆的直流电源,既能将化学能转化为电能,又能将电能转化为化学能。

2)蓄电池主要由极板、隔板、电解液和外壳等组成。

3)蓄电池正极板活性物质为二氧化铅,负极板活性物质为纯铅。

4)蓄电池放电终了的特征是单格电压降低到最低允许值,电解液的密度下降到最低允许值。

5)蓄电池充电终了的特征是单格电压上升到最大值,电解液密度上升到最大值,电解液呈沸腾状。

6)蓄电池的充电方法有定流充电、定压充电和快速脉冲充电。

项目二 交流发电机及调节器

【项目要求与能力目标】

❖ 掌握发电机及调节器的结构与类型；

❖ 理解发电机及调节器的工作原理；

❖ 能够熟练拆装发电机，并能对发电机及调节器的性能进行检测；

❖ 熟悉电源系统电路的特征，并能分析电路走向；

❖ 能够分析常见故障原因，学会检测和排除电源系统的常见故障。

任务 1 认识交流发电机结构

目前，汽车上大多采用硅整流发电机。国内外生产的硅整流发电机结构基本相同，多是由一台三相同步交流发电机和一套六只硅二极管组成的整流器所组成。图 2-1 所示为国产 JFZ1913Z 型硅整流发电机的分解图，交流发电机由转子总成、定子总成、皮带轮、风扇、前后端盖、电刷及整流器等部件组成。

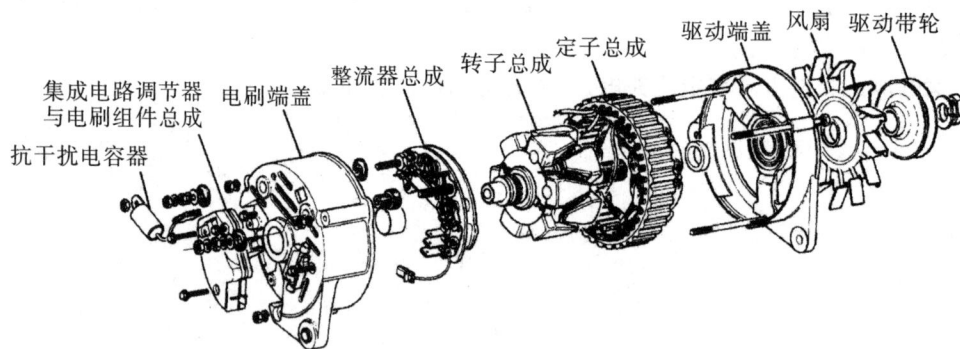

图 2-1 整体式交流发电机的分解图

1. 转子

转子是交流发电机的磁场部分，主要由爪极、励磁绕组、磁轭、集电环(旧称滑环)及转子轴等组成，如图 2-2 所示。

两块爪极被压装在转子轴上，且内腔装有磁轭，并绕有励磁绕组。绕组两端的引线分别焊在与轴绝缘的两个集电环上。两个电刷装在与端盖绝缘的电刷架内，通过弹簧力使其与集电环保持接触。当发电机工作时，两电刷与直流电源连通，可为磁场绕组提供定向电流并产生轴向磁通。使两块爪极被分别磁化为 N 极和 S 极，从而形成犬牙交错的 6 对磁极，并沿圆周方向均匀分布。转子每转一周，定子的每相绕组上就能产生周期个数等于磁极对数的交流电动势。

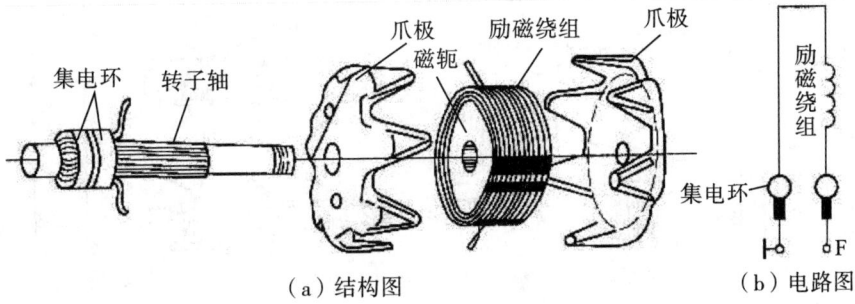

（a）结构图　　　　　　　　　　　（b）电路图

图 2-2　转子结构及电路

2. 定子

定子是交流发电机产生感应电动势的部分,主要由定子铁芯(硅钢片叠成)和三相对称绕组组成。三相绕组的接法有星形、三角形两种方式,现在一般采用星形连接,如图 2-3 所示。

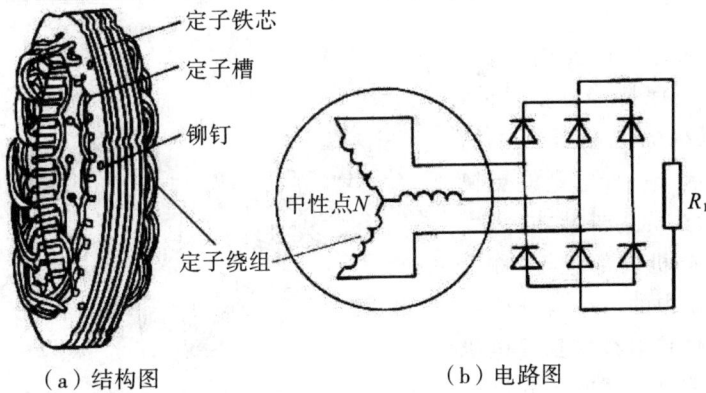

（a）结构图　　　　　　　　　（b）电路图

图 2-3　定子结构及电路

3. 整流器

整流器的作用是将三相定子绕组输出的交流电通过三相桥式整流电路变成直流电输出,由正整流板和负整流板组成,如图 2-4 所示。硅二极管的表示符号与安装方式如图 2-5 所示。

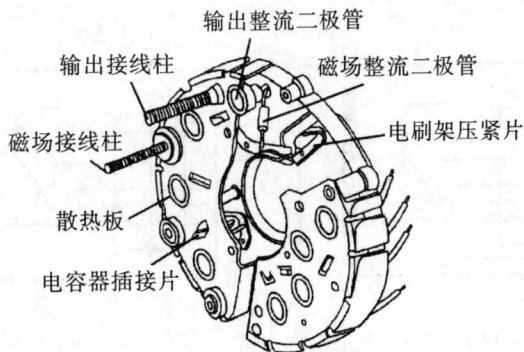

图 2-4　整流器结构

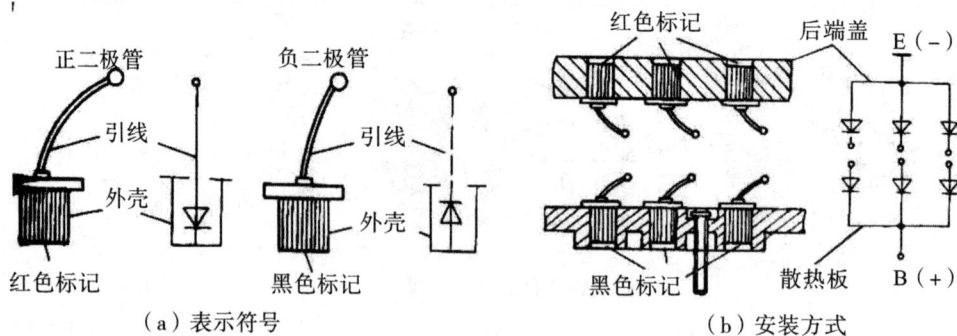

图 2-5 整流二极管符号及安装示意图

4. 前、后端盖

端盖的作用是支承转子总成并封闭内部构造。它由铝合金材料制成,铝合金为非导磁性材料,可以减小漏磁,并且轻便、散热性好。在后端盖内装有整流器。

5. 电刷与电刷架

两只电刷装在电刷的孔内,借弹簧的压力与集电环保持接触。目前,国产硅整流发电机的电刷有两种结构,如图 2-6 所示。一种电刷的更换在发电机外部进行,称为外装式;另一种电刷的更换在电机内部进行,称为内装式。两个电刷中的一个与外壳绝缘,称为绝缘电刷,其引线接到发电机后盖外部的接线柱上,成为发电机的磁场(F)接线柱;另一个电刷是搭铁的,称为搭铁电刷。

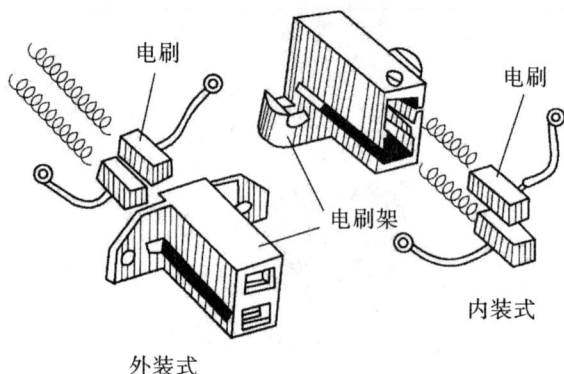

图 2-6 电刷总成结构

小贴士:根据励磁绕组搭铁位置的不同,发电机有内搭铁和外搭铁两种类型。内搭铁式交流发电机,其磁场绕组一端引线用螺钉固定在发电机后端盖上(标记"—"或"搭铁")直接搭铁;外搭铁式交流发电机搭铁引线与机壳绝缘,通过所配的调节器搭铁。外搭铁时,两个电刷接线柱分别用"F_1"和"F_2"表示,如图 2-7 所示。

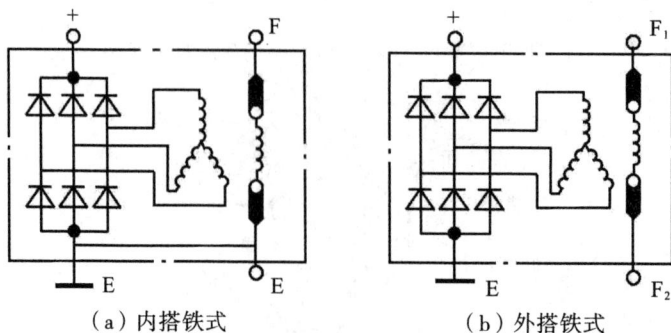

(a)内搭铁式　　　　　　　　(b)外搭铁式

图 2-7 交流发电机的搭铁形式

6. 风扇及带轮

风扇一般用低碳钢板冲压而成,在发电机工作时,对发电机进行强制通风冷却。传动带轮一般用铸铁或铝合金铸造而成,有单槽和双槽之分。

知识拓展

1. 交流发电机的分类

汽车用发电机种类繁多,按结构可分为普通式(外装电压调节器)、整体式(内装电压调节器)、无刷式、带泵式、永磁式等,目前永磁式应用较为广泛。按磁场绕组的搭铁方式可分为内搭铁式和外搭铁式两种。按整流器二极管的数量可分为 6 管、8 管、9 管、11 管等几种。

2. 交流发电机的型号

车用交流发电机的型号根据各国家或地区的规定各有不同,根据我国《QC/T 73-1993 汽车电气设备产品型号编制方法》的规定,汽车交流发电机的型号如下:

第 1 部分为产品代号,交流发电机的产品代号有 JF、JFZ、JFB、JFW 四种,分别表示普通交流发电机、整体式交流发电机、带真空泵交流发电机和无刷交流发电机。

第 2 部分为电压等级代号,用 1 位阿拉伯数字表示,1 表示 12V;2 表示 24V;6 表示 6V。

第 3 部分为电流等级代号,用 1 位阿拉伯数字表示,如表 2-1 所示。

第 4 部分为设计序号,表示产品设计的先后次序,用 1~2 阿拉伯数字表示。

第 5 部分为变形代号,交流发电机以调整臂的位置作为变形代号,从驱动端看,调整臂在左边用 Z 表示,调整臂在右端用 Y 表示,调整臂在中间不加标记。

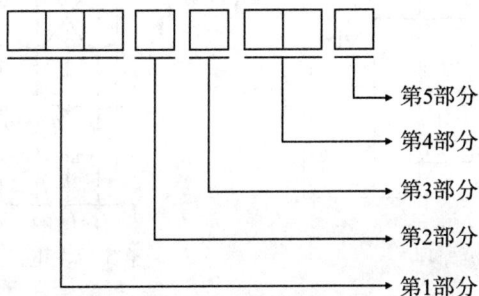

第5部分
第4部分
第3部分
第2部分
第1部分

表 2-1　电流等级代号

代号	1	2	3	4	5	6	7	8	9
电流等级/A	~19	≥20~29	≥30~39	≥40~49	≥50~59	≥60~69	≥70~79	≥80~89	≥90

注:进口发电机不符合上述标准。

任务2　认识交流发电机原理及工作特性

一、交流发电机的原理

1. 发电原理

交流发电机把励磁绕组所产生的磁场在发电机中旋转,由运动关系可知,定子绕组切割磁力线运动,在三相对称绕组内产生频率相同、幅值相等、相位互差 120°电角度的交变电动势。

交流发电机定子绕组内感应电动势的大小,与每相绕组串联的匝数以及感应电动势的频率成正比。匝数越多,转速越高,感应电动势越高。每相绕组的感应电动势有效值可用 $E=C_e n\Phi$ 表示(其中 C_e 为电机常数,n 为转速,Φ 为磁通量)。其工作原理如图 2-8 所示。

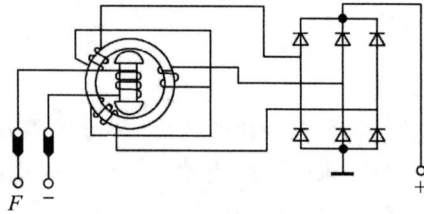

图 2-8 交流发电机工作原理

2. 整流原理

整流器上的 6 只二极管组成三相桥式整流电路,利用二极管的单相导电性实现整流。VD_1、VD_3、VD_5 为正二极管,正极引出线分别接发电机三相绕组的首端。在某一瞬时,只有与电位最高一相绕组相连的正二极管导通;同样,VD_2、VD_4、VD_6 为负二极管,负极引线分别与发电机三相绕组首端相连。在某一瞬时,只有与电位最低一相绕组相连的负二极管导通。这样往复循环,6 只二极管轮流导通,在负载两端便可得到一个较平稳的直流电压,如图 2-9 所示。

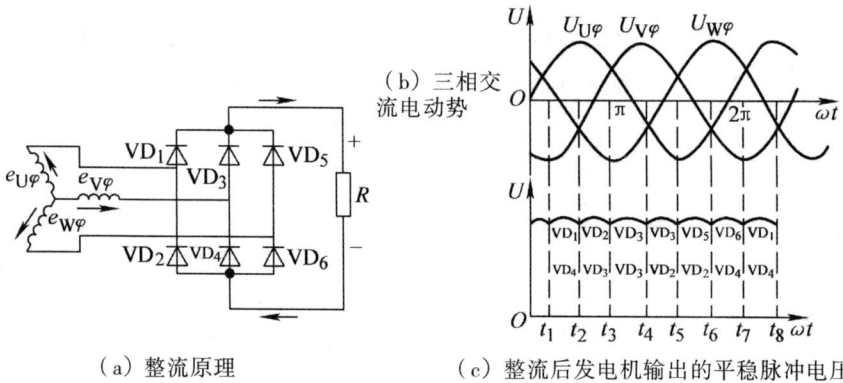

图 2-9 三相桥式整流电路的原理、电压波形图

除了 6 管的交流发电机以外,还有 8 管、9 管、11 管等形式的交流发电机,如图 2-10 所示。

8 管交流发电机(如夏利车用)和 6 管交流发电机的基本结构是相同的,所不同的是整流器有 8 只硅整流二极管。其中 6 只组成三相全波桥式整流电路,另 2 只是中性点二极管,1 只正极管接在中性点和正极之间,1 只负极管接在中性点和负极之间,对中性点电压进行全波整流。试验表明:加装中性点二极管的交流发电机在结构不变的情况下,可以将发电机的功率提高 10%~15%。

9 管交流发电机的基本结构和 6 管交流发电机相同,所不同的是整流器。9 管交流发电机的整流器是由 6 只大功率整流二极管和 3 只小功率励磁二极管组成的。其中 6 只大功率整流二极管组成三相全波桥式整流电路,对外负载供电,3 只小功率二极管与 3 只大功率负极管也组成三相全波桥式整流电路,专门为发电机磁场供电,所以称 3 只小功率管为励磁二极管。

　　11管交流发电机的整流器,相当于9管交流发电机的整流器加2只中性点整流管。由于11管交流发电机既能提高功率又能使充电指示灯电路简化,因此应用较广。

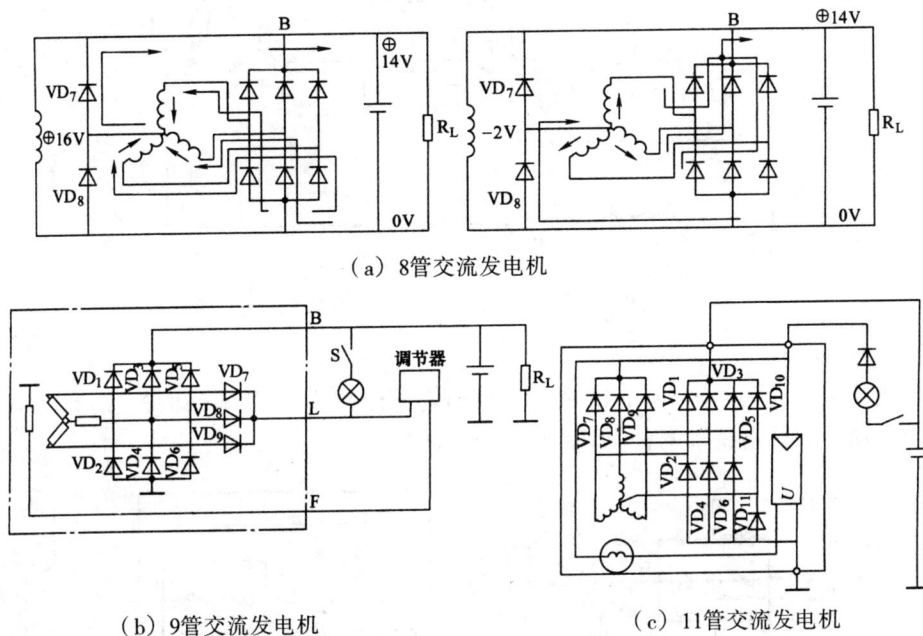

（a）8管交流发电机

（b）9管交流发电机　　　　　　　　　　　　（c）11管交流发电机

图2-10　多管交流发电机电路图

3. 励磁原理

　　除了永磁式交流发电机不需要励磁以外,其他形式的交流发电机都必须给励磁绕组通电才会有磁场产生而发电,否则发电机将不能发电。将电流引入到励磁绕组使之产生磁场称为励磁。交流发电机励磁方式有他励和自励两种。

　　（1）他励

　　在发电机转速较低时(发动机未达到怠速转速),自身不能发电。单靠微弱的剩磁产生很小的电动势,很难克服二极管的正向电阻,需要蓄电池供给发电机励磁绕组电流,使励磁绕组产生磁场来发电。这种由蓄电池供给磁场电流发电的方式称为他励发电。

　　（2）自励

　　随着转速的提高(一般在发动机达到怠速时),发电机定子绕组的电动势逐渐升高并能使整流器二极管导通,当发电机的输出电压 U_B 大于蓄电池电压时,发电机就能对外供电了。当发电机能对外供电时,就可以把自身发的电供给励磁绕组,这种自身供给磁场电流发电的方式称为自励发电。

　　交流发电机的励磁过程是先他励后自励。当发动机达到正常怠速转速时,发电机的输出电压一般高出蓄电池电压 $1\sim2V$,以便对蓄电池充电,此时,由发电机自励发电。

　　不同汽车的励磁电路各不相同,但有一个共同特点是,励磁电路都必须由点火开关控制。因此,汽车上的发电机必须与蓄电池并联,开始时由蓄电池向励磁绕组供电,使发电机电压很快建立起来,并迅速转变为自激状态,蓄电池被充电的机会也多一些,有利于蓄电池的使用。交流发电机的励磁电路如图2-11所示。

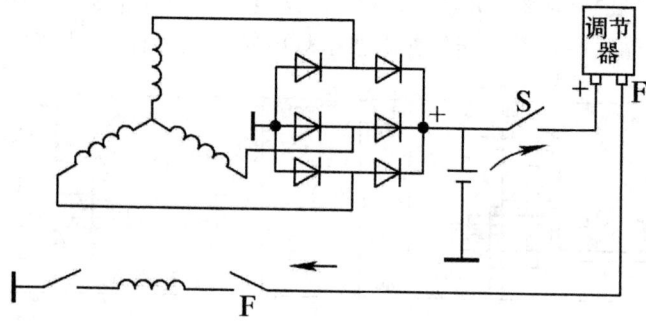

图 2-11 交流发电机的励磁电路

（3）励磁电路

励磁绕组通过两只电刷（F 和 E）和外电路相连，根据电刷和外电路的连接形式不同，发电机分为内搭铁型和外搭铁型两种，如图 2-12 所示。

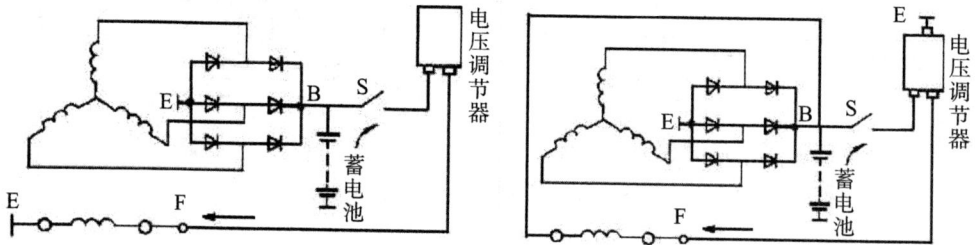

图 2-12 内、外搭铁型交流发电机励磁电路

1）内搭铁型交流发电机：励磁绕组的一端经负电刷（E）引出后和后端盖直接相连（直接搭铁）的发电机称为内搭铁型交流发电机。

2）外搭铁型交流发电机：励磁绕组的两端（F 和 E）均和端盖绝缘的发电机称为外搭铁型交流发电机。

二、工作特性

硅整流发电机的工作特性主要是指硅整流发电机经整流后输出的直流电压、电流和转速之间的关系，一般包括输出特性、空载特性和外特性。

输出特性是指发电机输出电压一定时（对 12V 的发电机规定为 14V；对 24V 的发电机规定为 28V；对内装电子调节器的 12V 及 24V 的整体式硅整流发电机，分别规定为 13.5V 和 27V），发电机的输出电流与转速之间的关系，即输出电压 U 为常数时，$I-n$ 的曲线，如图 2-13 所示。

其中，n_1 为发电机空载时，输出电压达到额定电压的转速，称为空载转速；n_2 为发电机

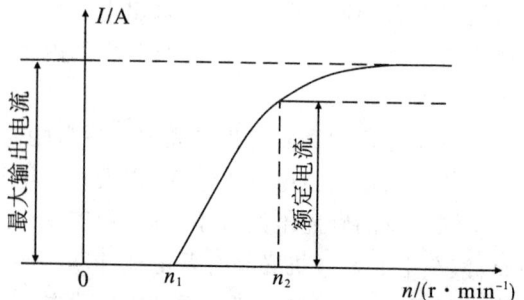

图 2-13 硅整流发电机的输出特性曲线

达到额定功率时的转速,称为满载转速,n_1和n_2是汽车硅整流发电机的主要指标。从输出特性曲线可知:①硅整流发电机只需在较低的空载转速n_1时,就能达到额定电压值,具有低速充电性能的优点;②当转速达到一定值后,发电机的输出电流几乎不再继续增加,具有自身限制输出电流的能力,这是由于硅整流发电机的定子绕组具有一定的阻抗,当转速升高时,尽管定子绕组中的感应电动势增加,但此定子绕组的阻抗也随转速的升高而增加,同时,定子绕组电流增加时,由于电枢反应的增强会使感应电动势下降,所以当发电机转速达到一定值时,发电机的输出电流几乎不变。使用这样的发电机除特殊情况外,一般不需限流器。

空载特性是指硅整流发电机空载时,输出电压与转速之间的关系,如图2-14所示。从曲线可以看出,随着转速的升高,端电压上升较快,在较低转速下发电机就能从他励转入自励发电,即能向铅蓄电池进行补充充电。因此,从空载特性可以判断发电机充电性能是否良好。

外特性是指转速一定时,发电机的端电压与输出电流的关系,即n为常数时,U-I的曲线如图2-15所示。

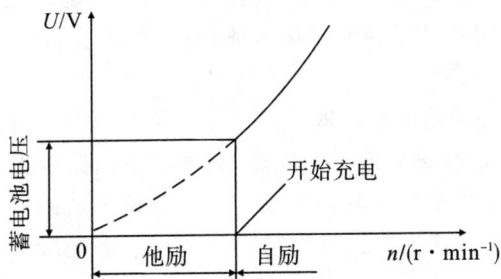

图2-14 空载特性曲线

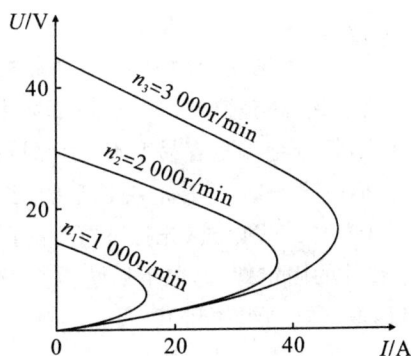

图2-15 外特性曲线

从外特性曲线可看出,发电机的转速越高,输出电压也越高,转速对输出电压的影响较大。在汽车上,发电机是由发动机通过风扇皮带驱动旋转的,由于发动机工作时转速变化较大,而使发电机的转速也随之在较大范围内变化,而汽车用电设备的工作电压是恒定的(一般为6V或12V),因此,要求发电机工作时,输出电压应保持恒定,以使用电设备正常工作。所以,汽车上使用的硅整流发电机必须配用电压调节器,在发动机转速变化时,能保持发电机输出电压恒定。

从外特性曲线还可以看出,随着输出电流的增加,发电机的端电压下降,因此,当发电机在高速运转时,如果突然失去负载,端电压会急剧升高,这时,发电机中的二极管以及调节器中的电子元件将有被击穿的危险。

任务3 发电机的拆装与检测

一、发电机的就车拆卸

从汽车上拆卸发电机的步骤如下:

1)首先拆下蓄电池负极电缆。断开负极电缆之前,应对ECU内存信息(如电动座椅位置等)做必要保存。

2)脱开发电机线束插接器。

3)拆卸发电机。

①松开发电机调节螺栓,取下传动皮带。

②拆下发电机安装螺栓,取下发电机。

二、发电机的拆解与检测

1. 发电机的拆解

发电机的拆解一般按照以下操作步骤进行:

1)拆下电刷及电刷架(外装式)紧固螺钉,取下电刷架总成。

2)在前后端盖上做记号,拆下连接前后端盖的紧固螺栓,将其分解为与转子结合的前端盖和与定子连接的后端盖两大部分。

注意:不能单独将后端盖分离下来,否则会扯断定子绕组与整流器的连接线(即三相定子绕组端头)。

3)将转子夹紧在台虎钳上,拆下带轮紧固螺母后,可依次取下带轮、风扇、半圆键、定位套。

4)将前端盖与转子分离,若该部装配过紧,可用拉爪拉开或用木锤轻轻敲,使之分离。

注意:铝合金端盖容易变形,因此拆卸时应均匀用力。

5)拆掉防护罩,拆掉后端盖上的三个螺钉即可将防护罩取下。

对于整体式发电机,先拧下“B”端子上的固定螺母并取下绝缘套管;再拧下后防尘盖上的3个带垫片的固定螺母,取下后防尘盖;然后拆下电刷组件的两个固定螺钉和调节器的3个固定螺钉,取下电刷组件和IC调节器总成;最后拧下整流器二极管与定子绕组的引线端子的连接螺钉,取下整体式整流器总成。

6)拆下定子上4个接线端(三相绕组首端及中性点)在散热板上的连接螺母,使定子与后端盖分离。

7)拆下后端盖上紧固整流器总成的螺钉,取下整流器总成。

注意:若经检验所有二极管均良好,该步骤可不进行。

8)零部件的清洗。

对机械部分可用煤油或清洗液清洗,对电气部分如绕组、散热板及全封闭轴承等宜用干净的棉纱擦拭去表面尘土、污渍。

发电机的拆解要按照工艺要求进行,禁止生敲硬卸而损坏机件。拆解的零件要按照规范清洗并按顺序摆放。对有问题的零件和拆解复杂部位的顺序和连接方法,必要时要有详细记录。

2. 发电机的检测

发电机拆解后检测转子、定子的电阻值及绝缘电阻时,既可以使用指针式万用表,也可以使用数字式万用表。对于线圈电阻的测量,为取得较准确的数值,建议使用数字万用表。

(1)检查转子

1)转子绕组(磁场绕组)短路与断路检查:用万用表$R \times 1$挡检测两集电环之间电阻,应符合技术标准。若阻值为“∞”,则说明断路;若阻值过小,则说明短路。一般12V发电机转子绕组的电阻约为$3.5 \sim 6\Omega$,24V的约为$15 \sim 21\Omega$,如图2-16所示。

2)转子绕组搭铁检查:即检查转子绕组与铁芯(或转子轴)之间的绝缘情况。用万用表电阻最大挡检测两集电环与铁芯(或转子轴)之间的电阻,若表针有偏转,则说明有搭铁故障;搭铁正常,则应指示"∞"。

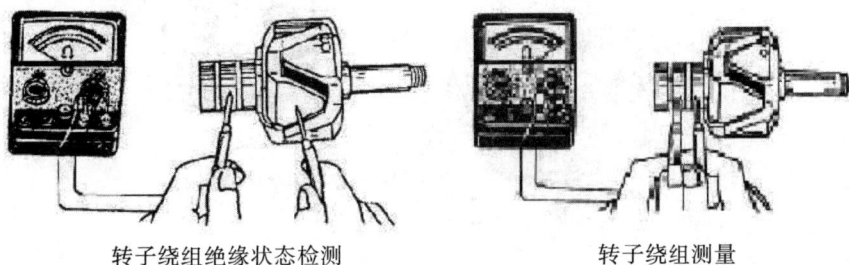

转子绕组绝缘状态检测　　　　　　　　　转子绕组测量

图2-16　发电机转子的检测

3)集电环(滑环)检查:集电环表面应平整光滑,无明显烧损,否则应用"00"号纱布打磨,两集电环间隙处应无污垢。集电环圆度误差不超过0.025mm,厚度不小于1.5mm。

4)转子轴检查:转子轴检测方法如图2-17所示,用百分表检查轴的弯曲,弯曲度不超过0.05mm(径向圆跳动公差不超过0.1mm),否则应予校正。爪形磁极在转子轴上应固定牢靠,间距相等。

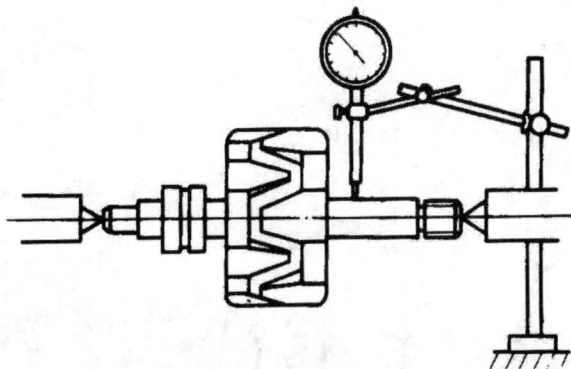

图2-17　转子轴的检查

(2)检查定子

1)定子绕组短路与断路检查:如图2-18所示,用数字万用表检测定子绕组3个接线端,两两相测。正常时阻值小于1Ω且相等;指针不动或阻值过大,说明断路;过小(近似等于0Ω)说明短路。

2)定子绕组搭铁检查:即检查定子绕组与定子铁芯间绝缘情况,如图2-19所示。用数字万用表电阻最大挡检测定子绕组接线端与定子铁芯间的电阻,若绝缘电阻≤100kΩ,则说明有搭铁故障;搭铁正常,应指示"∞"。

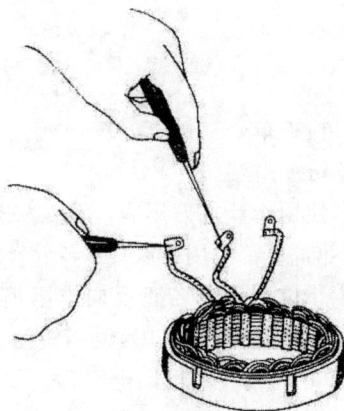

图2-18　定子绕组的检查

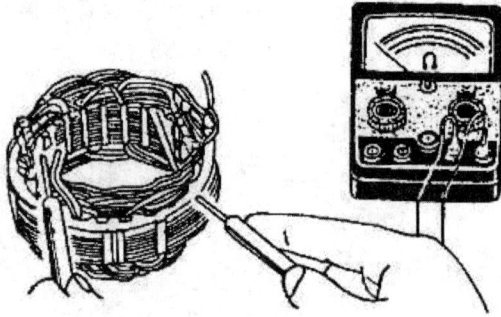

图 2-19 定子绕组搭铁的检查

(3)检查整流器二极管

测量二极管,可以使用指针式万用表,也可以使用数字式万用表。这两种仪表的测量原理如图 2-20 所示。需要注意的是:数字万用表的红表笔是内部电池的正极,当使用其二极管挡位测量时,显示数值表示的是二极管的正向压降值,单位是 mV。

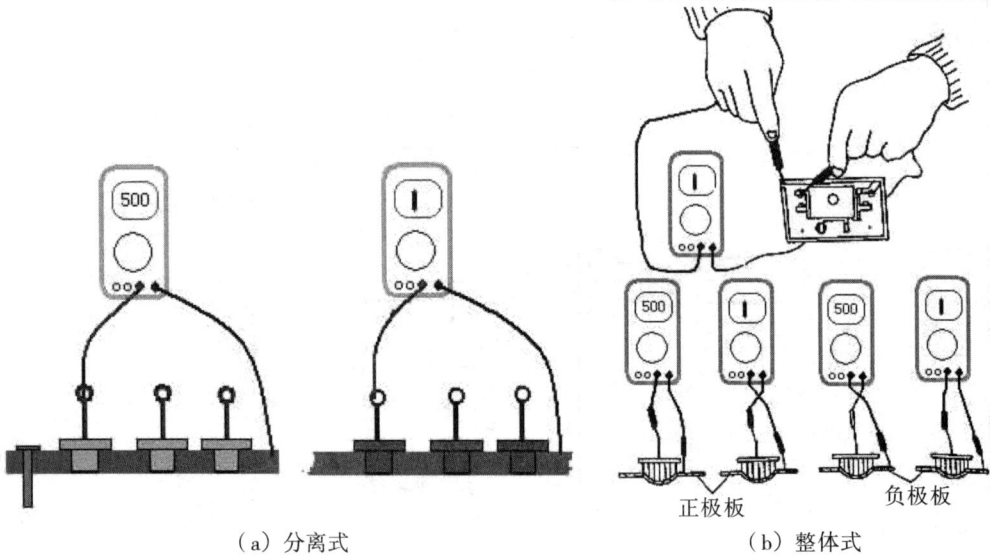

（a）分离式   （b）整体式

图 2-20 二极管的检查

1)检查单个二极管好坏:分解发电机后端盖和整流板,将每个二极管的中心引线从接线柱上拆下,逐一检测。

当使用指针式万用表检测二极管时,二极管的阻值随万用表内部电压高低,挡位不同数值也会不同,通常使用 $R\times1$ 或者 $R\times10$ 挡。测量正向电阻值,一般为几十欧;反向电阻值,一般为几十千欧以上。若正反向电阻值一大一小差异很大,说明二极管良好;若正反向电阻均为 ∞,说明断路;若均为 0Ω,说明短路。使用数字万用表测量时,质量良好的二极管正向压降一般为 $500\sim700$ mV,反向电阻为几百千欧。

对焊接式整流二极管来说,只要有一只二极管短路或断路,该二极管所在的正或负整流板总成就需要更换新品;如果二极管是压装在整流板或后端盖上,那么在二极管短路或者断路后,只需用同型号规格的二极管更换故障二极管即可。

（4）检查电刷

电刷表面应无油污,无破损、变形,且应在电刷架内活动自如。电刷的磨损不得超过原高度的 1/2;电刷的外露长度小于 7mm 时,应更换电刷或电刷弹簧。

（5）其他零部件的检查

检查发电机各接线柱的绝缘情况,发现搭铁故障应拆检;检查轴承轴向和径向间隙均应不大于 0.20mm,滚子、滚道应无斑点,轴承无转动异响;检查前后端盖、传动带轮等应无破损,绝缘垫应完好。

三、发电机的装复

首先向轴承中填充适量的润滑脂,再按拆解的反顺序装复。

1)将前端盖、风扇、半圆键和皮带轮依次装到转子轴上,并用螺母紧固;

2)将整流板、定子绕组依次装入后端盖;

3)将两端盖装合在一起,并拧紧连接螺栓;

4)拧紧后端盖轴承紧固螺母,装好轴承盖;

5)装电刷组件;

6)装复后,转动发动机皮带轮,转子转动平顺,无摩擦及碰击声。

知识拓展

交流发电机的使用与维护

（1）交流发电机的使用

交流发电机结构简单,维护方便,在使用和维护中应特别注意以下几点:

1)JF 系列的交流发电机为负极搭铁,蓄电池搭铁极性必须与此相同。否则,蓄电池将通过硅二极管放电,使硅二极管立即烧坏。

2)发电机运转时,不要用试火花的方法检查发电机是否发电,否则容易损坏二极管。

3)发电机不发电或充电电流很小时,应及时找出故障加以排除,不应再长期继续运转。因为如果有一个二极管短路,发电机就不能发电,继续运转就会导致其他二极管或定子绕组被烧坏。

4)整流器的 6 只硅二极管与定子绕组相连接时,绝对禁止用兆欧表或 220V 交流电源检查发电机的绝缘情况,否则将使二极管击穿而损坏。

5)发动机停熄时,应将点火开关断开。否则,蓄电池电流将长期流经磁场绕组。

6)发电机与蓄电池之间的导线要连接可靠,如突然断开,将会产生过电压,易损坏二极管。

7)6 管交流发电机在没有中性点抽头的情况下,它的引出线接线柱有 3 个:输出端用 B 表示,也有用 A 表示的,国外的交流发电机大都用 B 或 D+ 表示;磁场端用 F 表示;搭铁端用 E 表示。6 管交流发电机有中性点抽头时,它有 4 个引出线接线柱,其中除 B、F、E 之外,发电机中性点引出线为 N。9 管发电机在没有中性点抽头的情况下,它有 4 个引出线接线柱,除 B、F、E 之外,还有磁场二极管的输出端,表示为 L。

（2）交流发电机的维护

1)检查发电机驱动皮带。

①检查驱动带的外观:用肉眼观看应无裂纹或磨损现象,如有则应更换。

②检查驱动带的挠度:用 100N 的力压在带的两个传动轮之间,新带挠度约为 5～10mm,

旧带约为 7～14mm。

2）检查导线的连接。

检查接线是否正确，接线是否牢靠。发电机输出端接线螺丝必须加弹簧垫。

3）检查发电机运转时有无噪声。

4）检查发电机是否发电。

①观察充电指示灯的熄灭情况：若充电指示灯一直亮着，说明发电机或调节器有故障，也可能是充电指示灯线路有故障，应及时维修。

②用万用表直流电压挡测量电压：在发电机未转动时测量蓄电池端电压，并记录下来，起动发动机并将转速提高到怠速转速以上，测量蓄电池端电压，若能高于原记录，说明发电机能发电，若测量电压一直不上升，说明发电机或调节器有故障，应及时维修。

5）当发现发电机或调节器有故障需要从车上拆下检修时，必须先关断点火开关及一切用电设备，拆下蓄电池负极电缆线，再拆卸发电机上的导线接头。

任务 4　电压调节器的结构与检修

一、电压调节器的功用

电压调节器是把发电机输出电压控制在规定范围内的装置，其功用是在发电机转速变化时，自动控制发电机电压保持恒定。由于交流发电机的转子是由发动机通过皮带驱动旋转的，且发动机和交流发电机的转速比为 1.7～3，由于交流发电机转子的转速变化范围非常大，这样将引起发电机的输出电压发生较大变化，无法满足汽车用电设备的工作要求。为了满足用电设备恒定电压的要求，交流发电机必须配用电压调节器才能工作。

二、电压调节器的分类

1）按交流发电机电压调节器的工作原理可分为：触点式电压调节器（已淘汰）、晶体管式电压调节器、集成电路电压调节器、微机控制电压调节器。

2）按搭铁方式分为：内搭铁电压调节器、外搭铁电压调节器。

三、电压调节器原理

发电机的感应电动势为 $E_\Phi = C_e n \Phi$，其中 C_e 为电机常数，由发电机本身决定，即感应电动势 E_Φ 与发电机转速 n 和磁通 Φ 成正比，发电机转速 n 随发动机转速变化而在很大范围内变化。如果要在转速 n 变化时维持发电机电压恒定，就必须相应地改变磁极磁通 Φ。又因为磁极磁通 Φ 取决于磁场电流的大小，所以在发电机转速变化时，只要自动调节磁场电流，就能使发电机电压保持恒定。电压调节器就是通过自动调节磁场电流使磁极磁通改变这一原理来调节发电机电压的。

1. 外搭铁型电压调节器

如图 2-21 所示为外搭铁型电压调节器的基本电路。电压调节器由三只电阻 R_1、R_2、R_3，两只三极管 VT_1、VT_2，一只稳压二极管 VS 和一只二极管 VD 组成。

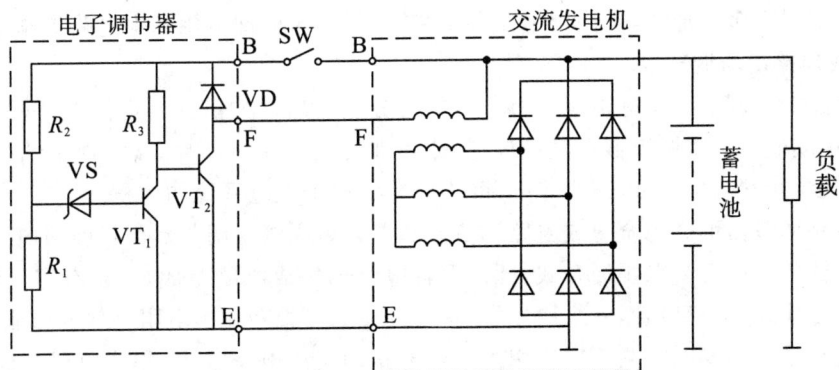

图 2-21 外搭铁型电压调节器的基本电路

工作过程如下：

1）点火开关 SW 刚接通时，发动机不转，发电机不发电，蓄电池电压加在分压器 R_1、R_2 上，此时因 U_{R1} 较低，不能使稳压管 VS 反向击穿，VT_1 截止。VT_1 截止使得 VT_2 导通，发电机磁场电路接通，此时由蓄电池供给磁场电流。随着发动机的起动，发电机转速升高，发电机他励发电，电压上升。

2）当发电机电压升高到大于蓄电池电压时，发电机自励发电并开始对外蓄电池充电，如果此时发电机输出电压 U_B 小于调节器调节电压的上限 U_{B2}，VT_1 继续截止，VT_2 继续导通，但此时的磁场电流由发电机供给，发电机电压随转速迅速升高。

3）当发电机电压升高到等于调节电压上限 U_{B2} 时，调节器对电压的调节开始。此时 VS 导通，VT_1 导通，VT_2 截止，发电机磁场电路被切断。由于磁场断路，磁通下降，发电机输出电压下降。

4）当发电机电压下降到等于调节电压下限 U_{B1} 时，VS 截止，VT_1 截止，VT_2 重新导通，磁场电路重新被接通，发电机电压上升。

周而复始，发电机输出电压 U_B 被控制在一定范围内。

2. 内搭铁型电压调节器

内搭铁型电压调节器的基本电路如图 2-22 所示，其工作原理与外搭铁型电压调节器相似。

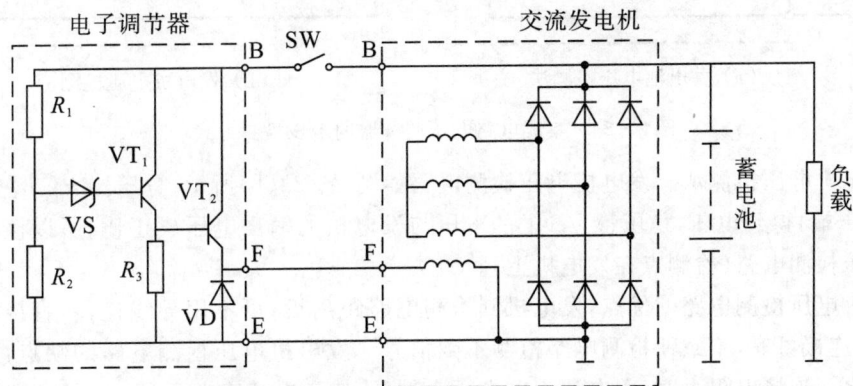

图 2-22 内搭铁型电压调节器的基本电路

电压调节器有多种形式,其内部电路各不相同,但工作原理可用基本电路工作原理理解。

3. 集成电路电压调节器

集成电路电压调节器又称 IC 电压调节器,与分立元器件的晶体管电压调节器一样,所不同的是,在集成电路电压调节器上,所有的晶体管都集成在一块基片上,实现了调节器的小型化,并可将其装在发电机内部,减少了外部线,缩小了整个充电系统的体积。

集成电路调节器可分为全集成电路调节器和混合集成电路调节器。目前国内外生产的集成电路调节器的结构大多采用混合式,即由混合电路加集成电路组成,并没有完全集成化,一般由一个集成块,一个三极管,一个稳压管,一个续流二极管和几个电阻等部分构成。例如,上海桑塔纳轿车采用的发电机调节器应用了混合电路加集成电路技术,集成电路和保护电阻共同贴在一块陶瓷基片上,封装在一个金属盒中,并和电刷架连成一体,便于安装和维修。

(1)集成电路电压调节器的电压检测方式

根据 IC 电压调节器分压电路检测的电压归属的不同,可分为发电机端电压检测法和蓄电池端电压检测法。

1)蓄电池电压检测法。蓄电池电压检测电路如图 2-23(a)所示,分压器 R_1、R_2 从蓄电池输出端得到电压,稳压管 VS 上的电压和蓄电池端电压成正比,所以该电路称为蓄电池电压检测电路(检测点在蓄电池上)。

蓄电池电压检测电路的优点:直接检测蓄电池端电压来控制发电机的输出,可使蓄电池的充电电压有保证。蓄电池电压检测电路的缺点:当蓄电池和发电机之间的连接不可靠时,会使发电机失控。

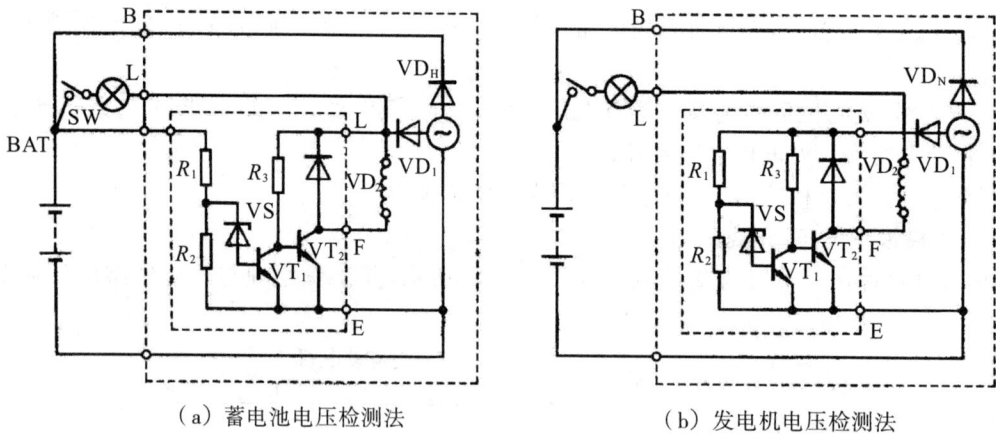

(a)蓄电池电压检测法　　　　　　　　(b)发电机电压检测法

图 2-23　集成电路电压调节器的电压检测方式

2)发电机电压检测法。发电机电压检测电路如图 2-23(b)所示,分压器 R_1、R_2 从发电机输出端(D+端)得到电压,稳压管 VS 上的电压与发电机的输出电压成正比,所以该电路称为发电机电压检测电路(检测点在发电机上)。

发电机电压检测电路的优点:发电机到检测电路距离近,可不用导线连接,直接接在发电机输出端,连接可靠,不致使检测电路检测不到信号。发电机电压检测电路的缺点:当发电机到蓄电池之间连接电阻大时,蓄电池充电电压会偏低,使蓄电池充电不足。

(2)集成电路电压调节器实例

天津夏利轿车发电机使用的集成电路调节器外形如图 2-24 所示。该发电机为整体式交流发电机,调节器为内装式外搭铁型。该调节器有 6 个接线端子,F、P、E 三个端子用螺钉直接和发电机连接,B 端用螺母固定在发电机的输出端子"B"上,IG、L 两个端子用金属线引到调节器的外部接线插座上。

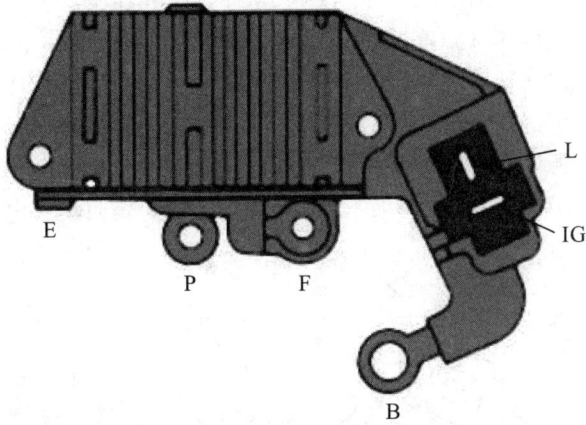

图 2 - 24　夏利轿车用单块集成电路调节器外形

夏利轿车调节器电路连接图如图 2 - 25 所示。

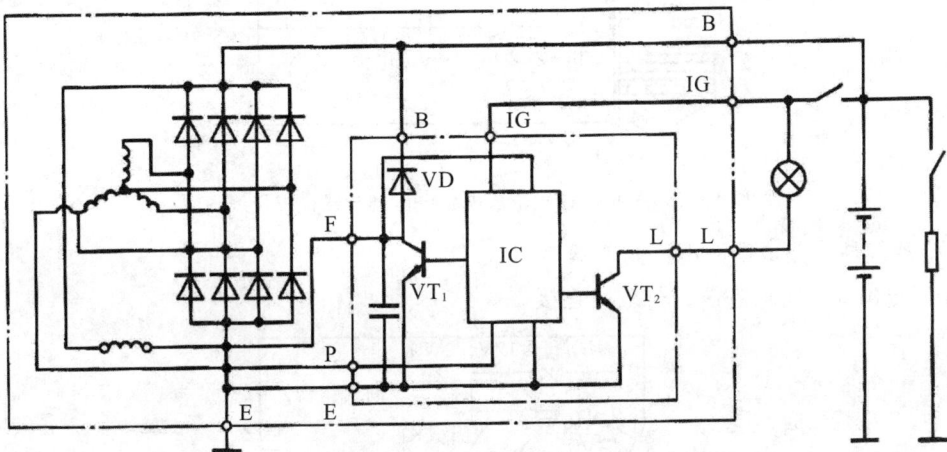

图 2 - 25　天津夏利轿车用集成电路电压调节器电路连接图

1)磁场电流控制:VT_2 是大功率三极管,和磁场串联,集成片 IC 控制 VT_2 的导通和截止,从而控制磁场电路的通断,使发电机电压得到控制。

2)充电指示灯:充电指示灯串接在 VT_1 集电极上,VT_1 导通,充电指示灯亮,VT_1 截止,充电指示灯熄灭。在集成片 IC 中有控制 VT_1 导通和截止的电路,控制信号由 P 点提供。P点提供的是发电机单相电压的交流信号,其信号幅值大小可反映发电机输出电压的高低。

当发电机输出电压低于蓄电池电压时,IC 中的控制电路使 VT_1 导通,充电指示灯亮,当发电机输出电压高于蓄电池电压时,IC 中的控制电路使 VT_1 截止,充电指示熄灭。

(3)集成电路电压调节器的检测

集成电路电压调节器一般有 3 接线柱和 4 接线柱两种。3 接线柱集成电路电压调节器采用发电机电压检测法,4 接线柱集成电路电压调节器采用蓄电池电压检测法。

31

1)3 接线柱式集成电路电压调节器检测

①先按图 2-26 的方法进行线路连接。

②检查时,在电压调节器 B 与 E 接线柱间接一个 0~16V 的可调直流电源,B 与 F 接线柱间接一只 12V/2W 试灯,L 与 IG 间接一只 12V/2W 试灯,并在 IG 与 B 接线柱间接一个开关 K_1。当开关 K_1 闭合时,试灯 1、2 点亮。

③在 P 与 E 间接一个 6V 蓄电池和一个开关 K_2。当开关 K_2 闭合时,试灯 1 应熄灭;当开关 K_2 断开时,试灯 1 应点亮。

④调节可调直流电源,电压升高到 15.0~15.5V 以上时,试灯 2 应熄灭;当电压下降到 13.5V 以下时,试灯 2 应又点亮。若结果不符合上述要求,则表明集成电路电压调节器损坏。

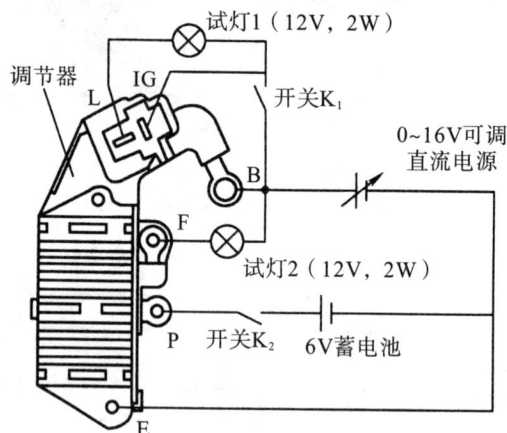

图 2-26 3 接线柱式集成电路电压调节器检查接线图

2)4 接线柱式集成电路电压调节器检测

①先按图 2-27 的方法进行线路连接。

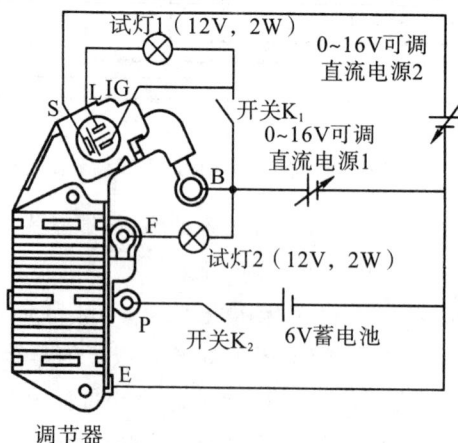

图 2-27 4 接线柱式集成电路电压调节器检查接线图

②检查时,在电压调节器 B、S 与 E 接线柱间各接一个 0~16V 的可调直流电源,B 与 F 接线柱间接一只 12V/2W 试灯,L 与 IG 间接一只 12V/2W 试灯,并在 IG 与 B 接线柱间接一个

开关 K_1。当开关 K_1 闭合时,试灯 1、2 应点亮。

③在 P 与 E 间接一个 6V 蓄电池和一个开关 K_2。当开关 K_2 闭合时,试灯 2 应熄灭;当开关 K_2 断开时,试灯 2 应点亮。

④调节可调直流电源,电压升高到 15.5V 以上时,试灯 2 应熄灭;当电压下降到 13.5V 以下时,试灯 2 应又点亮。若结果不符合上述要求,表明集成电路电压调节器损坏。

四、电压调节器的使用

1. 电压调节器的正确使用

调节器在使用过程中,必须注意以下问题:

1)对于晶体管调节器,最好使用说明书中指定的调节器,如果采用其他型号替代,除标称电压等规定参数与原调节器相同外,代用调节器必须与原调节器的搭铁形式相同,否则,发电机可能由于励磁电路不通而不能正常工作。对于集成电路调节器,必须是专用的,是不能替代的。

2)为交流发电机配用调节器时,交流发电机的电压等级必须与调节器电压等级相同,交流发电机的搭铁类型必须与调节器搭铁类型相同,调节器的功率不得小于发电机的功率,否则系统不能正常工作。

3)线路连接必须正确,目前各种车型调节器的安装位置及接线方式各不相同,故接线时要特别注意。

4)调节器必须受点火开关控制,发动机停止转动时,应将点火开关断开,否则会使发电机的磁场电路一直处于接通状态,不但会烧坏磁场线圈,而且会引起蓄电池亏电。

5)配用双级电磁振动式调节器时,应特别注意,当检查充电系统的故障时,在没有切断发电机与调节器的连接线以前,不允许将发电机的"+"与"F"(或调节器的"S"与"F")短接,否则将会烧坏调节器中的高速触点。

6)在配用晶体管调节器时,接线必须正确,否则易损坏晶体管。更换晶体管时,焊接的电烙铁功率不得高于 45W,焊接要迅速,最好用金属镊子夹住管脚加强散热,以免损坏晶体管。

任务5 电源系统电路及常见故障分析

汽车电源系统电路包括蓄电池、交流发电机、电压调节器、电流表或充电指示灯等。

1. 解放 CA1092 型汽车电源电路

该车型电路由 JFl52D 或 JF1522A 型交流发电机与 JF106 型晶体管电压调节器和 6-QA-100 型干荷电蓄电池组成,如图 2-28 所示。

图中 K_2 为保护继电器常闭触点,用来控制充电指示灯的亮灭;L_2 为保护继电器线圈,承受发电机中性点电压。

充电指示灯电路为:蓄电池"+"→起动机 30 接线柱→30A 熔断器→电流表→点火开关→充电指示灯→组合继电器 L 接线柱→常闭触点 K_2→搭铁→蓄电池"一"。

发电机励磁电路为:蓄电池"+"→起动机 30 接线柱→30A 熔断器→电流表→点火开关→5A 熔断器→发电机励磁绕组 F_2 接线柱→励磁绕组→发电机励磁绕组 F_1 接线柱→电压调节器 F 接线柱→搭铁→蓄电池"一"。

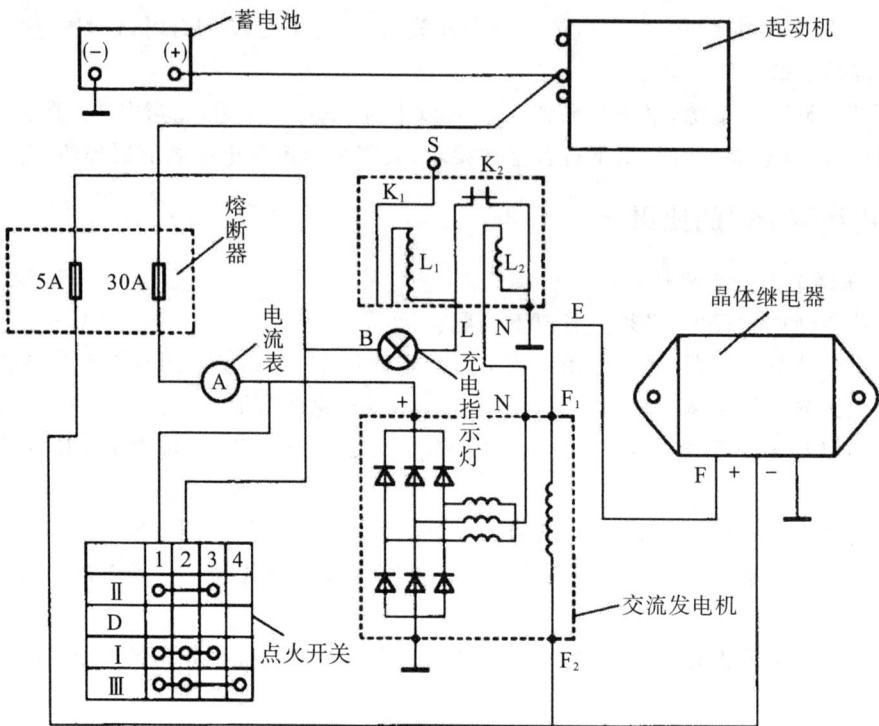

图 2-28 解放 CA1092 型汽车电源系统电路

2. 桑塔纳 2000 电源系统电路

桑塔纳 2000 系列轿车电源系统线路如图 2-29 所示。

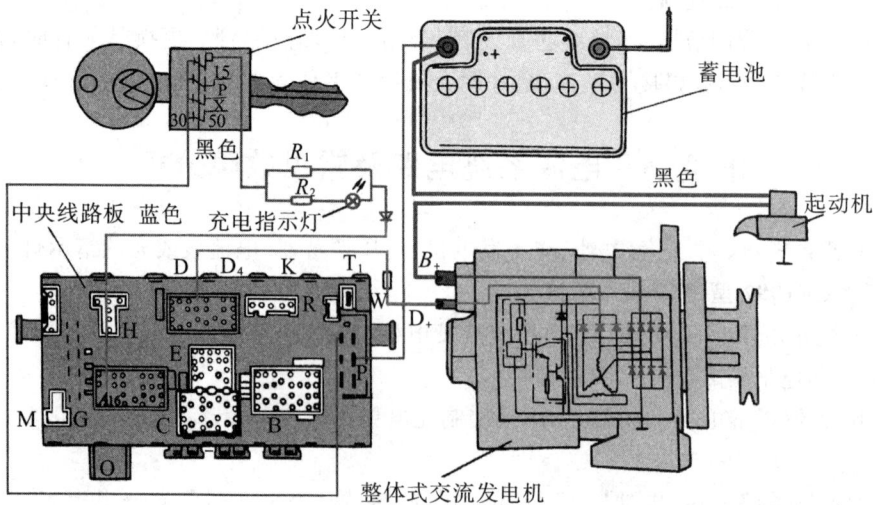

图 2-29 桑塔纳 2000 电源系统电路

交流发电机的 3 只正极管与 3 只负极管组成一个三相桥式全波整流电路。其输出端
"B+"用红色导线与起动机"30"端子连接;3 只磁场二极管与 3 只负极管也组成一个三相桥式

全波整流电路,称为磁场电流整流电路。其输出端"D+"用蓝色导线经蓄电池旁边的单端子连接器 T_1 后与中央线路板 D 插座的 D_4 端子连接,再经中央线路板内部线路与 A 插座的 A_{16} 端子相连。点火开关"30"端子用红色导线经中央线路板上的单端子插座 P 与蓄电池正极连接,点火开关"15"端子用黑色导线与仪表盘左下方 14 端子与黑色插座的 14 端子连接(图中未画出),经仪表盘印刷电路上的电阻 R_1、R_2 和充电指示灯(R_2 和充电指示灯串联后再与 R_1 并联)和二极管接回到 14 端子黑色插座 12 端子,再用蓝色导线与中央线路板 A 插座的 A_{16} 端子连接。

由桑塔纳轿车电路图可见,充电指示灯及发电机磁场绕组线路为:蓄电池正极端子→中央线路板单端子插座 P 端子→中央线路板内部线路→中央线路板单端子插座 P 端子→点火开关"30"端子→点火开关→点火开关"15"端子→组合仪表盘下方 14 端子连接器的"14"端子→电阻 R_2 和充电指示灯→二极管→中央线路板 A_{16} 端子→中央线路板内部线路→中央线路板 D_4 端子→单端子连接器 T_1(蓄电池旁边)→交流发电机"D+"端子→发电机的磁场统组→电子调节器功率管→搭铁→蓄电池负极。

任务 6　电源系统常见故障诊断与排除

电源系统的工作是否正常,可以通过充电系统的工作状况来判断,充电系统的常见故障主要有不充电、充电电流过小、充电电流过大和充电电流不稳等。

1. 不充电

故障现象:发动机中、高速运转时,充电指示灯亮或电流表指示放电。

故障原因:蓄电池与发电机之间的接线断开或脱落;发电机不发电;调节器调整不当或有故障等。

故障诊断步骤与排除方法如下:

1)检查发电机皮带的松紧度,若发电机皮带过松,应调整;检查发电机皮带是否打滑。

2)检查充电线路各导线和接头有无断裂或松脱;检查发电机的接线是否正确、可靠。

3)对于内搭铁发电机,将发电机"F"接线柱取下,另用导线将"+"与"F"接线柱连接,若充电,说明故障在调节器;若不充电,说明故障在发电机或充电线路。对于外搭铁发电机,将发电机"F−"接线柱取下,另用导线将"F−"接线柱搭铁,若充电,说明故障在调节器;若不充电,说明故障在发电机或充电线路。

4)若发电机有故障,可用万用表测量各接线柱之间的电阻值,粗略判断故障所在。测量前,拆下发电机各接线柱上的导线,用万用表测量各接线柱间的电阻值,其阻值应符合规定,若不符合规定,应对发电机进行拆检。

5)若调节器有故障,对于电子式调节器应更换;对于触点式调节器,检查低速触点有无烧蚀或脏物,若有,应用砂纸或砂布条研磨或清洁;检查高速触点能否分离,若不能分离应修复。

2. 充电电流过小

故障现象:蓄电池在亏电情况下,发动机中速以上运转时,电流表指示充电电流过小。

故障诊断步骤与排除方法如下:

1)检查发电机皮带的松紧度,如发电机皮带过松,应调整;检查充电线路各导线接头是否接触不良或锈蚀脏污。

2)对于内搭铁发电机,将发电机"F"接线柱取下,另用导线将"+"与"F"接线柱连接,若充电量增加,说明故障在调节器;若充电量不变,说明故障在发电机。对于外搭铁发电机,将发电机"F—"接线柱取下,另用导线将"F—"接线柱搭铁,若充电量增加,说明故障在调节器;若充电量不变,说明故障在发电机。

3)若是故障在发电机,应进行解体检查。

4)若是故障在调节器,对于晶体管调节器,应更换;对于触点式调节器,应拆下调节器盖进行检查。

3. 充电电流过大

故障现象:汽车行驶时,充电电流始终保持在10A以上且不减小。

故障原因:

1)电压调节器内部电路参数匹配不当。

2)控制励磁电流的大功率三极管短路。

3)调节器前级驱动电路断路造成发电机的电压失控。

故障诊断步骤与排除方法:

1)打开调节器盖进行调整和检修。

2)若晶体管调节器或集成电路电压调节器故障,应更换新品。

4. 充电电流不稳

故障现象:若发电机运转时,电流表指示充电,但指针左右摆动,即为充电不稳故障。

故障原因:发电机驱动带过松、打滑,充电线路中接头松动;发电机内部接触不良。如电刷弹簧弹力过弱,绕组接头松动,滑环积污过多,电刷磨损过度等;调节器有故障,如触点脏污或烧蚀,电磁线圈或电阻各接头有接触不良现象,调节电阻断路等;晶体管调节器中元件虚焊、元件稳定性差等。

故障诊断步骤与排除方法如下:

1)拆下调节器"+"与"F"接线,用试灯连接发电机"+"与"F"接线柱,提高发动机转速。

2)若试灯稳定发光不稳定,则故障在发电机。

3)若试灯稳定发光,则故障可能在调节器或充电系统电路,应分别进行检查。

本章小结

1)交流发电机由转子、定子、整流器、端盖与电刷总成等部分组成。

2)交流发电机的转子是发电机的磁场,定子是发电机的电枢。

3)交流发电机的定子绕组通常为Y形接法,整流器为三相桥式整流电路。

4)交流发电机的整流有的采用了6管整流,有的采用了8管整流,有的采用了9管整流,有的采用了11管整流,工作原理大同小异。

5)交流发电机的励磁方法为先他励,后自励。

6)交流发电机的特性有输出特性、空载特性和外特性,其中以输出特性最为重要。

7)交流发电机零部件的检查包括硅二极管的检查、定子绕组的检查、励磁绕组的检查、转子轴的检查、集电环的检查与电刷的检查。

实训项目　交流发电机与电压调节器的技术条件检测

一、实训目的与要求

1)正确进行发电机进行空载转速试验、零电流转速试验、最小工作电流试验以及额定输出电流试验;

2)正确进行电压调节器进行调节特性试验、转速特性试验和负载特性试验。

二、实训的设备及器材

1)实训汽车若干辆或发动机实训台架若干台;

2)试灯若干个,万用表若干块,常用工具若干套,导线等。

三、实训步骤及操作方法

我国汽车行业标准《汽车用交流发电机技术条件》规定,交流发电机和晶体管式电压调节器在环境温度为(23 ± 5)℃的条件下,其性能应分别符合下表2-2和2-3。

表2-2　交流发电机的技术条件

额定输出		配用调节器类型	零电流转速		最小工作电流		输出额定电流时的转速	
电压 U_R/V	电流 I_R/A		试验电压 U_t/V	转速/ (r·min^{-1})	试验电压 U_t/V	电流 I_L/A	试验电压 U_t/V	转速/ (r·min^{-1})
14	19,26, 34,45, 55,65,	晶体管式	13.5	≤1 150	13.5	≥25%I_R	13.5	≤6 000
	75,90	晶体管式	13.5	≤1 150	13.5	≥30%I_R	13.5	≤6 000
	115	晶体管式	13.5	≤1 000	13.5	≥35%I_R	13.5	≤6 000
28	12,27, 35	晶体管式	27	≤1 150	27	≥25%I_R	27	≤6 000
	45	晶体管式	27	≤1 200	27	≥30%I_R	27	≤6 000
	95,120	晶体管式	27	≤1 050	27	≥35%I_R	27	≤6 000

表 2-3 晶体管式电压调节器的技术条件

试验项目	电压等级/V	试验条件	调节电压或调节电压差值/V
调节特性	12	$n=6\,000\text{r/min}$	14.2 ± 0.25
	24	$I=50\%I_R$	28.0 ± 0.30
转速特性	12	$I=10\%I_R$(不低于2A) $n_1=2\,000\text{r/min}$	0.3
	24	$n_2=10\,000\text{r/min}$	0.5
负载特性	12	$n=6\,000\text{r/min}$ $I_1=10\%I_R$(不低于2A)	0.5
	24	$I_2=85\%I_R$	0.8

交流发电机与电压调节器的试验电路如图 2-30 所示。

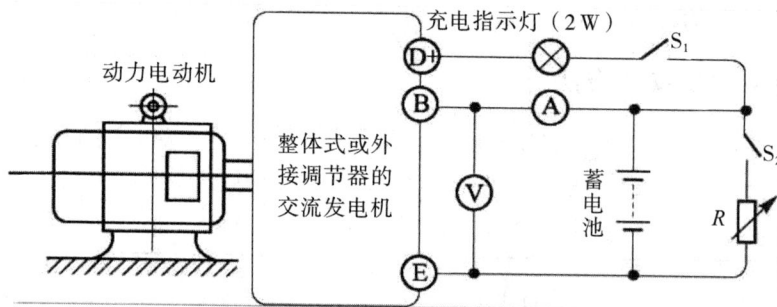

图 2-30 交流发电机与电压调节器的试验电路

1. 空载转速试验

对交流发电机进行空载转速试验的步骤如下：

1)按试验电路图连接交流发电机、电压调节器和试验台。

2)断开开关 S_2,闭合开关 S_1,使蓄电池向发电机提供励磁电流。

3)起动电动机,并缓慢提高发电机的转速,当充电指示灯熄灭时,发电机的转速即为空载转速。该转速值应低于表 2-2 中所规定的零电流转速值。

2. 零电流转速试验

对交流发电机进行零电流转速试验的步骤如下：

1)按试验电路图连接交流发电机、电压调节器和试验台。

2)断开开关 S_2,闭合开关 S_1,使蓄电池向发电机提供励磁电流。

3)起动电动机,先将发电机的转速升高到 1 000r/min 以上,然后缓慢降低发电机的转速,直至输出电流介于额定电流的 5％和 2A 之间。记录其转速和电流,画出电流—转速特性曲线。将电流—转速特性曲线延长至与横坐标轴相交,该交点的转速即为零电流转速。

3. 最小工作电流试验

对交流发电机进行最小工作电流(1 500r/min 的输出电流)试验的步骤如下：

1）按试验电路图连接交流发电机、电压调节器和试验台。

2）断开开关 S_2，闭合开关 S_1，使蓄电池向发电机提供励磁电流。

3）起动电动机，并将发电机的转速升高到 1 500r/min，保持不变。

4）闭合开关 S_2，逐渐调小负载电阻使负载电流增大，此时发电机的输出电压将会降低。当电压降低到试验电压时，电流表指示的输出电流值应该符合表 2-2 中的规定。

4. 额定输出电流试验

对交流发电机进行额定输出电流试验的步骤如下：

1）按试验电路图连接交流发电机、电压调节器和试验台。

2）断开开关 S_2，闭合开关 S_1，使蓄电池向发电机提供励磁电流。

3）起动电动机，并将发电机的转速升高到 6 000r/min，保持不变。

4）闭合开关 S_2，逐渐调小负载电阻使负载电流增大，此时发电机的输出电压将会降低。当电压降低到试验电压时，电流表指示的输出电流值应该符合表 2-2 中的规定。

若输出电流能够达到额定输出电流值，说明发电机性能良好；若输出电流低于额定输出电流值，说明发电机性能降低或有故障，应及时修理或更换发电机。

5. 电压调节器的调节特性试验

对电压调节器进行调节特性试验是为了检测电压调节器的调节电压是否在规定范围内，其试验步骤如下：

1）按试验电路图连接电压调节器、交流发电机和试验台。

2）闭合开关 S_1，起动电动机，并将发电机的转速升高到 6 000r/min，保持不变。

3）闭合开关 S_2，调节负载电阻使发电机的输出电流达到 $50\%I_R$，此时电压表指示的电压即为电压调节器的调节电压值，其值应符合表 2-3 中的规定。

6. 电压调节器的转速特性试验

对电压调节器进行转速特性试验是为了检测当发电机的转速变化时电压调节器调节电压的变化幅度，其试验步骤如下：

1）按试验电路图连接电压调节器、交流发电机和试验台。

2）闭合开关 S_1，起动电动机，并将发电机的转速升高到 2 000r/min，保持不变。

3）闭合开关 S_2，调节负载电阻使发电机的输出电流达到 $10\%I_R$（不低于 2A），保持不变，并记录此时电压表指示的电压值，其值应符合表 2-3 中的规定。

4）将发电机的转速从 2 000r/min 升高到 10 000r/min，同时读取电压表指示的电压值，其值应符合表 2-3 中的规定。

7. 电压调节器的负载特性试验

对电压调节器进行负载特性试验是为了检测当发电机负载变化时电压调节器调节电压的变化幅度。其试验步骤如下：

1）按试验电路图连接电压调节器、交流发电机和试验台。

2）闭合开关 S_1，起动电动机，并将发电机的转速升高到 6 000r/min，保持不变。

3）闭合开关 S_2，调节负载电阻使发电机的输出电流达到 $10\%I_R$（不低于 2A），保持不变，并记录此时电压表指示的电压值，其值应符合表 2-3 中的规定。

4）将负载电流从 $10\%I_R$ 增大到 $85\%I_R$，同时读取电压表指示的电压值，其值应符合表 2-3 中的规定。

四、实训注意事项

1)由于发电机性能与励磁电流有关,因此在试验中规定电压调节器的大功率三极管压降应不大于 1.5 V。

2)接线时一定要严格按照试验电路接线,切勿错接或短接。

3)试验中应注意不要接触高压线导线部分,以免受到高压电击。

项目三 起动机

【项目要求与能力目标】

❖ 了解起动系统的组成与功用；

❖ 了解起动机的类型；

❖ 掌握起动机的结构和工作原理；

❖ 掌握起动机的控制过程及控制电路；

❖ 学会起动系统的故障诊断与排除。

任务 1 认识起动机的作用与组成

起动机的作用是起动发动机，发动机起动之后，起动机便立即停止工作。常规起动机一般由直流串励式电动机、传动机构和控制装置（也称电磁开关）三部分组成。如图 3-1 所示是起动机的组成。

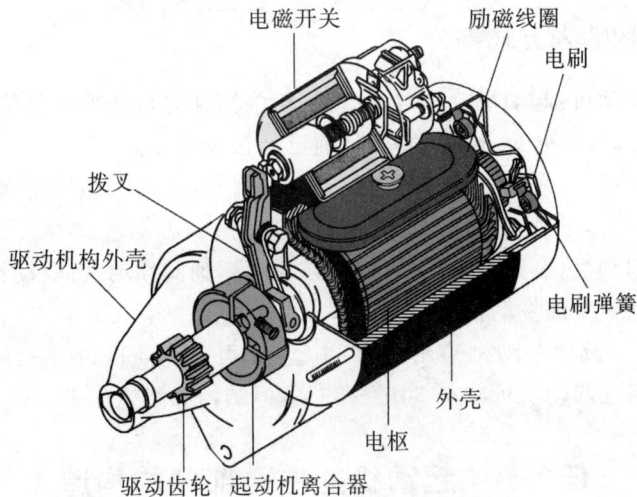

图 3-1 常规起动机的组成

一、直流串励式电动机

直流串励式电动机作用是将蓄电池输入的电能转化为机械能，产生电磁转矩。根据磁场绕组和电枢绕组连接方式的不同，直流电动机可分为并励、串励、复励三种形式。

二、传动装置

传动装置又称啮合机构，作用是在发动机起动时，使起动机的驱动齿轮与飞轮齿圈啮合，将电动机的转矩传给发动机飞轮;在发动机起动后,使起动机与飞轮自动脱离。

三、控制装置

控制装置即电磁开关等,作用是接通或切断电动机与蓄电池之间的电路。

任务 2　认识起动机的类型

起动机的种类很多,在各种起动机的三个组成部分中,电动机部分一般没有本质的差别,而控制方法和传动机构的啮入方式则有很大差异,因此起动机是按控制方法和传动机构的啮入方式的不同来分类的。

一、按控制方法划分

1)机械控制起动机:由脚踏或手拉杠杆联动机构直接控制起动机的主电路开关来接通或切断主电路。解放 CA10B 型、跃进 NJ130 型汽车即采用这种方式。这种方式虽然结构简单工作可靠,但由于要求起动机、蓄电池靠近驾驶室,而受安装布局的限制,且操作不便,因此目前很少采用。

2)电磁控制起动机:先按钮或钥匙控制电磁铁,再由电磁铁控制主电路开关,以接通或切断主电路。由于装有电磁铁,可进行远距离控制,操作省力,因此现代汽车大都采用这种方式。

二、按传动机构啮入方式划分

1)惯性啮合式起动机:起动机旋转时,驱动齿轮借惯性力自动啮入飞轮齿环。其特点是啮合结构简单,不能传递较大转矩,可靠性差,目前已经很少使用。

2)强制啮合式起动机:靠人力或电磁力拉动杠杆,强制拨动驱动齿轮啮入飞轮齿环。其特点是啮合机构简单、动作可靠、操作方便,目前广泛使用。

3)电枢移动式起动机:靠磁极磁通的电磁力,使电枢轴向移动,将驱动齿轮啮入飞轮齿环,目前广泛使用于大功率柴油发动机上。

4)减速式起动机:减速起动机采用高速、小型、低力矩电动机,在传动机构中设有减速装置。质量和体积比普通起动机可减小 $30\%\sim35\%$,但结构和工艺比较复杂。

任务 3　起动机的主要部件的构造

起动机一般由直流串励式电动机、传动机构(或称啮合机构)和控制装置(即开关)三部分组成。

活动 1　认识串励式直流电动机

一、串励式直流电动机的结构

直流电动机的作用是产生力矩,一般采用直流串励式电动机。"串励"是指电枢绕组与磁场绕组串联。串励直流电动机主要由机壳、磁极、电枢、换向器及电刷等组成。如图 3-2

所示。

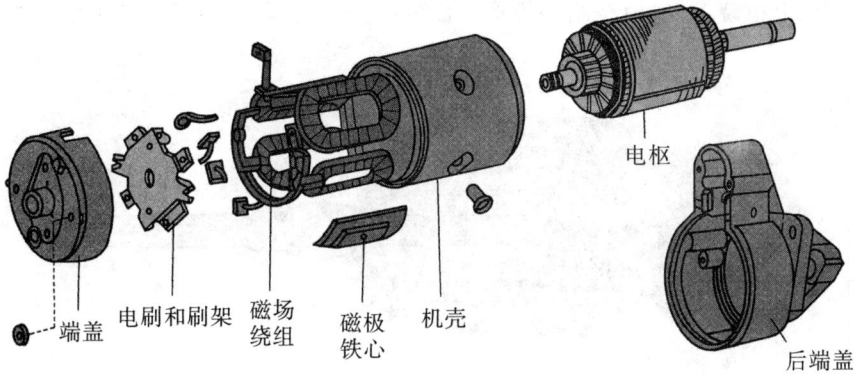

图 3-2 串励直流电动机的组成

1. 机壳

机壳的作用是安装磁极,固定机件。机壳用钢管制成,一端开有窗口,用于观察和维护电刷和换向器,平时用防尘箍盖住。机壳上只有一个电流输入接线柱并在内部与磁场绕组的一端相接,壳内壁固定有磁极铁芯和磁场绕组。如图 3-3 所示。

磁极的作用是产生磁场,由固定在机壳上的磁极铁芯和磁场绕组组成,一般是 4 个,两对磁极相对交错安装在电动机定子内壳上。4 个励磁线圈可互相串联后再与电枢绕组串联,也可两两串联后并联再与电枢绕组串联,如图 3-4 所示。

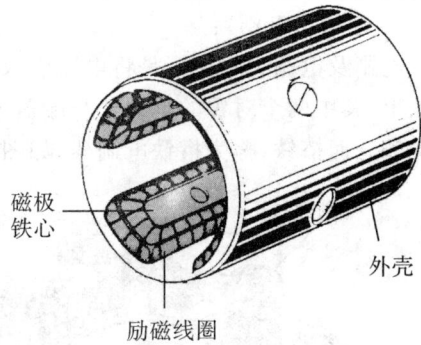

图 3-3 磁极

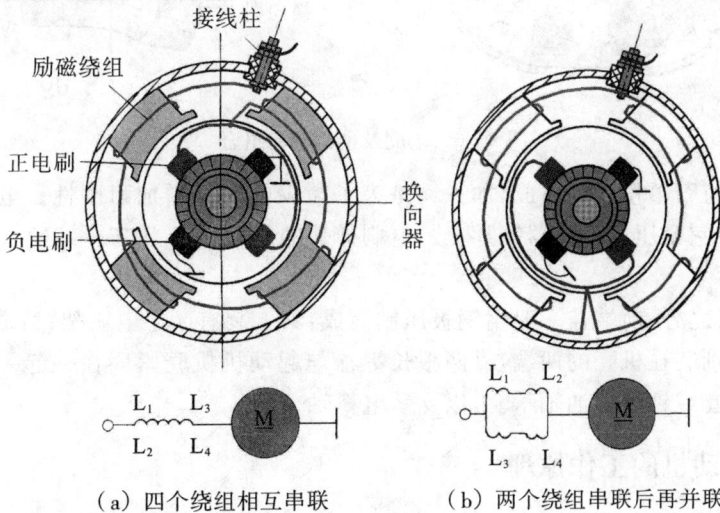

（a）四个绕组相互串联　　（b）两个绕组串联后再并联

图 3-4 励磁绕组的接法

2. 电枢

电枢的作用是产生电磁转矩。它主要由电枢轴、电枢铁芯、电枢绕组和换向器等组成。

电枢总成如图3-5所示,电枢铁芯是由许多相互绝缘的硅钢片叠装而成,其圆周表面上有槽,用来安放电枢绕组,电枢绕组用矩形截面的裸铜条绕制,绕线型式多采用波绕法。

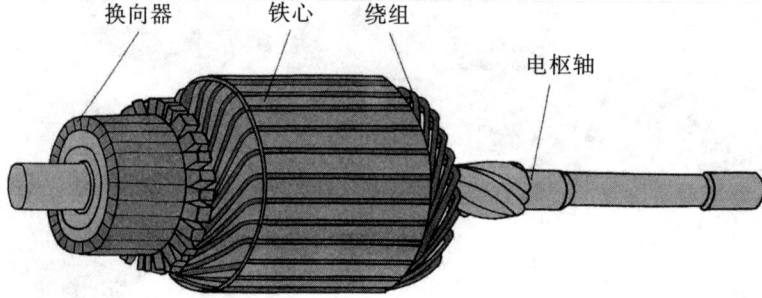

图3-5　电枢总成

换向器装在电枢轴上,它由许多换向片组成。换向片嵌装在轴套上,各换向器片之间用云母绝缘。

3. 电刷及电刷架

电刷及电刷架的作用是将电流引入电动机。一般有4个电刷及电刷架。电刷架固定在前端盖上,其中两个对置的电刷架与端盖绝缘,称为绝缘电刷架;另外两个对置的电刷架与端盖直接铆合而搭铁,称为搭铁电刷架,如图3-6所示。

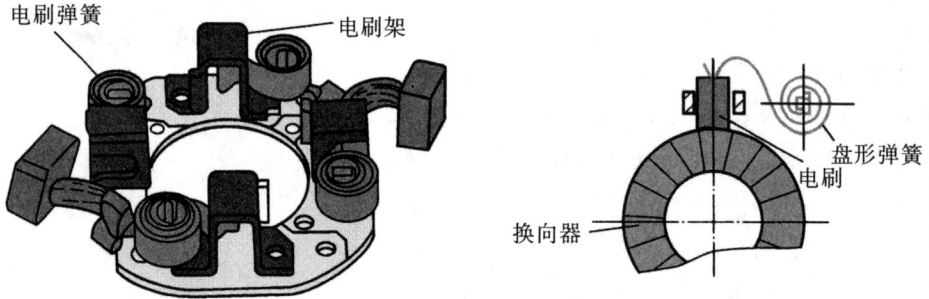

图3-6　电刷及电刷架的组合

电刷由铜粉与石墨粉压制而成,加入铜是为了减少电阻并增加耐磨性。电刷装在电刷架中,借弹簧压力将它紧压在换向器铜片上。电刷弹簧的压力一般为12~15N。

4. 端盖

端盖有前、后之分:前端盖一般用钢板压制而成,其上装有4个电刷架;后端盖为灰铸铁浇铸而成。它们分别装在机壳的两端,靠两根长螺栓与起动机机壳紧固在一起。两端盖内均装有青铜石墨轴承套或铁基含油轴承套,以支承电枢轴。

二、直流电动机的工作原理

直流电动机的基本工作原理是,通电导体在磁场中受电磁力作用产生旋转,电磁力的方向遵循左手定则。如图3-7所示。

当线圈在垂直位置时,电刷不与换向器接触,线圈中没有电流通过,因此电枢线圈不转动。如将电枢线圈稍向顺时针方向转过一些,换向器片分别与两电刷接触,线圈中有电流通过,其方向是从线圈 I 边流入,从 II 边流出。根据左手定则可以判定,线圈 I 边向下运动,II 边向上运动,电枢线圈顺时针转动。

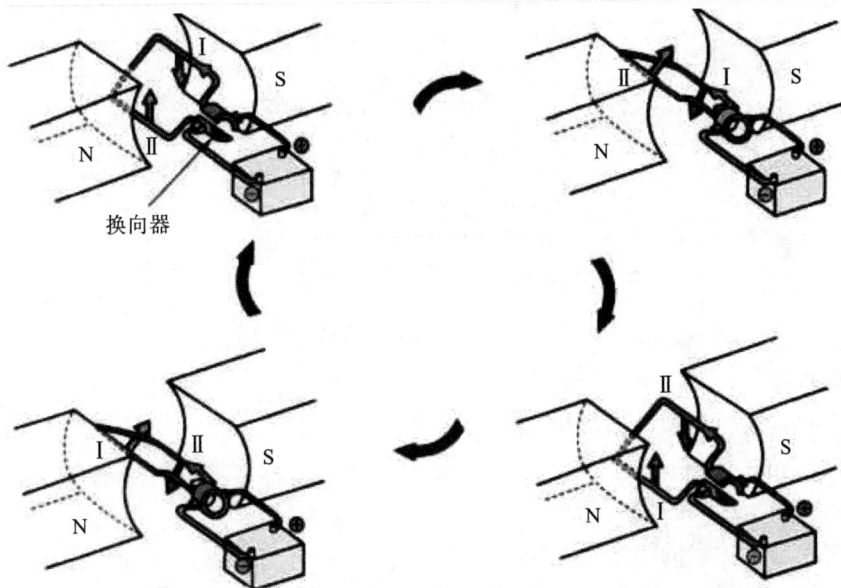

图 3-7 直流电动机的工作原理图

当线圈转到换向器片不与电刷接触,线圈中无电流通过,此时,电枢线圈在惯性作用下转过这个位置。当线圈转过垂直位置时,换向器片又与两电刷接触。但此时换向器片已经调换了位置。因此电流从线圈 II 边流入,从 I 边流出。根据左手定则可以判定,线圈 I 边向上运动,II 边向下运动,电枢线圈仍向顺时针方向转动。这样,使电流不断地通入线圈,线圈便按一定方向连续不停地转动。

一个线圈的电动机,虽能旋转,但转动力量小,转速也不稳定,而且在某位置时不能转动。所以,为了增大输出力矩并使运转均匀,实际使用的起动电动机都是由较多的线圈和配有相应换向片构成,同时采用多对电磁铁来产生较强的磁场。但其工作原理还是一样的。

三、直流电动机的工作特性

电动机中电流越大,电动机产生的扭矩越大。

电动机的转速越高,电枢线圈中产生的反电动势就越大,电流也随之下降。

直流串励式电动机的力矩 M、转速 n 和功率 P 随电枢电流变化的规律,称为直流串励式电动机的特性。图 3-8 所示为直流串励式电动机的特性曲线,其中曲线 M、n 和 P 分别代表力矩特性、转速特性和功率特性。

(1)转矩特性

起动瞬间:$I=\max$,$n=0$,处于完全制动状态。

转矩 M 与 I 成正比,在起动瞬间,转矩很大,使发动机易于起动。

(2)转速特性

串励式电动机具有轻载转速高,重载转速低的特性,可以保证起动安全可靠,但轻载空载时,易造成"飞车"事故。对于功率很大的直流串励式电动机,不允许轻载或空载下运行。

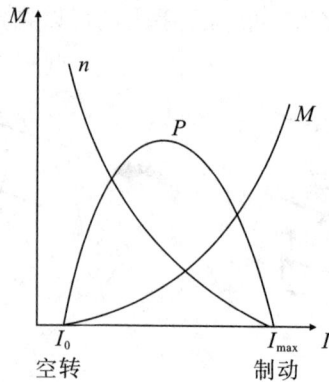

图 3-8 直流串励式电动机的特性

（3）功率特性

完全制动时：P 和 $n=0$ 时，$M=\max$；

空载时：$I=\min$，$n=\max$，$P=0$；

当 $I=0.5I$ 时，$P=\max$。

（4）影响起动机功率的因素

接触电阻和导线的影响：R 增大，L 增长，A（横截面积）减小，会使 P 减小。

蓄电池容量的影响：容量越小，功率越小。

温度的影响：直接影响蓄电池的内阻，t 减小，r 增加，P 减小。

活动 2　认识起动机的传动机构

传动机构的作用是把直流电动机产生的转矩传递给飞轮齿圈，再通过飞轮齿圈把转矩传递给发动机的曲轴，使发动机起动。起动后，飞轮齿圈与驱动齿轮自动打滑脱离。一般由驱动齿轮、单向离合器、拨叉、啮合弹簧等组成。

在传动机构中，结构和工作情况比较复杂的是单向离合器，它的作用是传递电动机转矩，起动发动机，而在发动机起动后自动打滑，保护起动机电枢不致飞散。常用的单向离合器主要有滚柱式、摩擦片式和弹簧式等几种。

一、滚柱式单向离合器的构造

如图 3-9 所示，滚柱式单向离合器的驱动齿轮与外壳制成一体，外壳内装有十字块和 4 套滚柱、压帽和弹簧。十字块与花键套筒相连，壳底与外壳相互扣合密封。

在花键套筒外面套有移动衬套及缓冲弹簧。整个单向离合器总成利用花键套筒套在电枢轴的花键上，离合器总成在传动拨叉作用下，可以在轴上轴向移动，也可以随轴转动。

工作过程：受力分析如图 3-10 所示，当起动机电枢旋转时，转矩经套筒带动十字块旋转，滚柱滚入楔形槽窄端，将十字块与外壳卡紧，使十字块与外壳之间能传递力矩，如图 3-10（a）；发动机起动以后，飞轮齿圈会带动驱动齿轮旋转，当转速超过电枢转速时，滚柱滚入宽端打滑，这样发动机的力矩就不会传递至起动机，起到保护起动机的作用，如图 3-10（b）。

滚柱式单向离合器结构简单，坚固耐用，体积小，质量轻，工作可靠；在中、小功率的起动机中得到最为广泛的应用。但传递转矩受限制，不能用于大功率起动机上。

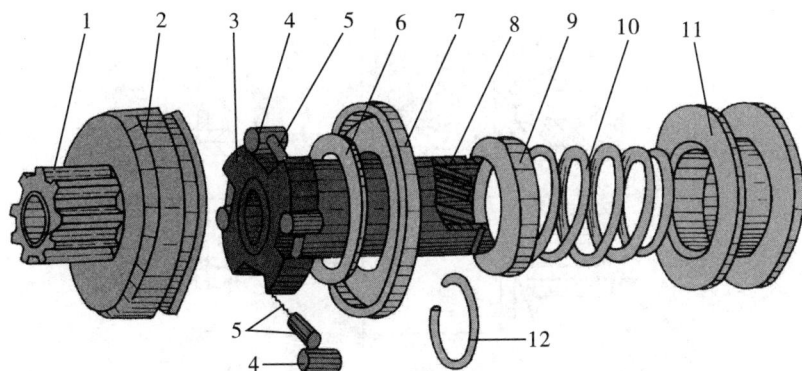

1—驱动齿轮;2—外壳;3—十字块;4—滚柱;5—压帽与弹簧;6—垫圈;7—护盖;8—花键套筒;9—弹簧座;10—缓冲弹簧;11—移动衬套;12—卡簧

图3-9 滚柱式单向离合器

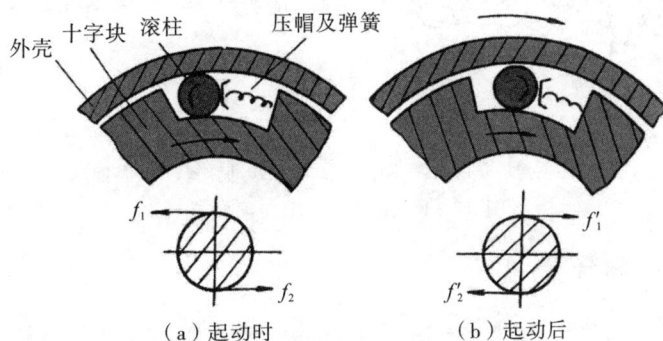

（a）起动时　　　　　（b）起动后

图3-10 滚柱的受力及作用示意图

二、摩擦片式单向离合器

摩擦片式单向离合器的结构如图3-11所示,外接合鼓固定在起动机电枢轴上,两个弹性圈和压环依次沿起动机轴装进外接合鼓中,青铜的主动摩擦片5以其外凸齿装入外接合鼓的轴向切槽中,钢制的从动摩擦片以其内凸齿插入9内接合鼓的轴向切槽中。内接合鼓具有螺旋线孔并旋在起动机驱动齿轮柄的三线外螺纹上,齿轮柄则自由地套在起动机轴上,内垫有减振弹簧,并用螺母锁紧以免轴向脱出。内接合鼓上具有两个小弹簧,轻压摩擦片,以保证它们彼此接触。

工作原理是:起动机带动曲轴旋转时,内接合鼓沿螺旋线向右移动,将主、从动摩擦片压紧,如图3-11(b),利用摩擦力将电枢的转矩传给飞轮。发动机发动后,起动机驱动齿轮被飞轮带着转动,当其转速超过电枢转速时,内接合鼓则沿螺旋线向左退出,主、从动摩擦片松开,这时仅驱动齿轮随飞轮高速旋转,但不驱动起动机电枢,从而避免了电枢超速飞散的危险。

摩擦片式单向离合器具有传递大转矩,防止超载损坏起动机的优点,被大功率起动机所采用。但摩擦片磨损后,摩擦力会大大降低,因此需经常检查、调整或更换摩擦片;且零部件多,结构复杂,加工费时,不便于维修。

（a）装配图

（b）解体图

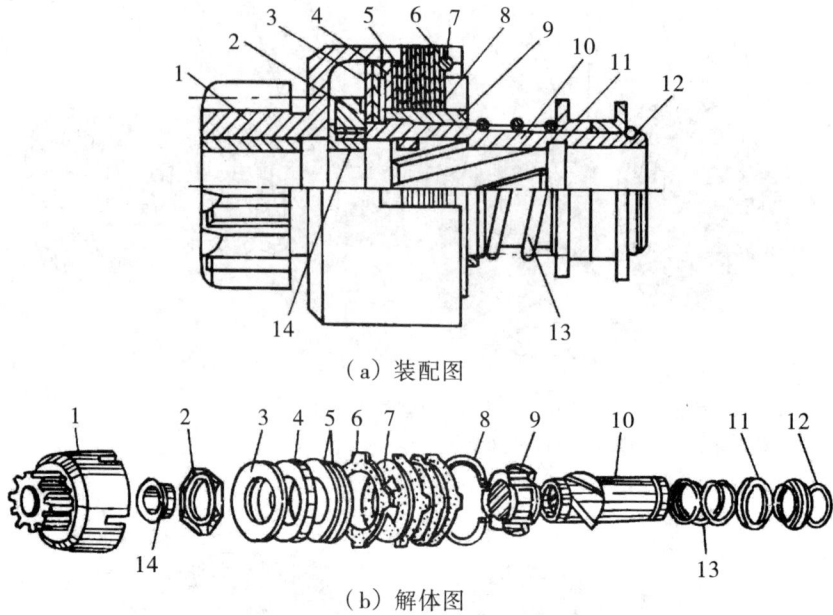

1—驱动齿轮与外接合鼓；2—螺母；3—弹性圈；4—压环；5—调整垫圈；6—从动摩擦片；7—主动摩擦片；
8、12—卡环；9—内接合鼓；10—传动套筒；11—移动衬套；13—缓冲弹簧；14—挡圈。

图 3-11 摩擦片式单向离合器

三、弹簧式单向离合器

弹簧式单向离合器的结构如图 3-12 所示，花键套筒 6 套在电枢轴的螺旋花键上，驱动齿轮 1 套在轴的光滑部分，两者间用两个月形键连接，使驱动齿轮与花键套筒之间不能作轴向相互移动，但可以相对转动。在驱动齿轮柄和花键套筒外装有扭力弹簧，弹簧的两端各有 1/4 圈内径分别箍紧在齿轮柄和花键套筒上。

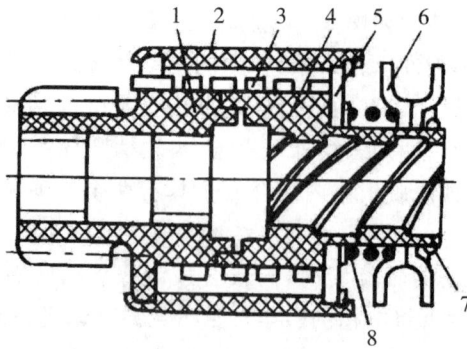

1—驱动齿轮与套筒；2—护套；3—扭力弹簧；4—传动套筒；
5—垫圈；6—移动衬套；7—卡簧；8—缓冲弹簧。

图 3-12 弹簧式单向离合器

弹簧式单向离合器的工作原理为：当起动发动机时，电枢轴带动花键套筒稍有转动，扭力弹簧 3 顺着其螺旋方向将齿轮柄与花键套筒包紧，起动机转矩经扭力弹簧传给驱动齿轮起动发动机。发动机起动后,驱动齿轮转速高于花键套筒,扭力弹簧放松,驱动齿轮与花键套筒松脱打滑,发动机的转矩不能传给电机电枢。

弹簧式单向离合器具有结构简单,寿命长,工艺简单,成本低。但其轴向尺寸较大,因此主要用在一些大功率起动机上。如国产黄河牌汽车以及日本五十铃 TX50 型汽车的起动机采用这种形式。

活动 3　认识起动机的控制装置

一、起动机控制装置的作用

控制装置的作用是控制驱动齿轮和飞轮的啮合与分离,并且控制电动机电路的接通与切断。常用的装置有机械式和电磁式,现代汽车上广泛使用电磁式控制装置(电磁开关)。如图 3-13 所示为其结构图。电磁开关主要由吸引线圈、保持线圈、回位弹簧、活动铁芯、接触片等组成。电磁开关壳体的前部装有电动机开关的 C 和 30 接线柱以及磁力线圈 50 接线柱,接触片装在触杆上,与触杆上的机件绝缘,起动机不工作时,在回位弹簧的作用下,使接触片与触点保持分开状态。线圈的作用是用电磁力来操纵啮合器和电动机开关工作的。线圈由导线粗、匝数少的吸引线圈和导线细、匝数多的保持线圈组成。吸引线圈的两端分别接在 C 和 50 接线柱上。保持线圈的两端分别接在 50 接线柱和搭铁上。活动铁芯装在电磁开关铁芯套内,活动铁芯尾部装有连接钩,与拨叉上部相连,有些连接钩可以借其螺纹进行调整。其中,端子 50 接点火开关,通过点火开关再接电源,端子 30 直接接电源。

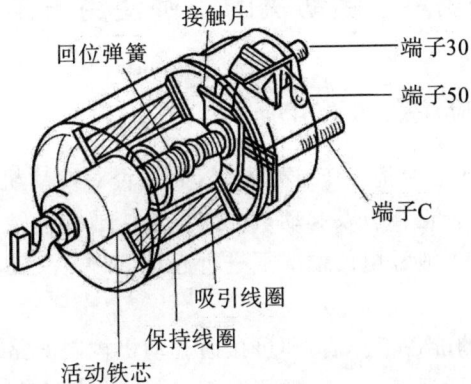

图 3-13　电磁开关结构图

二、起动机控制装置的工作过程

基本工作过程如图 3-14 所示,当起动电路接通后,保持线圈的电流经起动机接线柱 50 进入,经线圈后直接搭铁,吸引线圈的电流也经起动机接线柱 50 进入,但通过线圈后未直接搭铁,而是进入电动机的励磁线圈和电枢后再搭铁。两线圈通电后产生较强的电磁力,克服回位弹簧弹力使活动铁芯移动,一方面通过拨叉带动驱动齿轮移向飞轮齿圈并与之啮合,另一方面推动接触片移向接线柱 50 和 C 的触点,在驱动齿轮与飞轮齿圈进入啮合后,接触片将两个主触点接通,使电动机通电运转。在驱动齿轮进入啮合之前,由于经过吸引线圈的电流经过了电动机,所以电动机在这个电流的作用下会产生缓慢旋转,以便于驱动齿轮与飞轮齿圈进入啮合。在两个主接线柱触点接通之后,蓄电池的电流直接通过主触点和接触片进入电动机,使电动机进入正常运转。此时通过吸引线圈的电路被短路,因此,吸引线圈中无电流通过,主触点接通的位置靠保持线圈来保持。发动机起动后,切断起动电路,保持线圈断电,在弹簧的作用下,活动铁芯回位,切断了电动机的电路,同时也使驱动齿轮与飞轮齿圈脱离啮合。

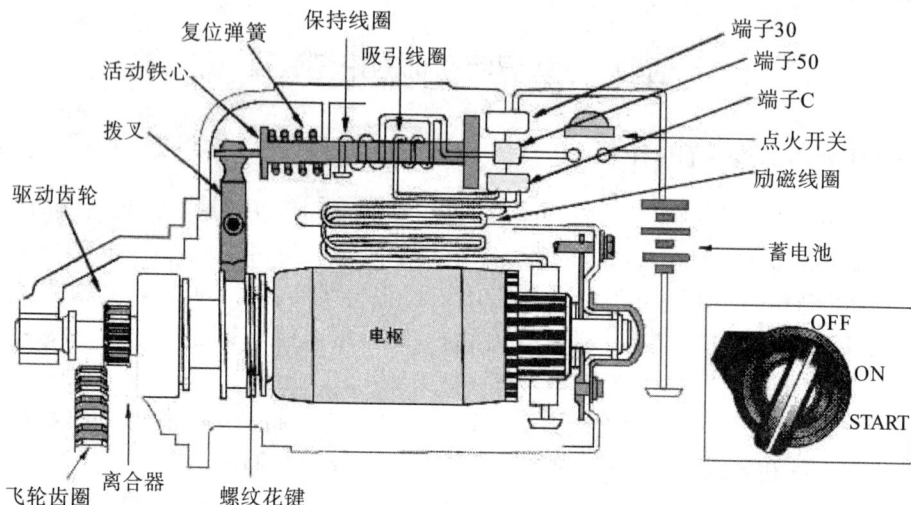

图 3-14 起动系统控制电路

任务 4 起动机的正确使用与维护

一、使用起动机时,应注意如下事项

1)应注意起动机使用前的准备工作是否做好,如是否对发动机做过检查而确认其能正常工作;经检查起动机安装是否正常以及起动机电路各连接导线接触是否良好;经检查蓄电池存电是否充足,注意避免在蓄电池亏电的情况下进行起动,以便保证起动机良好的工作状态和延长起动机的使用寿命。

2)当做好上述使用前的准备工作后,即可接通起动机控制电路,起动机驱动齿轮与发动机飞轮齿环啮合,使发动机开始运转。在正常情况下,一次就能起动。若一次未能起动,则必须等起动机电枢与驱动齿轮完全静止后方可进行第二次起动。

3)起动机每次的起动时间不得超过 5s,再次起动时应停息 2min 左右,连续第三次起动时,应在检查排故的基础上停歇 15min 后再使用。

4)冬季和低温情况下起动时,应先将发动机手摇预热后,再使用起动机起动。

5)发动机起动后,必须立即切断起动机控制电路,使起动机停止工作。

6)发动机旋转时,严禁将起动机投入工作。

二、起动机的维护要点

1)经常检查各紧固件是否牢固,要保证起动机在车上安装牢固。

2)经常检查起动机与蓄电池、起动机继电器或组合继电器、开关之间的各连接导线及连接片的连接是否牢固,其连接处接触是否良好、导线的绝缘是否损坏,发现导线与接线柱有油污或氧化情况应清除,使之保持干净,并将其各部连接状态保持紧固。

3)定期拆去防尘带,检查换向器表面是否光洁,刷架内的电刷应能上下滑动自如、是否有卡住现象,刷簧压力是否正常,并清除其积尘。如出现电刷磨损过多和换向器表面烧毛,应立即修理或调换。

4)为保证起动机起动时的可靠性,应每年大修一次,经常检查视情况而定。

任务5 认识减速式起动机的构造

减速式起动机的结构特点是在电枢和驱动齿轮之间装有一级或多级减速齿轮(一般减速比为3~4),其特点是可采用小型高速低转矩的电动机,使起动机的体积减小、质量减轻,并便于安装;提高了起动机的起动转矩,有利于发动机的起动。减速齿轮的结构简单、效率高,保证了良好的机械性能,同时拆装维修方便。

减速起动机减速机构根据结构可分为外啮合式、内啮合式和行星齿轮啮合式三种类型。

一、认识外啮合减速式起动机

外啮合式减速机构在电枢轴和起动机驱动齿轮之间利用惰轮作中间传动,且电磁开关铁芯与驱动齿轮同轴心,直接推动驱动齿轮进入啮合,无须拨叉。因此,起动机的外形与普通的起动机有较大的差别,传动效率高,成本适中,广泛用于小功率的起动机上。如图3-15为丰田汽车采用的外啮合式减速起动机。

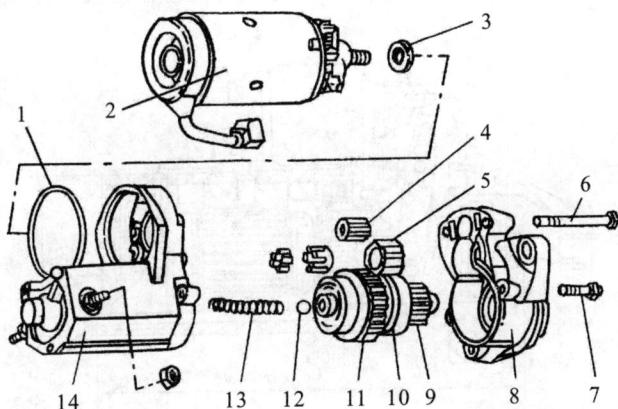

1—橡胶圈;2—电动机;3—毡垫圈;4—主动齿轮;5—惰轮;6—穿钉;7—螺栓;8—外壳;9—驱动齿轮;10—单向离合器;11—从动齿轮;12—钢球;13—回位弹簧;14—电磁开关。

图3-15 丰田汽车采用的外啮合式减速起动机分解图

二、认识内啮合式减速起动机

内啮合式减速机构传动中心距小,可有较大的减速比,传动效率高,但成本也高,故适用于较大功率的起动机,如图3-16为内啮合式减速起动机结构图。

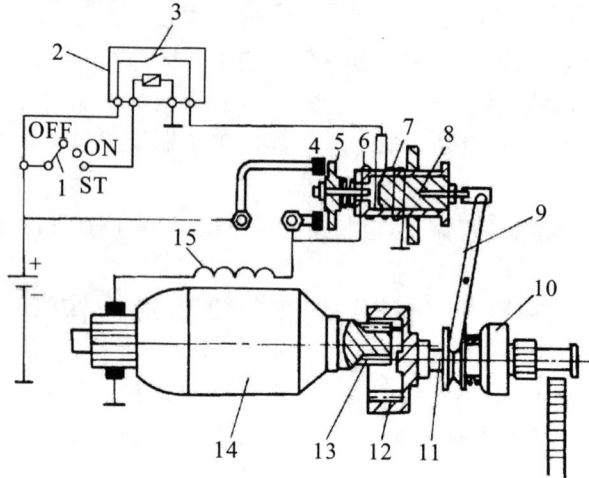

1—点火开关；2—起动继电器；3—起动继电器触点；4—主接线柱内侧触头；5—接触盘；
6—吸拉线圈；7—保持线圈；8—活动铁芯；9—拨叉；10—单向离合器；11—螺旋花键轴；
12—内啮合减速齿轮；13—主动齿轮；14—电枢；15—励磁绕组。

图 3-16　内啮合式减速起动机结构图

三、认识行星齿轮啮合式减速起动机

行星齿轮式减速起动机具有结构紧凑、传动比大、效率高等优点。由于输出轴与电枢轴同心、同旋向，电枢轴无径向载荷，可使整机尺寸减小。此外，由于行星齿轮啮合式减速起动机的轴向位置结构与普通起动机相同，因此配件可通用。其结构如图 3-17 所示。

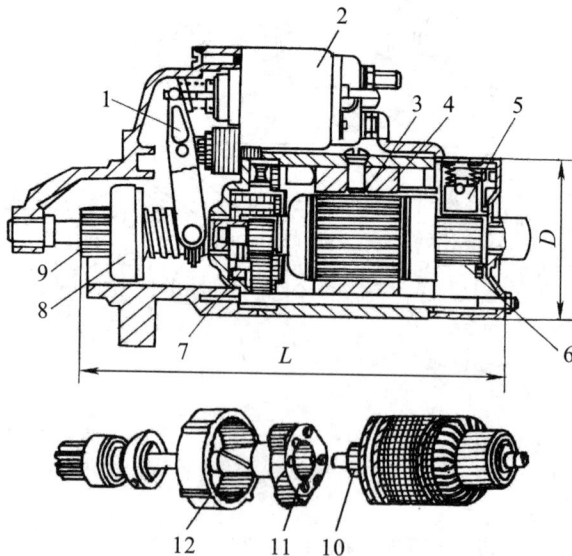

1—拨叉；2—电磁开关；3—电枢；4—磁铁；5—电刷；6—换向器；7—行星齿轮式减速机构；8—滚柱式单向离合器；9—驱动齿轮；10—电枢轴；11—行星齿轮架；12—内齿圈。

图 3-17　行星齿轮式减速起动机

任务 6　起动系统控制电路

目前,起动系电路有两种形式。一种是不带起动继电器的起动电路,如图 3-18 所示;另一种是带起动继电器的起动电路,如图 3-19 所示。

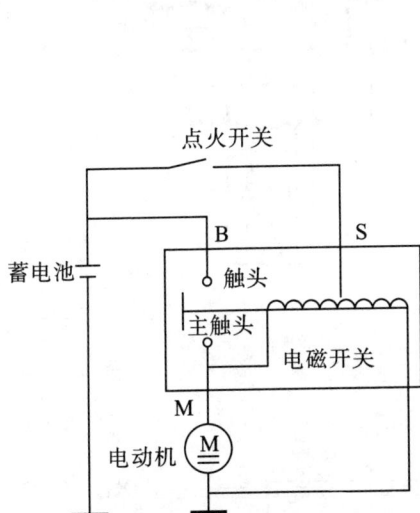

图 3-18　不带起动继电器的起动电路

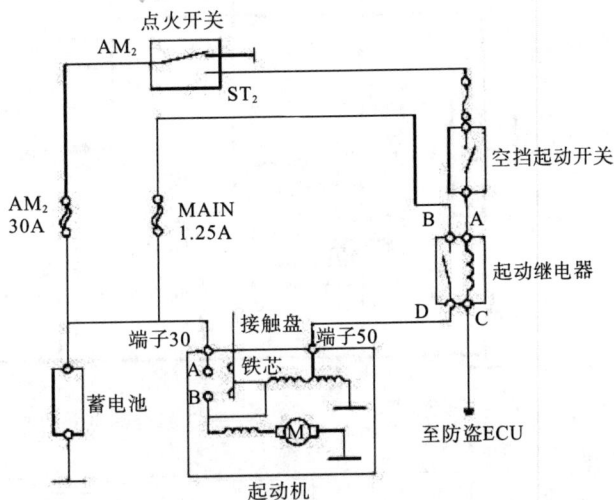

图 3-19　带起动继电器的起动电路

一、认识起动系统电路的构成

起动电路分为两个部分:一部分是主电路,另一部分为控制电路。

主电路是在起动机工作时为起动机励磁线圈和电枢绕组提供电能(流)的电路。其电路连接路线是蓄电池正极→主触点→起动机电磁开关内部的接触盘→主触点→起动机励磁绕组→电枢绕组→起动机外壳→搭铁→蓄电池负极。

控制电路的作用是控制起动机电磁开关动作,一方面使起动主电路接通,另一方面使起动机小齿轮与飞轮接合达到使起动机带动发动机飞轮齿圈转动的目的。不带起动继电器的起动控制电路是通过点火开关直接控制起动机电磁开关工作,由于起动机电磁开关在工作时电流较大,容易使点火开关损坏,所以现在的汽车已很少采用。带起动继电器的起动控制电路,通过控制起动继电器内的电磁线圈,使继电器内部的常开触点闭合而接通起动电磁开关电路,使起动电磁开关工作。

上述两种电路在发动机起动后,如果不小心将点火开关再转动到起动位置,起动电路会被接通而造成"打齿"现象(这是因为发动机工作时,起动机小齿轮试图与飞轮齿圈啮合,由于转速不同而造成的)。因此,有些车辆采用了组合继电器,如图 3-20 所示。

二、认识帕萨特 B5 起动电路

帕萨特 B5 起动电路如图 3-21 所示,该起动电路属于无起动继电器的直接控制式。

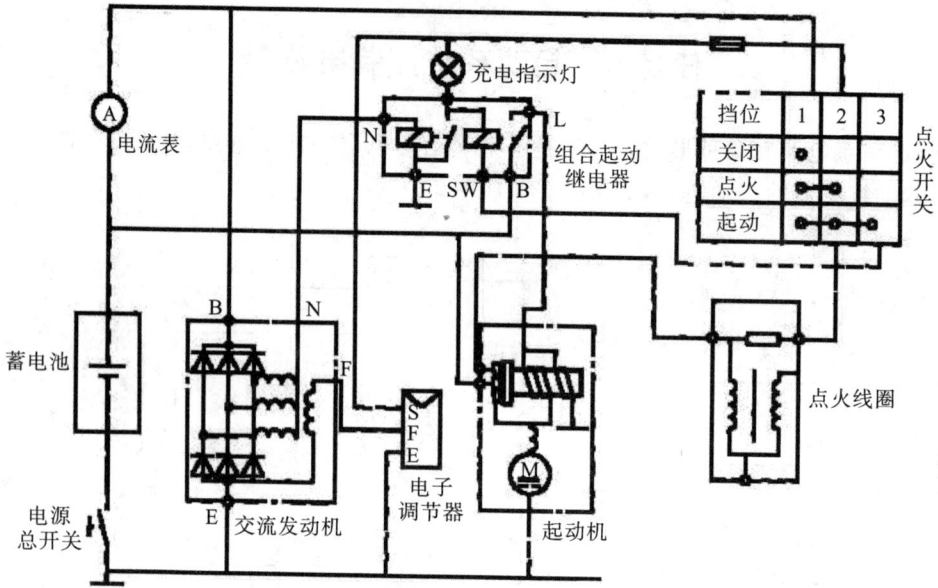

图 3-20 组合继电器的起动系电路

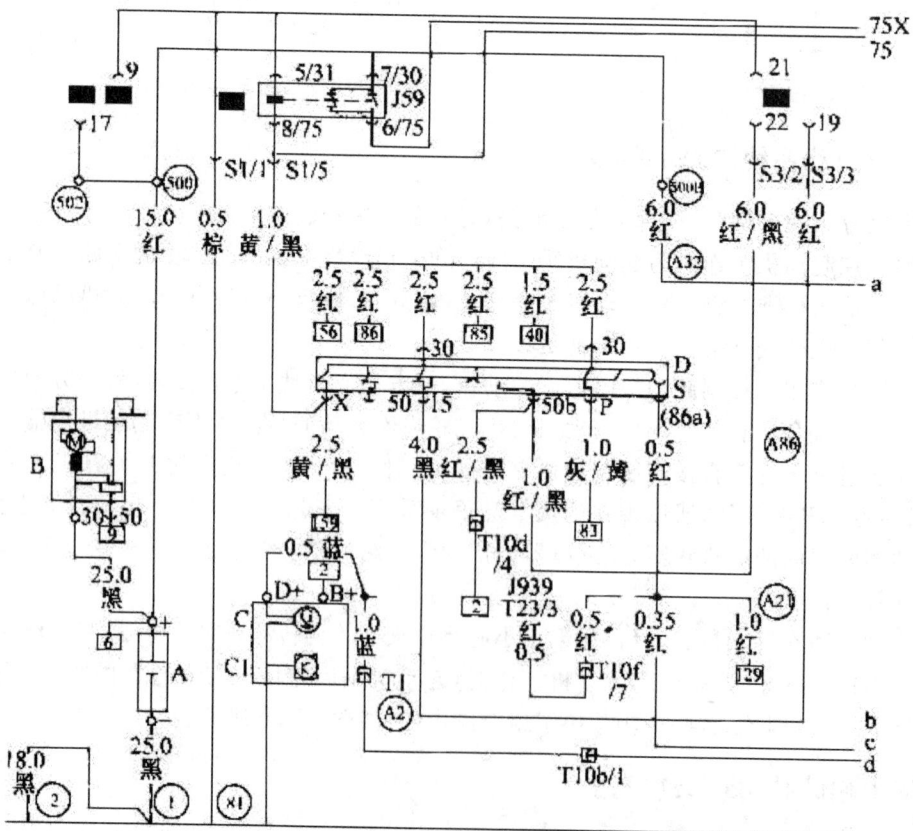

A—蓄电池;B—起动机;C—发动机;C1—调节器;D—点火开关。

图 3-21 帕萨特 B5 起动电路

图 3-21 中起动机 B 的 30 端子通过黑色 25 mm² 的导线与蓄电池的正极相连,起动机的控制端子 50 连接到一个方框内的"9",表示连接最底下长横线(元器件位置横线)中,与标有"9"号位置相对应的点火开关 D 上方框内有"2"的方框相连,因为起动机的位置,在下端位置横线中对应的是"2"号位置。也就是连到了点火开关的 50b 端子,说明起动机的电磁开关直接受点火开关的控制。点火开关的 30 端子是常电源,与蓄电池的正极相连。当点火开关旋到起动位置时,点火开关的 50b 端子有电,接通电磁开关回路,电磁开关再接通起动机的主电路,起动机工作。

三、认识丰田轿车起动系电路

图 3-22 为丰田威驰小轿车的起动电路。起动继电器的线圈绕组受点火开关 SL 的控制,如果配置的自动变速器,起动继电器的线圈绕组还受停车/空挡继电器的控制,也就是说,只有自动变速器的挡位处于停车/空挡时,才有可能起动发动机。

此外,当点火开关旋到起动位置时,从点火开关的 ST₂端子还给发动机 ECU 及组合仪表提供一个信号,用作与起动有关的其他控制或指示。

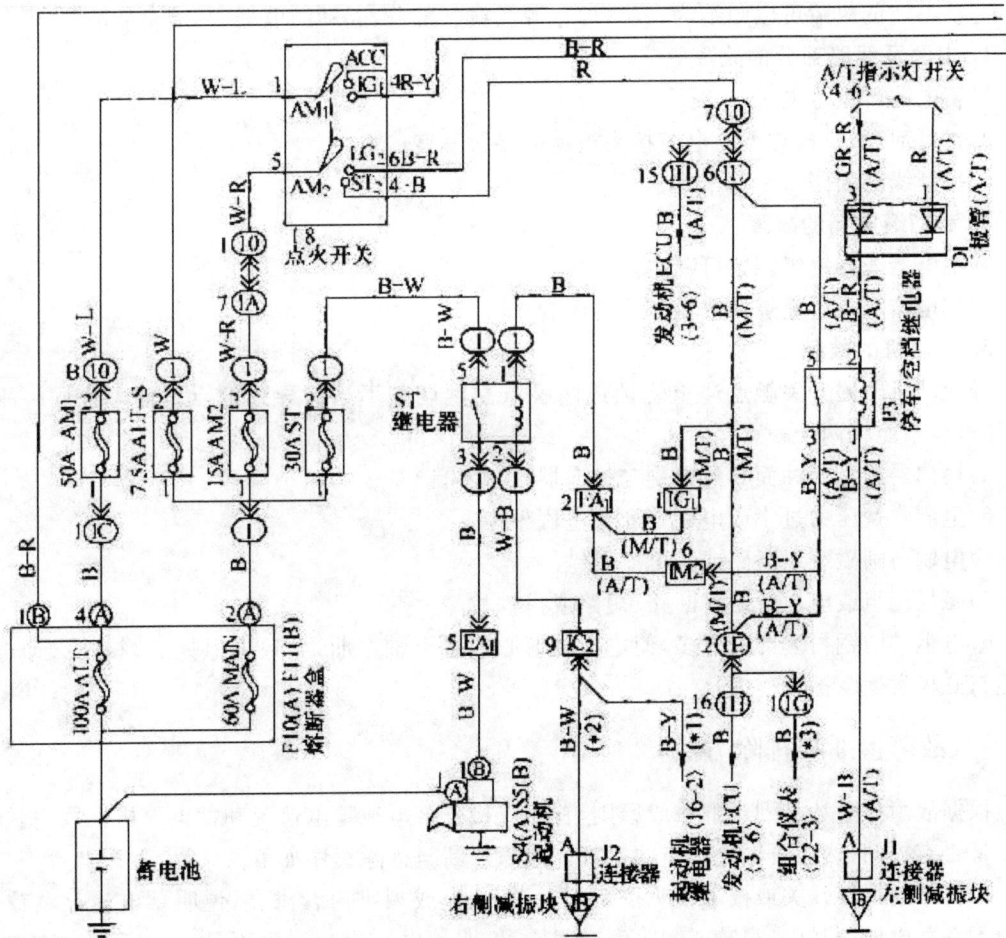

图 3-22　丰田威驰轿车的起动电路

任务7 起动系的故障诊断与排除

起动系统主要由蓄电池、起动机、继电器、点火开关(或起动开关)、连接导线等组成,其故障包括电气和机械两个方面。常见的故障主要有起动机不转、起动机运转无力及其他故障几种。在诊断与排除故障时,要根据控制电路的不同情况来具体分析。现以带起动继电器的控制电路为例来说明起动系的故障诊断与排除。

活动1 起动不转的故障诊断

一、故障现象

起动发动机时,将点火开关转到"起动"(Ⅱ)挡,起动机不运转。

二、故障原因

起动不转的故障可以归纳为三类,即电源及线路部分、起动继电器、起动机故障。

1. 电源及线路部分的故障

1)蓄电池严重亏电。

2)蓄电池正、负极柱上的电缆接头松动或接触不良。

3)控制线路断路。

2. 起动继电器的故障

1)继电器线圈绕组烧毁可断路。

2)继电器触点严重烧蚀或触点不能闭合。

3. 起动机的故障

1)起动机电磁开关触点严重烧蚀或两触点高度调整不当而导致触点表面不在同一平面内,使触盘不能将两个触点接通。

2)换向器严重烧蚀而导致电刷与换向器接触不良。

3)电刷弹簧压力过小或电刷卡死在电刷架中。

4)电刷与励磁绕组断路或正电刷搭铁。

5)磁场绕组或电枢绕组有断路、短路或搭铁故障。

6)电枢轴的铜衬套磨损过多,使电枢轴偏心或电枢轴弯曲,导致电枢铁芯"扫膛"(即电枢铁芯与磁极发生摩擦或碰撞)。

三、故障诊断与排除方法

根据故障排除从易到难的一般原则,首先应检查蓄电池蓄电情况和蓄电池搭铁线、相线的连接是否有松动,然后再做进一步的检查。故障诊断与排除程序如下。

1)打开前照灯开关或按下喇叭按钮,若灯光较亮或喇叭声音洪亮,说明蓄电池存电较足,故障不在蓄电池;若灯光很暗或喇叭声音很小,说明蓄电池容量严重不足;若灯不亮或喇叭不响,说明蓄电池或电源线路有故障,应检查蓄电池相线及搭铁电缆的连接有无松动以及蓄电池蓄电是否充足。

2）若灯亮或喇叭响,说明故障发生在起动机、电磁开关或控制电路。可用螺钉旋具将电磁开关的 30♯接线柱与 C 接线柱接通。若起动机不转,则起动机有故障;若起动机空转正常,说明电磁开关或控制电路有故障。

3）诊断起动机故障时,可用螺钉旋具短接 30♯接线柱与 C 接线柱时产生火花的强弱来辨别。若短接时无火花,说明磁场绕组、电枢绕组或电刷引线等有断路故障;若短接时有强烈火花而起动机不转,说明起动机内部有短路或搭铁故障,需拆下起动机进一步检修。

4）诊断电磁开关或控制电路故障时,可用导线将蓄电池正极与电磁开关 50 接线柱接通（时间不超过 3～5 s）,如接通时起动机不转,说明电磁开关故障,应拆下检修或更换电磁开关;如接通时起动机转动,说明开关回路或控制回路有断路故障。

5）判断是开关回路还是控制回路故障时,可以根据是否有起动继电器吸合的响声来判断。若有继电器吸合的响声,说明是开关回路有断路故障;若无继电器吸合的响声,说明是控制回路有断路故障。

6）排除线路的断路故障,可用万用表或试灯逐段检查排除。

活动 2　起动机起动无力的故障诊断

一、故障现象

将点火开关旋至起动挡时,起动机能运转,但功率明显不足,时转时停。

二、故障原因

1）蓄电池储电不足或有短路故障致使供电能力降低。

2）起动机主回路接触电阻增大使起动机工作电流减小,接触电阻增大的原因包括蓄电池正、负极柱上的电缆紧固不良;起动机电磁开关触点与导电盘烧蚀;电刷与换向器接触不良或换向器烧蚀等。

3）起动机磁场绕组或电枢绕组匝间短路使起动机输出功率降低。

4）起动机装配过紧或有"扫膛"现象。

5）发动机转动阻力矩过大。

三、故障诊断与排除方法

1）检查蓄电池容量（用高率放电计检查）,若容量不足,可用容量充足的蓄电池辅助电的方法加以排除。

2）检查蓄电池桩头接线柱及起动电磁开关主触头接线柱的松动情况,若松动,加以紧固。

3）若怀疑是起动机内部故障,可用同型号无故障的起动机替换加以排除。确认是起动机内部故障时,应进一步拆检起动机。

活动 3　起动机其他故障诊断

起动机其他故障包含起动机空转、驱动齿轮与飞轮齿圈啮合异响、电磁开关异响等故障。

一、起动机空转的故障诊断与排除

1）故障现象:起动发动机时,起动机运转且转速很高,响声较大而发动机不运转。

2)故障原因:单向离合器打滑,不能传递驱动转矩。

3)排除方法:更换单向离合器故障即可排除。

二、驱动齿轮与飞轮齿圈啮合异响的故障诊断与排除

1)故障现象:起动发动机时,驱动齿轮不能顺利啮入飞轮齿圈,有齿轮撞击声。

2)故障原因:①驱动齿轮轮齿或飞轮齿圈轮齿磨损过甚或个别齿损坏。②起动机调整不当,驱动齿轮端面与端盖凸缘间的距离过小。当驱动齿轮与飞轮齿圈尚未啮合或刚刚啮合时,起动机主电路就已接通,于是驱动齿轮高速旋转着与静止的飞轮齿圈啮合而发生的撞击声。

3)排除方法:若是齿轮磨损或个别齿损坏,则更换驱动齿轮、飞轮齿圈。若是起动机调整不当,则按要求调整好起动机。

三、起动机电磁开关异响的故障诊断与排除

1. 故障现象

起动发动机时,电磁开关发出"打机枪"似的"哒哒哒"声。

2. 故障原因

1)电磁开关内保位线圈断路或搭铁不良。

2)蓄电池严重亏电或内部短路。

3)起动继电器触点断开电压过高。

3. 排除方法

起动发动机时,用万用表检测蓄电池电压不得低于 9.6V。如电压过低,说明严重亏电或内部短路,应予更换。若蓄电池没有问题,起动时电磁开关时仍有"打机枪"似的"哒、哒、哒"声,应拆检电磁开关的保位线圈是否断路或搭铁不良。对于个别车型,还有可能是起动继电器断开电压过高,故应检查其断开电压。

经典案例

东风 EQ1091 型载货汽车用起动机不转

诊断与排除方法:

1)接通点火开关或喇叭,若充电指示灯发亮或喇叭发响,说明蓄电池存电较足,同时充电线路无故障。故障不在蓄电池,若充电指示灯不亮或喇叭不响,则说明蓄电池至电流表之间的线路有断路故障,在确定蓄电池和充电线路等状况良好后,诊断线路,故障部位可用试灯分段检查。将试灯一端搭铁,另一端接起动机进线端。如试灯不亮,说明蓄电池搭铁线或火线端子连接松动;如试灯发亮,说明蓄电池至起动机进线端之间线路良好,故障可能在起动机进线端至电流表间线路断路。若是 CA1091 型载货汽车的活,故障基本上为 30A 熔断器断路,把烧坏的熔断器换掉即可。

2)若灯亮或喇叭响,则说明故障在起动机、开关或控制电路,可用螺丝刀将起动机两接线柱接通,使起动机空转。若起动机不转,则起动机内部有故障;若起动机空转正常,说明电动机正常,故障出在电磁开关或控制线路,需进一步检查。

3)判断电动机故障时,可根据螺丝刀搭接两接触螺钉时火花情况来判断。若搭铁时无火

花,则说明磁场绕组、电枢绕组或电刷引线等有断路故障,若搭铁时有强烈火花而起动机又不起动,则说明起动机内部有短路或搭铁故障,必须拆下起动机进一步检修。

4)为判断电磁开关、起动继电器和控制线路故障,可用导线将起动继电器 B 端子和 S 端子接通 3s～5s。若接通时起动机转动,说明控制线路良好,起动机继电器内部有故障,一般是起动继电器线圈搭铁不良或触点严重烧蚀;若接通 B、S 端子时起动机不转,说明控制线路断路或电磁开关有故障。

5)为了判断是控制线路断路还是电磁开关故障,可用螺丝刀将起动机电磁开关上的进线端子与 50 端子分别接电源。如起动机运转,说明电磁开关和电动机均良好,故障是控制线路断路;若起动机不转,则故障出在电磁开关,需拆下起动机进行检修。

本章小结

1)起动机由串励直流电动机、传动机构和操纵机构三个部分组成。

2)起动机按操纵机构分为直接操纵式起动机和电磁操纵式起动机。按传动机构的啮合方式分为惯性啮合式起动机、强制啮合式起动机、电枢移动式起动机、齿轮移动式起动机、减速式起动机。而减速式起动机又有外啮合式、内啮合式和行星齿轮啮合式三种类型。

3)串励直流电动机由电枢、磁极、换向器等主要部件构成。

4)起动机用直流电动机多为串励直流电动机,是因为串励直流电动机的特性可满足需要。起动机的特性取决于直流电动机的特性,而串励直流电动机特性的特点是起动转矩大,具有软的机械特性,即轻载时转速高、重载时转速低,故对起动发动机十分有利,使起动安全可靠。

5)起动机由于其轻载或空载时转速很高,容易造成"飞散"事故,故对于功率较大的串励直流电动机,不允许在轻载或空载下运行。

6)起动机的传动机构包括离合器和拨叉两个部分。传动机构中的离合器分为滚柱式离合器、摩擦片式离合器、弹簧式离合器几种。

7)起动机的电路可归纳为三条回路,即主回路、开关回路、控制回路。其控制关系是:控制回路控制开关回路,开关回路控制主回路。

8)起动机每次起动时间不超过 5s,再次起动时应停止 2min,使蓄电池得以恢复。如果有连续第三次起动,应在检查与排除故障的基础上停歇 1min 以后。发动机起动后,必须立即切断起动机控制电路,使起动机停止工作。

9)起动系常见的故障有起动机不转、起动运转无力、起动异响等。

实训项目　起动机的拆装与解体检测

一、实训目的与要求

1)掌握起动机的拆装方法；

2)掌握起动机的结构特点；

3)理解起动机的工作原理；

4)掌握起动机的解体检测和维修方法。

二、实训设备及器材

起动机若干台,万用表若干块,常用工具若干套。

三、实训步骤及操作方法

(一)起动机的拆装

起动机解体前应清洁外部的油污和灰尘,然后按下列步骤进行解体：

1)旋出防尘盖固定螺钉,取下防尘盖,用专用钢丝钩取出电刷;拆下电枢轴上止推圈处的卡簧,如图 3－23 所示。

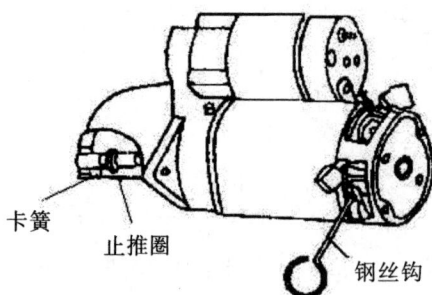

卡簧
止推圈
钢丝钩

图 3－23　拆卸电刷

2)用扳手旋出两个紧固长螺栓,取下前端盖,抽出电枢,如图 3－24 所示。

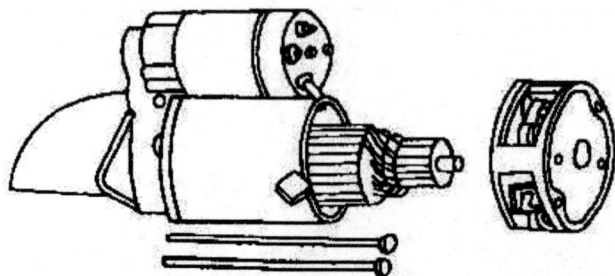

图 3－24　拆卸前端盖和电枢

3)拆下电磁开关主接线柱与电动机接线柱间的导电片;旋出后端盖上的紧固螺钉,使电磁开关后端盖与中间壳体分离,如图3-25所示。

4)从后端盖上旋下中间轴承支撑板的紧固螺钉,取下中间支撑板,旋出拨叉轴销螺钉,抽出拨叉,取出离合器,如图3-26所示。

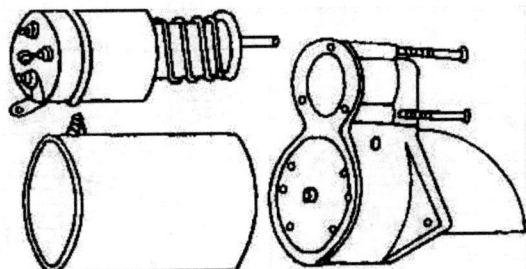

图3-25　拆卸电磁开关

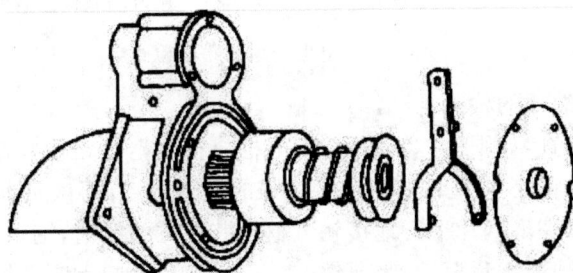

图3-26　拆卸离合器

5)将已解体的机械部分浸入清洗液中清洗,电气部分用棉纱蘸少量汽油擦拭干净。必要时,可分解电磁开关,其步骤是:

①拆下电磁开关前端固定螺钉,取下前端盖;

②取下独盘锁片、触盘、弹簧,抽出引铁;

③取下固定铁芯卡簧及固定铁芯,抽出铜套及吸引和保持线圈。

(二)起动机的装复

起动机的形式不同,具体复装的步骤也不可能完全相同,但基本原则是按分解时的相反步骤进行。

复装的一般步骤是:先将离合器和拨叉装入后端盖内,再装中间轴承支撑板,将电枢轴装入后端盖内,装上电动机外壳和前端盖,并用长螺栓结合紧,然后装电刷和防尘罩,装起动机开关可早可晚。

(三)起动机解体检测

1.转子总成的检测

(1)电枢绕组断路的检测

电枢绕组断路故障一般多发生于电枢绕组线头与换向器连接处。有时由于长时间大电流运转,或定子与转子发生相互摩擦而使温度急剧升高,特别是采用锡焊工艺的电枢,其焊接处出现抛锡现象而导致断路。图3-27所示为电枢绕组断路的检查,先目测电枢绕组的导线是否甩出或脱焊,然后用试灯检查,如图3-27(a)所示。用两触针依次与两相邻换向器铜片接触,或其中一触针不动另一触针依次下移与相邻的换向片接触(换向器上的电枢绕组线头应相通),若其试灯均亮,说明其无断路;若其试灯不亮或暗淡,则说明其有断路。也可用万用表检查,将万用表拨至 $R \times 1$ 挡,然后用两触针依次与两相邻换向器铜片接触,如图 3-27(b)所示。若所测电阻值均接近零,说明其无断路;若电阻值无穷大(∞),则说明其有断路。

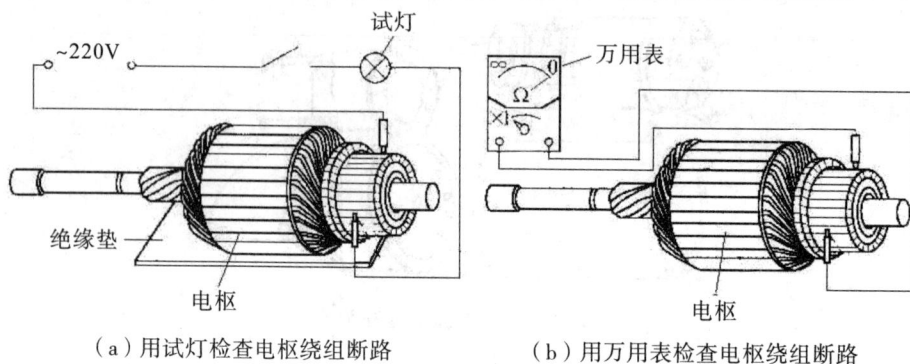

（a）用试灯检查电枢绕组断路　　　　（b）用万用表检查电枢绕组断路

图 3-27　电枢绕组断路的检查

(2)电枢绕组短路故障的检测

电枢绕组短路的检查,如图 3-28 所示,把电枢放在电枢短路检验器上,接通 50 Hz、220 V 交流电源。该交流电源将在 V 型铁芯内产生很强的交变磁场,而该磁场将使闭合导体产生交变感应电流与磁性。拿一薄钢片平行地接触电枢铁芯上方的线槽,钢片位置不动,徐徐地转动电枢一圈或几圈,若出现薄钢片振动、吸向铁芯、发出蜂鸣声,则表明电枢绕组有短路。由于起动机电枢绕组采用波绕法,若电枢的两相邻线圈在端部有一处短路,则其在电枢短路检验器上的电枢会出现四槽钢片跳动;若电枢在同一槽内上下两层的导线发生短路,则其在短路检验器上的电枢短路槽不振动,而其余槽上(或多数槽)的钢片会跳动,这是因为该短路槽未被磁化,所以放在该槽上的钢片不振动。经检查电枢绕组短路,如果短路部位在电枢外表只需排除即可,如果短路部位在电枢槽内,则应更换电枢。

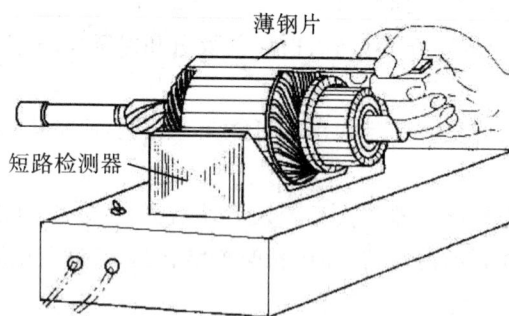

图 3-28　电枢绕组短路的检查

(3)电枢绕组搭铁故障的检测

电枢对地绝缘的检查,如图 3-29 所示,图 3-29(a)为用 220 V 试灯检查电枢对地绝缘,将一触针与换向器铜片接触,另一触针与铁芯接触,若其试灯不亮,则说明其电枢对地绝缘良好;若其试灯亮,则表示电枢绕组有搭铁故障。图 3-29(b)所示为用万用表检查电枢对地绝缘,将万用表拨至 $R \times 10k$ 挡,然后将一触针与换向器铜片接触,另一触针与铁芯接触,若所测电阻值为无穷大(∞),则说明其电枢对地绝缘良好;若所测电阻值很小或接近于零,则表示电枢绕组有搭铁故障。若经过检查确认电枢绕组对地搭铁,则应更换电枢。

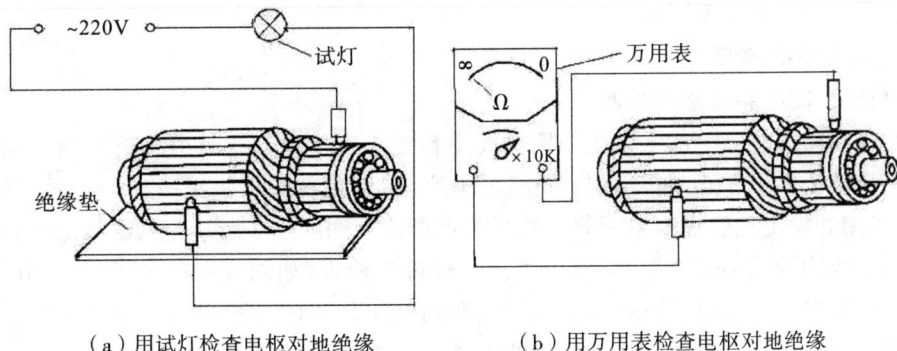

（a）用试灯检查电枢对地绝缘　　　　　（b）用万用表检查电枢对地绝缘

图 3-29　电枢对地绝缘的检查

2. 换向器的检修

（1）换向器径向跳动的检查

如图 3-30 所示为换向器径向跳动的检查,检查前先目测换向器外圆表面,其应光滑、平整、无污垢、无轻微烧伤,否则应用双零号细砂纸打光。然后将 V 形铁放在平板上,将电枢支撑在 V 形铁上,用千分表(或百分表)检查换向器的径向跳动,其径向跳动应小于 0.05mm。如果不能满足上述技术要求,可将电枢上车床精车(精光)换向器外圆。但车削其外圆后,换向器铜片径向厚度不得小于 2mm。

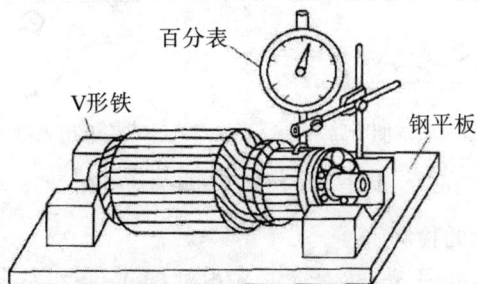

图 3-30　换向器径向跳动的检查

（2）换向器外圆尺寸的检查

换向器的外圆尺寸可用精度为 0.02mm 的游标卡尺进行检查,如图 3-31 所示。换向器测得外圆尺寸小于极限尺寸时应更换电枢。一般起动机换向器外圆尺寸技术数据在汽车产品与起动机使用说明书中均可找到。

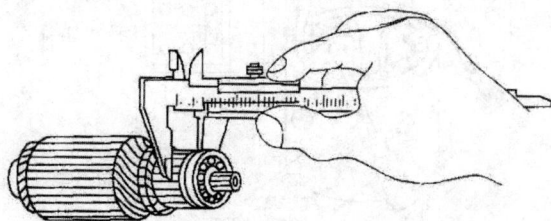

图 3-31　换向器外圆尺寸的检查

游标卡尺是较精密的量具,用游标尺测量换向器外圆尺寸前,应擦净两卡脚测量面,合拢两卡脚,检查游标"0"线与主尺"0"线是否对齐;测量换向器外圆尺寸时,应轻而平稳,不得使卡脚测量面或刀口与工件发生磕碰。

3. 励磁绕组的检测

(1)励磁线圈断路故障的检测

励磁线圈断路故障一般多发生于励磁线圈各线头连接处。有时由于长时间大电流运转,或因定子与转子发生相互摩擦而使温度急剧升高,特别是在采用锡焊工艺的励磁线圈线头连接处,其焊接处易出现脱焊现象而导致励磁线圈断路。图3-32所示为励磁线圈断路的检查,先目测励磁线圈的线头是否脱焊,然后可用试灯进行检查,如图3-32(a)所示。用两触针依次与励磁线圈的线头接触,若试灯均亮,则说明励磁线圈没有断路;若试灯不亮或暗淡,则说明励磁线圈断路。也可用万用表检查励磁线圈是否断路,将万用表拨至$R×1$挡,然后用两触针依次与励磁线圈的线头接触,如图3-32(b)所示,若所测电阻值均近于零,则说明其无断路;若电阻值为无穷大(∞),则说明其有断路。

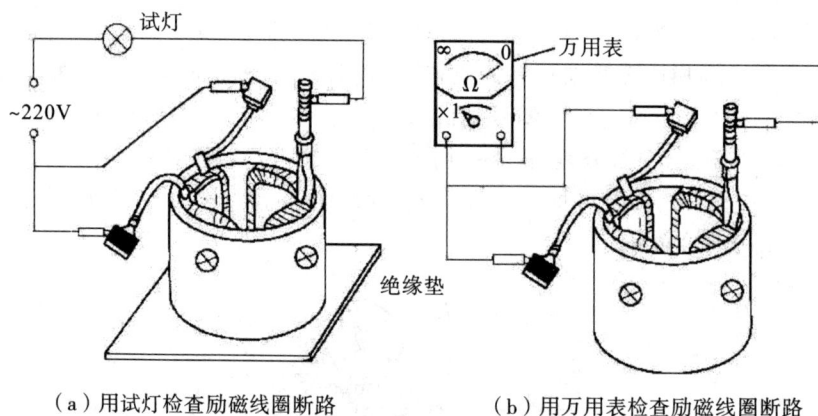

（a）用试灯检查励磁线圈断路　　　　（b）用万用表检查励磁线圈断路

图3-32　励磁线圈断路的检查

(2)励磁线圈短路故障的检测

励磁线圈短路的检查,如图3-33所示。蓄电池(6 V)正极接起动机接线柱,负极接电刷(或连接电刷的励磁线圈线头),将旋具放在每个磁极上,按下按钮(注意:每次通电时间一般为5s,以免励磁线圈过热而烧损)检查磁极对旋具的吸力(应相同);若某磁极吸力弱,则说明该励磁线圈有短路。

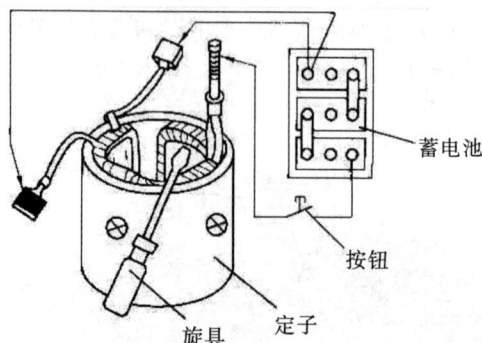

图3-33　定子励磁线圈匝间短路的检查

（3）定子励磁线圈搭铁故障的检测

定子励磁线圈搭铁故障的检查,如图 3-34 所示。图 3-34(a)为用 220V 试灯检查定子励磁线圈搭铁故障,将一触针与外壳接触,另一触针与电刷接触,若试灯不亮,则说明其励磁线圈对地绝缘良好,无搭铁故障;若试灯亮或暗淡,则表示定子励磁线圈有搭铁故障。图 3-34(b)所示为用万用表检查定子励磁线圈搭铁故障,将万用表拨至 $R \times 10k$ 挡,然后使一触针与外壳接触,另一触针与电刷接触,若所测电阻值为无穷大(∞),则说明其电枢对地绝缘良好,无搭铁故障;若所测电阻值很小或近似为零,则表示定子励磁线圈有搭铁故障。

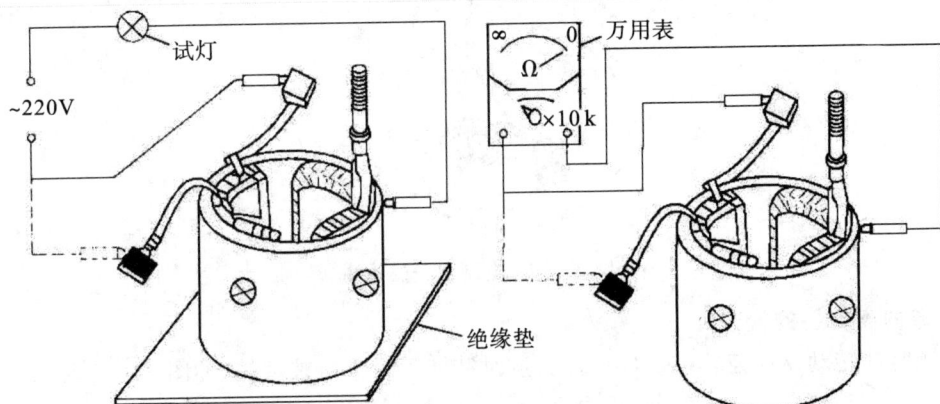

（a）用试灯检查定子内励磁线圈对地绝缘　　（b）用万用表检查定子内励磁线圈对地绝缘

图 3-34　定子励磁线圈对地绝缘的检查

4. 电刷总成的检查

（1）电刷高度的检查

电刷磨损后的高度不应小于电刷原高度的一半,一般不小于 10mm。电刷在架内活动自如,无卡滞,电刷与换向器的接触面不低于 80%。

（2）电刷架的检查

用万用表的电阻挡位检测两绝缘电刷架与电刷架座盖,阻值应为无穷大,否则说明绝缘体损坏;相同方法测两搭铁电刷架与电刷架座盖,阻值应为零,否则说明电刷架松动,搭铁不良,如图 3-35 所示。

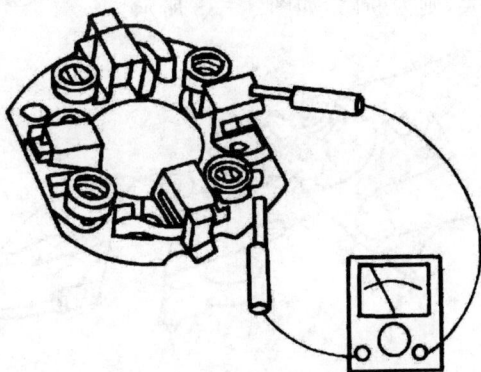

图 3-35　电刷架的绝缘检测

（3）电刷弹簧的检查

用弹簧秤检查弹簧的弹力,应为 11.76～14.7N,过小应更换,如图 3－36 所示。

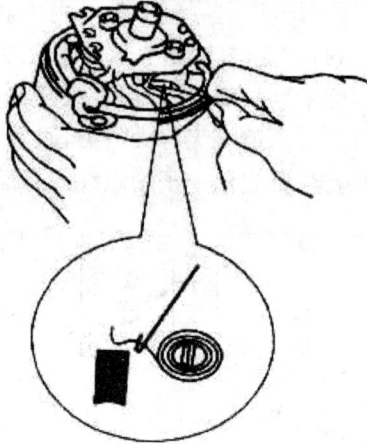

图 3－36　电刷弹簧的检测

5. 单向离合器的检查

按顺时针转动驱动齿轮,应自由转动;逆时针转动时应该被锁住,如图 3－37 所示。

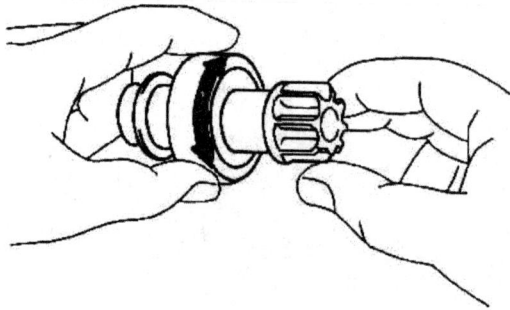

图 3－37　单向离合器的检查

6. 电磁开关的检查(用万用表的低电阻挡位测量)

1)将两表针分别接于 50 端子和电磁开关外壳,若有电阻,说明保持线圈良好;若电阻为零,则为短路;若电阻无穷大,则为断路,如图 3－38 所示。

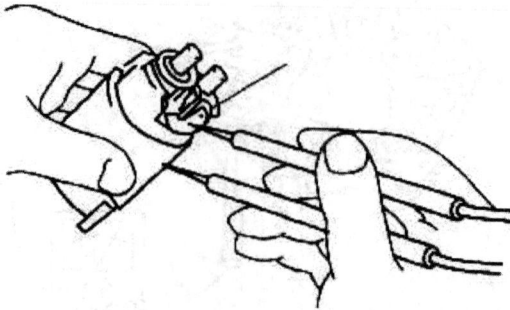

图 3－38　保持线圈的检测

2)将两表针分别接于 50 端子和 C 端子,若有电阻,说明吸引线圈良好;若电阻为零,则为短路;若电阻无穷大,则为断路,如图 3-39 所示。

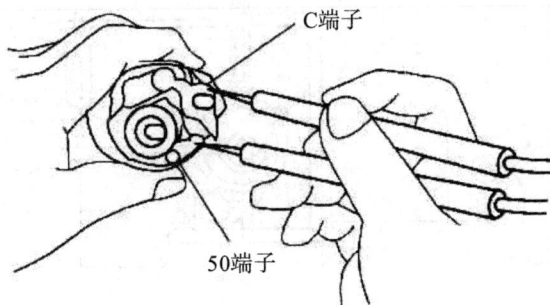

图 3-39 吸引线圈的检测

3)用手将接触盘铁芯压住,让电磁开关上的 30 端子与 C 端子连通,测量两端子的电阻应为零,否则为接触不良。

(四)起动机的试验

起动机修复后,在装车前应进行试验,确定起动机的性能是否达到标准。

1. 空载试验

空载试验是通过测量空载转速和空载电流来判断起动机有无故障,如图 3-40 所示。起动机应运转均匀、电刷无火花。其电流表、电压表和转速表上的读数应符合规定值。如果电流大于标准值而转速低于标准值,则可能故障有:起动机装配过紧,电枢绕组、磁场绕组有匝间短路或搭铁故障。如果电流和转速都低于标准值,则可能故障是起动机内部电路有接触不良。

空载实验时应注意:每次空载试验不应超过 1min,以免起动机过热。

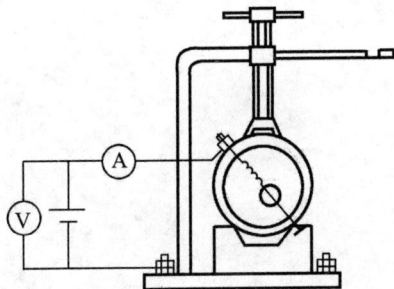

图 3-40 起动机空载试验

2. 全制动试验

全制动试验是通过测量全制动时的电流和转矩来判断起动机有无故障。试验将起动机装夹在实验台上,并按图 3-41 连接好电路,准备好相应器材。通电后,迅速记下电流表、弹簧秤和电压表的读数,其全制动电流和制动转矩应符合标准值。

如果电流大而转矩小,则表明磁场绕组或电枢绕组有短路或搭铁故障;如果转矩和电流都小,则表明起动机内部有接触不良的故障;如果试验过程中电枢轴有缓慢转动,则说明单向离合器打滑。

注意:全制动试验要动作迅速,一次试验时间不要超过 5s,以免烧坏电动机及对蓄电池使用寿命造成不良影响。

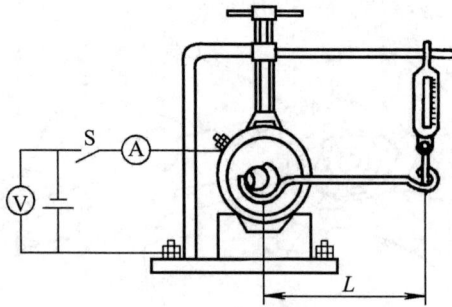

图 3-41 起动机全制动试验

(五)起动机的使用注意事项

1)起动前应将变速器挂上空挡,自动变速器的汽车应将变速杆置于 P 挡或 N 挡,起动同时踩下离合器踏板。

2)每次接通起动机的时间不得超过 5s,两次之间应间歇 15s 以上。

3)当发动机起动后应立刻松开点火开关,切断 ST 挡,使起动机停止工作。

4)若经过三次起动,发动机仍没有起动着火,则停止起动,进行简单的检查,否则蓄电池的容量将严重下降,起动发动机变得更加困难。

(六)起动机的维修注意事项

1)在车上进行起动检测之前,一定要将变速器挂上空挡,并实施驻车制动。

2)在拆卸起动机之前,应先拆下蓄电池的搭铁电缆线。

3)有些起动机与法兰盘之间使用了多块薄垫片,在装配时应按原样装回。

项目四　点火系

【项目要求与能力目标】

❖ 掌握汽油发动机点火系的功用及要求；

❖ 掌握点火系统的种类、组成及工作原理；

❖ 掌握点火系统主要部件的结构及功用，学会拆装方法及检测方法；

❖ 了解点火系统常见故障现象，能够正确分析故障原因；

❖ 学会分析常见点火系统电路；

❖ 能够检查、调整点火正时，并能够正确诊断、排除点火系统的故障。

任务1　点火系统总体认识

一、点火系统的发展

汽油发动机的点火系统的发展主要经历了以下几个阶段：

1886年，第一辆以四循环内燃机为动力的汽车是以磁电机为电源的点火系。这种点火装置结构较复杂，且低速时的点火性能较差，一般只用于无蓄电池的机动车上，如小排量摩托车等。

1908年，美国人首先在汽车上使用蓄电池点火装置，这种以蓄电池和发电机为电源的点火系统经过不断的改进，结构性能逐渐完善，半个多世纪以来曾在汽车上得到广泛的应用，并称之为传统点火系统。随着人们对汽油发动机技术指标要求的不断提高，在提高动力性和安全性、降低油耗和减少排放污染等方面，这种点火装置也不能满足高速发动机的点火要求，成了进一步提高发动机转速、降低燃油消耗和废气排放污染的障碍。

20世纪60年代，出现了电子点火系统。这种点火装置利用原分电器中断电器的触点来控制晶体管的导通和截止，因而流经触点的电流很小，解决了传统点火系工作时由于断电器触点火花较大而带来的一系列问题，并使点火性能得到了较大的提高。

20世纪70年代，无触点的电子点火系统开始应用并得到了迅速的发展。如今，无触点电子点火装置在国内外已基本普及。但点火提前机构仍然延用了传统点火系统中的机械式点火提前机构及真空式点火提前机构。

20世纪70年代末期，随着微机控制的喷油系统的应用与发展，以微机控制点火时刻的点火系统开始在汽车上使用。这种微机控制的点火系统，解决了传统点火系统中点火提前装置不能适应发动机工况和状态改变时实际需要的问题，使发动机的油耗和排污进一步降低。

二、点火系统的分类

1)按点火系统的电源不同分为磁电机点火系(现在多用于摩托车)、蓄电池点火系。

2)按点火系统储存点火能量的方式分为电感蓄能式点火系(广泛采用)、电容储能式点火系。

3)按点火信号产生的方式分为磁感应式、光电式、霍尔效应式。

三、点火系统的作用与要求

1. 点火系统的作用

点火系统的作用是将汽油发动机工作时吸入气缸的可燃混合气在压缩行程终了时,及时地用电火花点燃,并满足使可燃混合气充分地燃烧及保持发动机工作稳定的性能要求,使汽油发动机顺利地实现从热能到机械能的转变。

2. 点火系统的基本要求

(1)高压要求

点火系统应能迅速产生足以击穿火花塞电极间隙的高压电。影响击穿电压的因素有:火花塞间隙的大小,气缸内混合气的压力与温度,电极的类型和发动机的工作情况等。发动机正常工作时击穿电压一般均在 15kV 以上;发动机在满载低速时击穿电压为 8~10kV;起动时需 19kV。考虑到各种不利因素的影响,通常点火系统的设计电压为 30kV。

(2)高能要求

即电火花应具有足够的点火能量。发动机正常工作时,由于混合气体压缩终了时的温度很高,因此所需的点火能量很小(1~5mJ)。但在发动机起动、怠速运转以及急加速时,则需要较高的点火能量。因此,为了保证可靠点火,通常要求点火系统提供的火花能量不得低于 50mJ。

(3)正时要求

点火时间应与发动机的工作情况相适应。这里面包含有两层含义:首先,点火系统应该按照发动机的做功顺序进行点火。即点火顺序和做功顺序一致,才能保证发动机正常运转。例如,桑塔纳轿车四缸发动机的做功顺序是 1-3-4-2,则其点火顺序也应该是 1-3-4-2。其次,点火系统必须在对发动机工作最有利的时刻点火。一般我们用点火提前角来描述点火时刻。点火提前角是指从火花塞电极跳火开始到活塞运行到压缩上止点为止这一段时间内曲轴所转过的角度。通常把能够保证发动机输出功率最大、油耗最低的点火提前角称为最佳点火提前角。不同发动机的最佳点火提前角各不相同,并且同一台发动机在不同的工况和使用条件下最佳点火提前角也不相同。因此,点火系统必须能够随发动机工况的变化,自动调整点火提前角,以保证发动机的最佳性能。

任务 2　认识传统点火系统

传统点火系统俗称蓄电池点火系统,由于其点火线圈一次绕组的通断采用触点控制,而触点的开闭又通过凸轮控制,所以传统点火系统存在故障率高、寿命短、点火能量低、对火花塞的污染敏感和对点火正时的调节性差等固有缺陷。现代汽车的发展使得传统点火系统不能适应其需要,因而传统点火系统已被淘汰。但考虑到点火系统的发展及特点,学习传统点火系统对后续内容的学习是很有帮助的。

一、传统点火系统的组成

传统点火系统的组成如图 4-1 所示,主要由电源(蓄电池)、点火开关、点火线圈、断电器、配电器、电容器、火花塞、高压导线、附加电阻等组成,其原理如图4-2所示。

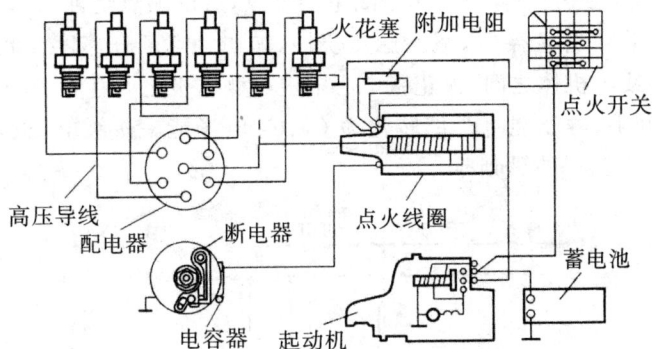

图4-1　传统点火系统的组成

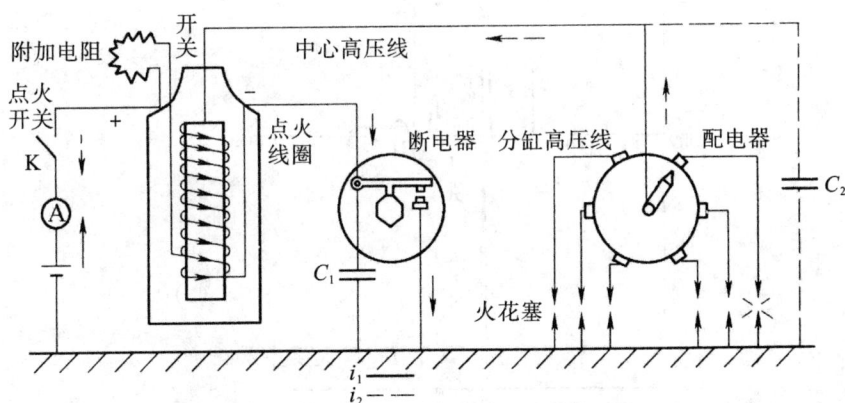

图4-2　传统点火系统原理

二、传统点火系统原理

传统点火系统工作原理如图4-2所示。发动机工作时,发动机的凸轮轴以1∶1的传动比驱动分电器轴转动,断电器凸轮使得断电器触点交替闭合和断开。断电器触点闭合时,一次电路被接通,把电能转化为磁场能储存在点火线圈的一次绕组中。断电器触点断开的瞬间,点火线圈一次绕组中储存的能量在互感的作用下在次级绕组中产生15～20kV的高压电。高压电通过中心高压线传递给配电器,配电器根据各缸的工作次序,通过分缸高压线依次分配给各缸火花塞,火花塞将高压电引入气缸燃烧室,火花塞间隙击穿放电,产生电火花,点燃混合器。其工作过程可以分为三个阶段:

(1)触点闭合,一次电流逐步增长

由图4-2可知,触点闭合瞬间,点火系统的低压回路形成通路,在点火线圈的初级绕组中形成电流i_1。由于自感电动势的作用,i_1的变化规律如图4-3(a)所示。

(2)触点断开,次级绕组中产生高压电

当断电器凸轮转过一定角度后,便顶开断电器触点,一次回路被断开。此时,初级绕组电流急剧衰减,使得磁通量发生变化,由于互感的作用,在次级绕组中产生互感电动势,且次级绕组匝数远远大于初级绕组匝数,因而次级绕组产生高压电。同时,在初级绕组中产生较高的自感电动势(200~300V),此电动势将作用于断电器触点,造成触点烧蚀,减缓触点断开的速度。因此,在断电器两端并联电容器 C_1,减少触点烧蚀,加快触点断开速度。此外,高压导线与高压导线之间、高压导线与机体之间、火花塞中心电极与侧电极之间存在分布电容 C_2,若次级电压不能击穿火花塞间隙,磁场能将全部转化为 C_1、C_2 电场能。次级电压达到最大值后,便会形成衰减震荡如图 4-3(b)虚线所示。

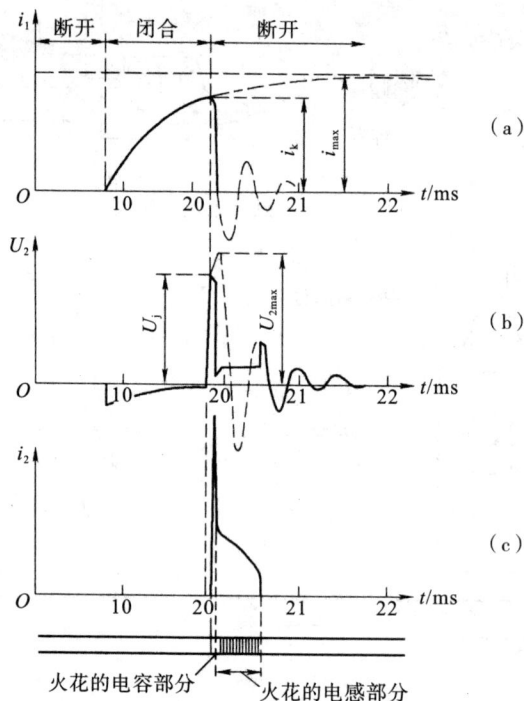

图 4-3　传统点火系统工作过程波形图

(3)火花塞电极间隙被击穿,产生电火花,点燃可燃混合气

火花塞首先依靠储存在 C_1、C_2 中的电场能放电,使得火花塞间隙被击穿,形成"电容放电"。其特点是放电时间短,放电电流大。由于还有部分能量储存在铁芯中,此时放电阻力减小,这部分能量形成"电感放电",如图 4-3(c)所示。其特点是放电时间长,放电电流小,放电电压低。实践证明,电感放电的持续时间越长,点火性能越好。

断电器凸轮每转一周,每个缸按点火顺序轮流点火一次。以上过程周而复始,若要停止发动机工作,只需断开点火开关,切断电源即可。

任务3　认识电子点火系统

普通电子点火系由信号发生器产生触发或控制点火的信号,经过点火器内部的放大等电路,最后控制大功率三极管的导通与截止来控制点火线圈初级电流的通断,当初级电流被切断时,次级绕组中产生高压,通过配电器送到各缸的火花塞上,点燃可燃混合气。

一、电子点火系统的基本组成

普通的电子点火系统如图 4-4 所示,主要由电源(蓄电池或发电机)、点火线圈、点火器、配电器、点火信号发生器、火花塞等主要部件组成。其中点火信号发生器和配电器均安装在分电器中。

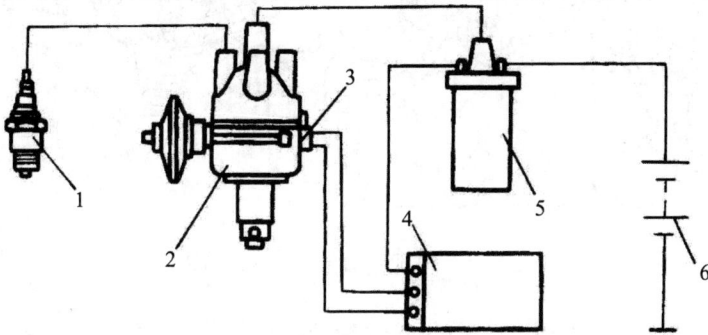

1—火花塞;2—分电器;3—信号发生器;4—点火器;5—点火线圈;6—电源(蓄电池)。

图 4-4　电子点火系统的基本组成

二、电子点火系统的原理

在无触点电子点火系统中,用大功率三极管替代了传统点火系统中的断电器触点,利用三极管的开关作用,控制点火线圈初级绕组的通断。而三极管的控制则依靠点火信号发生器所产生的交变点火触发信号。点火触发信号要与发动机的做功需要相适应。其基本工作原理如图 4-5 所示。根据信号发生器的原理,可以把无触点电子点火系统分为:磁脉冲式、霍尔式和光电式三种形式。

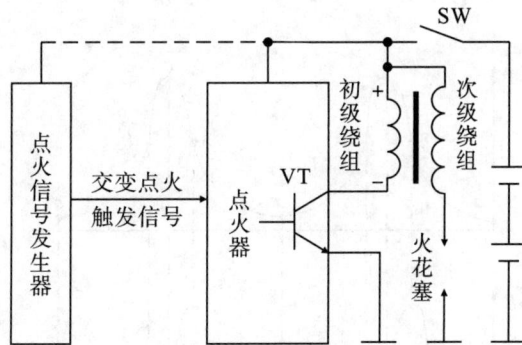

图 4-5　电子点火系统原理图

任务 4　认识磁脉冲式电子点火系统

图 4-6 是汽车常用的磁脉冲式无触点电子点火装置。它由点火信号发生器、电子点火器、分电器、点火线圈、火花塞等组成。

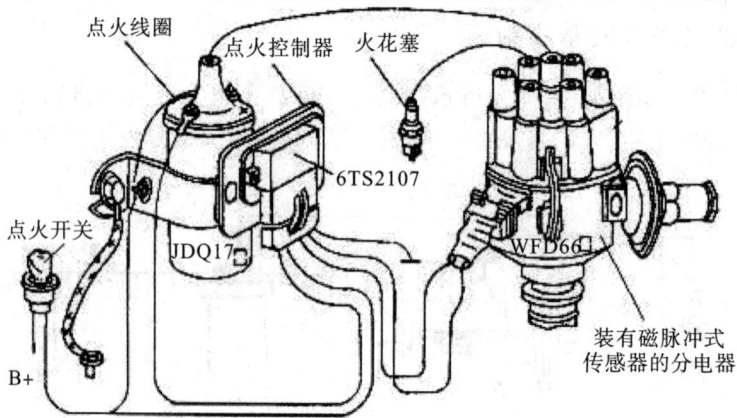

图 4-6 磁脉冲式电子点火系统结构图

一、磁脉冲式点火信号发生器的工作原理

信号转子上有与发动机的气缸数相同的凸齿,永久磁铁的磁通经信号转子凸齿、线圈铁芯构成回路。当信号转子由分电器轴带动旋转时,转子凸齿与线圈铁芯间的空气间隙将发生变化,磁路的磁阻随之改变,使通过线圈的磁通量发生变化,因而在线圈内感应出交变电动势,如图 4-7 所示。

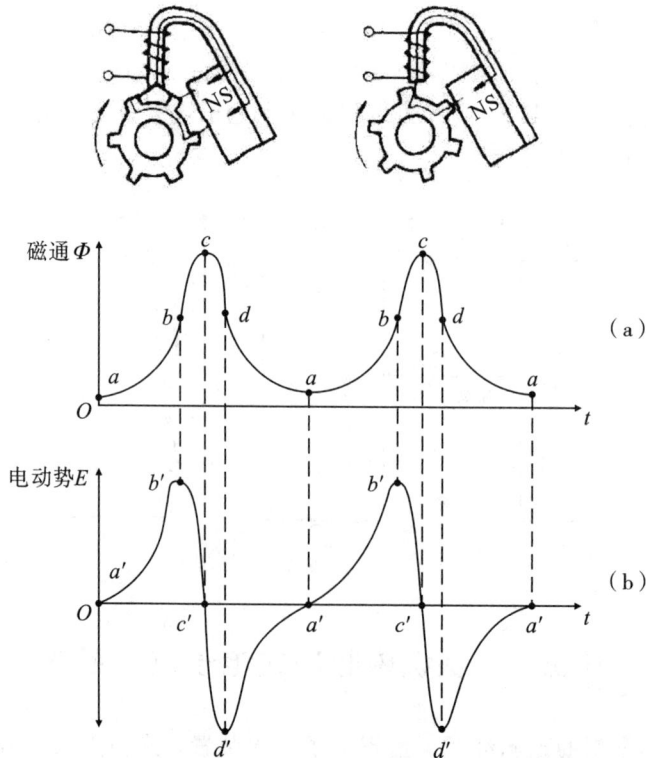

图 4-7 磁脉冲式点火信号发生器工作原理图

　　磁脉冲式点火信号发生器具有点火信号电压的大小随发动机转速的变化而变化的特点。发动机转速升高时,点火信号发生器磁路的磁阻变化速率提高,相应磁通量的变化速率也提高,传感线圈产生的信号电压也就随之增大。

二、电子点火器的工作原理

　　磁脉冲式电子点火器的工作原理如图4-8所示。接通点火开关时,蓄电池的电压使VT_1导通,其直流电路为:蓄电池(或发电机)正极→点火开关→R_3→R_1→VT_1→信号线圈→搭铁→蓄电池(或发电机)负极。

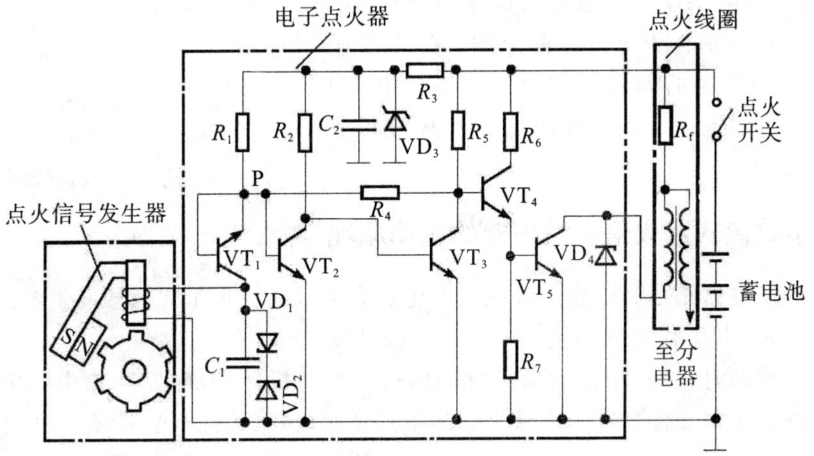

图4-8　磁脉冲式电子点火器的工作原理

　　当点火信号发生器产生正向脉冲时,信号电压与VT_1的正向电压降叠加后,高于VT_2的导通电压,VT_2导通。VT_2的导通使VT_3的基极电位下降而截止,VT_3的截止使VT_4的基极电位上升而导通,VT_5因R_7的正向偏置而导通。于是初级电流回路为:蓄电池(或发电机)正极→点火开关→点火线圈附加电阻R_f→点火线圈初级绕组→VT_5→搭铁→蓄电池(或发电机)负极构成回路,点火线圈储能。

　　当点火信号发生器产生反向脉冲时,信号电压与VT_1的正向电压降叠加后,使VT_2的基极电位降低,VT_2截止。VT_2的截止使VT_3的基极电位上升而导通,VT_3的导通使VT_4的基极电位下降而截止,晶体管VT_5没有正向偏置电压而截止。于是初级电流被切断,在次级绕组中产生高压,经配电器按点火次序分配到各缸火花塞点火,点燃可燃混合气使发动机做功。

　　电路中三极管VT_1的基极和发射极相连,相当于发射极为正,基电极为负的二极管,起温度补偿作用。其原理如下:当温度升高时,VT_2的导通电压会降低,使VT_2提前导通而滞后截止,从而导致点火推迟;VT_1与VT_2的型号相同,具有同样的温度特性系数,故在温度升高时,VT_1的正向导通电压也会降低,使P点电位U_P下降,正好补偿了温度升高对VT_2工作电位的影响,从而使VT_2的导通和截止时间与常温时相同。

　　电路中其他元件的作用是:R_3、VD_3为电源稳压电路,使VT_2导通时不受电源系电压波动的影响;VD_1、VD_2为信号稳压,削平高速时感应线圈产生的峰值电压;VD_4的作用是防止初级电流被切断时产生的高压击穿VT_5;C_1是信号滤波,C_2是电源滤波;R_4为正向反馈电阻,加速VT_2的导通和截止。

任务 5　认识霍尔式电子点火系统

一、霍尔效应原理

霍尔点火信号发生器的理论依据是霍尔效应原理，霍尔效应原理如图 4-9 所示。

霍尔触发器（即霍尔元件）是一个带有集成电路的半导体基片，当外加电压作用在触发器两端时，便有电流 I 在其中通过。若在垂直于电流方向上同时外加磁场，则在垂直于电流和磁场的方向会产生一个霍尔电压 U_H。霍尔电压与通过的电流 I 和外加磁场强度 B 成正比，与基片厚度 d 成反比。

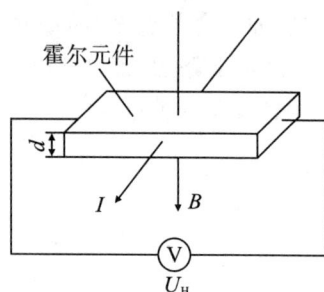

图 4-9　霍尔效应原理

二、霍尔效应式点火信号发生器的工作原理

霍尔信号发生器正是利用霍尔效应来产生点火信号的。霍尔式信号发生器的结构组成如图 4-10(a) 所示，其工作原理如图 4-10 (b)、(c) 所示。

发动机不转动时，触发叶轮不动，无信号输出；发动机转动，触发叶轮由分电器轴带动旋转。当叶片进入霍尔元件与永久磁铁之间的空气隙时，霍尔元件不受磁场作用，不产生霍尔电压；当缺口处于霍尔元件与永久磁铁之间时，磁力线到达霍尔元件，在霍尔元件中产生霍尔电压。触发叶轮在旋转过程中，叶片与缺口轮流进入霍尔元件与永久磁铁之间的空气隙，产生矩形电压信号，传送给电子点火器，触发其工作。

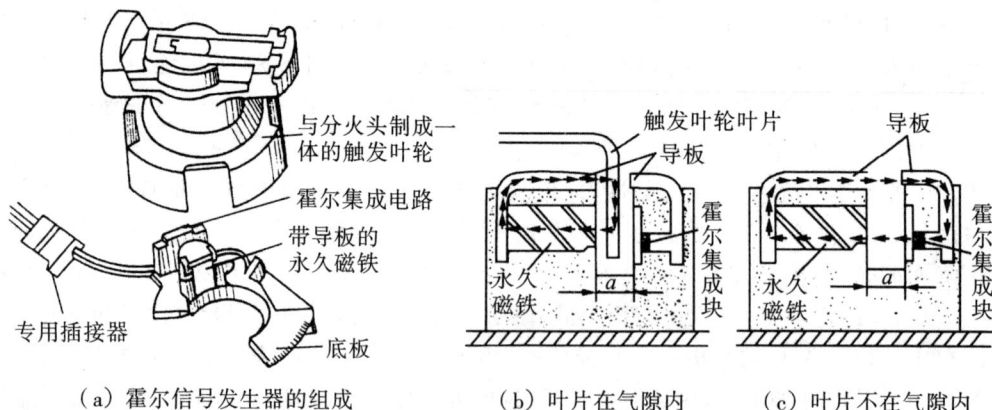

（a）霍尔信号发生器的组成　　（b）叶片在气隙内　　（c）叶片不在气隙内

图 4-10　霍尔信号发生器

三、霍尔式电子点火器的工作原理

霍尔式电子点火器一般多由专用点火集成块 IC 和一些外围电路组成，比较接近微机控制的点火系统（但还是有根本的区别）。除了具有控制点火线圈初级电流的通断外，还具有其他辅助控制，如限流控制、停车断电保护等功能。这使该点火系统显示出更多的优越性，如点火

能量高,在发动机转速范围内基本保持恒定,高速不断火,低速耗能少,起动可靠等。图 4 - 11 为霍尔式点火装置的工作电路。

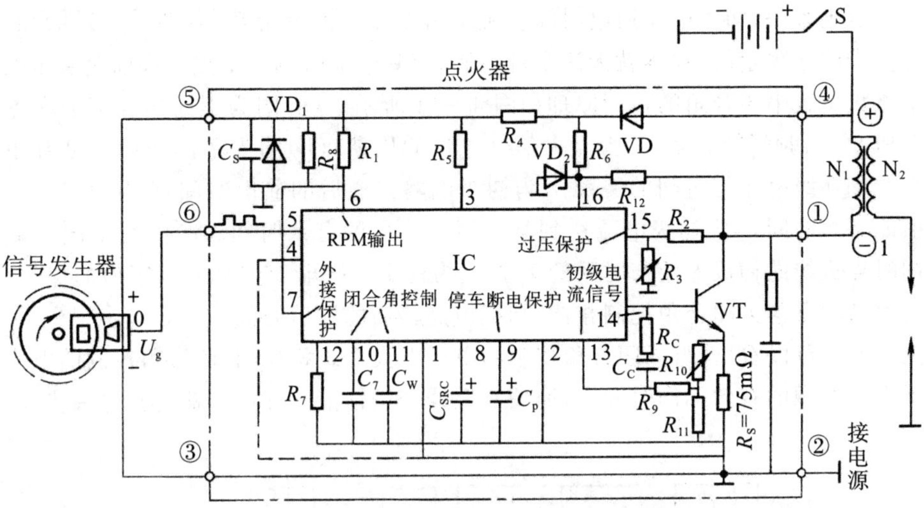

图 4 - 11　霍尔式电子点火系统工作电路

霍尔式点火装置的其他辅助控制的工作过程如下:

1. 初级电流的恒流控制

恒流控制原理电路如图 4 - 12 所示,大功率晶体管饱和导通时,初级电流就会逐渐增大,当初级电流上升到限流值时,取样电阻 R_s 上的电压值也达到规定值。该电压信号送入 IC 电路中放大器 F 的"＋"端,且该电压信号高于放大器"－"端设置的基准参考电压 U_{REF},放大器 F 输出端电位升高,使三极管 VT_1 更加导通,这样大功率晶体管 VT 的集电极电位下降,而向截止区偏移、流过 VT 管的初级电流下降。

当初级电流略低于限流值时,则 R_s 上的电压值低于基准参考电压 U_{REF},放大器 F 输出端电位下降,VT_1 趋于截止,VT 集电极电位升高,使 VT 向饱和导通偏移,VT 更加导通,初级电流再度增大。如此循环反馈并以极高的频率进行控制,使初级电流稳定在某一定值上(一般为 7A),如图 4 - 13 所示。

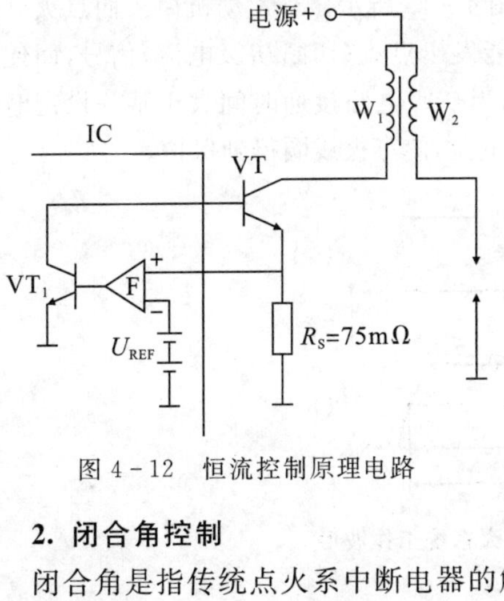

图 4 - 12　恒流控制原理电路

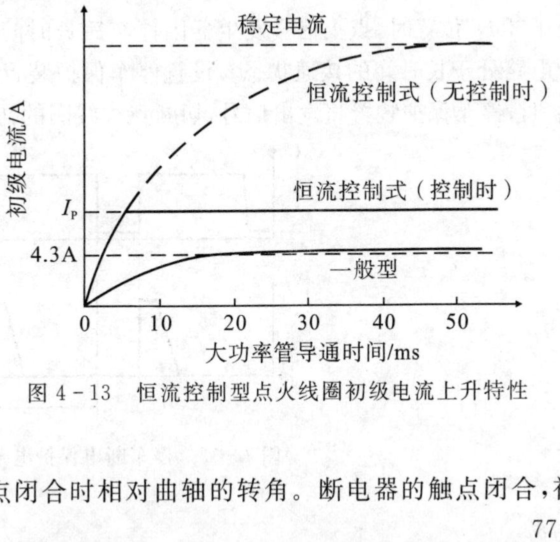

图 4 - 13　恒流控制型点火线圈初级电流上升特性

2. 闭合角控制

闭合角是指传统点火系中断电器的触点闭合时相对曲轴的转角。断电器的触点闭合,初级电路被接通,初级电流逐步增长。在传统点火系中,闭合角的概念也可以理解为初级电路通电时间长短。所以闭合角的控制也就是初级电路通电时间长短的控制。

在传统点火系中,初级电流通电时间长短是由发动机的气缸数、发动机的转速、断电器触点间隙等多个因素决定的,根本就无法实现控制;而其断电时刻是由点火提前角决定的。

电子点火装置中闭合角的控制原理如图4-14所示。(a)图为不同转速下加在点火器上的信号电压 U_g 与时间的关系,T 为点火信号电压的周期;(b)图为不同转速下没有闭合角控制时点火线圈初级电流与时间的关系,t_b 为初级电路接通后的通电时间,t_1 为初级电流达到某一恒定值的必须时间,t_2 为初级电流达到某一恒定值后的富余时间;(c)图为不同转速下有闭合角控制时点火线圈初级电流与时间的关系,t_3 为稳定初级电流在某一恒定值的保守时间,Δt 为相同转速情况下与无闭合角控制相比,初级电路接通的滞后时间。

从图4-14可以看出,与无闭合角控制的电子点火系统相比,有闭合角控制的电子点火系统缩短了点火线圈的有效工作时间,从而使点火线圈的性能与使用寿命得到进一步改善。

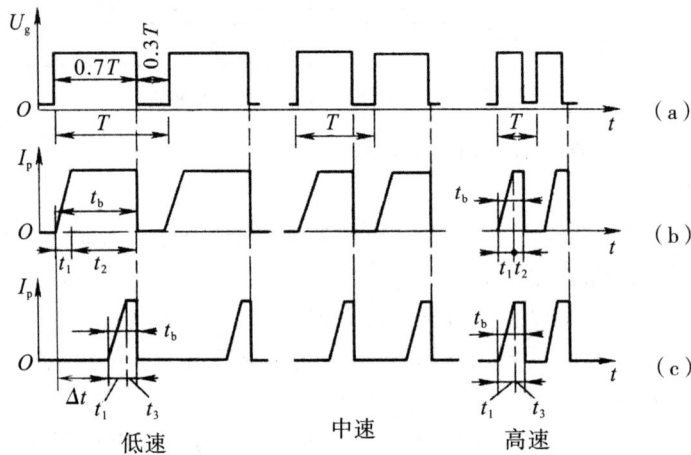

图4-14　电子点火装置闭合角控制原理

3. 停车断路保护

具有停车保护作用的电子点火系统的工作波形如图4-15所示。当发动机熄火而点火开关处于"ON"位置时,点火信号发生器因停车后长时间不能发出点火(切断初级电流)信号,而使初级电路处于长时间的接通状态。设置停车保护装置后,当初级电路接通时间大于某一设定时间 T_P 时,停车保护装置将发出信号,切断点火线圈的初级电流,使点火线圈得到保护。

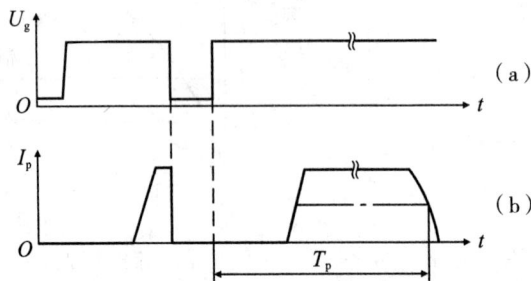

图4-15　停车断电保护电子点火系统工作波形

任务 6　认识光电式电子点火系统

一、光电式点火信号发生器的工作原理

光电式点火信号发生器安装在分电器轴上的遮光盘上,开有与发动机气缸数相同的缺口,在遮光盘的上下两面分别装有发光二极管和光敏三极管,如图 4-16 所示。工作时遮光盘随分电器轴一起转动,当遮光盘遮住了发光二极管发出的光线而光敏三极管感受不到光线时,光敏三极管截止;当遮光盘的缺口转到装有光电元件的位置,光敏三极管感受到发光二极管发出的光照时,光敏三极管导通,产生点火信号电压,输出到点火模块。点火模块根据该信号控制点火线圈初级电流的通断来产生次级电压。

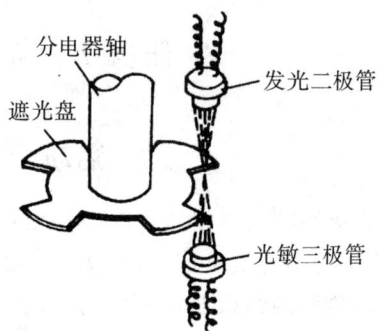

图 4-16　光电式信号发生器的工作原理

二、光电式电子点火装置的工作原理

光电式电子点火装置的工作原理如图 4-17 所示。

当光敏三极管 V 受光导通时,三极管 VT_1 获得正向偏压而导通。VT_1 导通后为 VT_2 提供正向偏压 U_{R_4},使 VT_2 导通。VT_2 导通后,VT_3 处于截止状态。功率三极管 VT 获得正向偏压 U_{R_6} 而导通,从而使点火线圈初级绕组通电;当光敏三极管 V 失光时,由导通转为截止,VT_1 失去基极电流由导通转为截止,VT_2 也截止,VT_3 因获得正向偏压由截止转为导通。VT 失去正向偏压 U_{R_6} 则由导通转为截止,点火线圈初级绕组断电,在点火线圈次级绕组产生高压,经配电器分送至各缸火花塞。

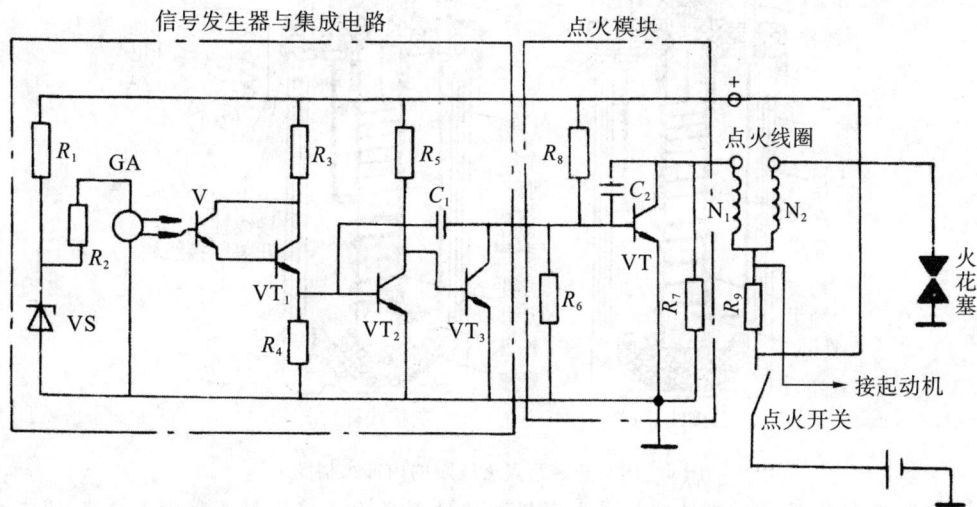

图 4-17　光电式电子点火系统原理图

其他元件的作用:稳压二极管 VS 用以保证发光二极管 GA 获得稳定的工作电压。电容 C_1 为正反馈电路,用以提高功率管 VT 的开关速度,减少功率损耗,防止发热。电阻 R_7 用以保护功率三极管 VT,当 VT 由导通转为截止时,在次级绕组 N_2 产生次级电压的同时,初级绕组也产生 300V 左右的自感电动势,R_7 可为其提供回路,防止 VT 被击穿损坏。电阻 R_8 与电容 C_2 也具有 R_7 的作用,同时 C_2 还具有滤波功能,电阻 R_9 为点火线圈的附加电阻。

任务7 点火系统的主要部件及检修

活动1 点火线圈的结构及检修

点火线圈的作用是将电源提供的 12V 电压转变成能击穿火花塞电极间隙的高压电,因此,点火线圈的实质是一种特殊的变压器。目前,汽车上使用的点火线圈外形各异,结构多样,但根据磁路的结构形式不同,点火线圈总体上可以分为开磁路点火线圈和闭磁路点火线圈两类。

一、点火线圈的结构

1. 开磁路点火线圈

开磁路点火线圈的实物如图 4-18 所示,它主要由初级绕组、次级绕组、铁芯、低压接线柱、高压输出端子、绝缘填充材料及外壳等组成。根据低压接线柱的数目多少,可分为二接线柱点火线圈和三接线柱点火线圈,其内部结构如图 4-19 所示。

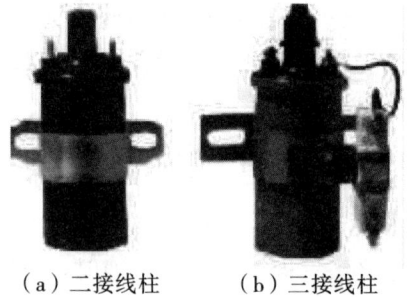

(a) 二接线柱　　　(b) 三接线柱

图 4-18　开磁路点火线圈的实物图

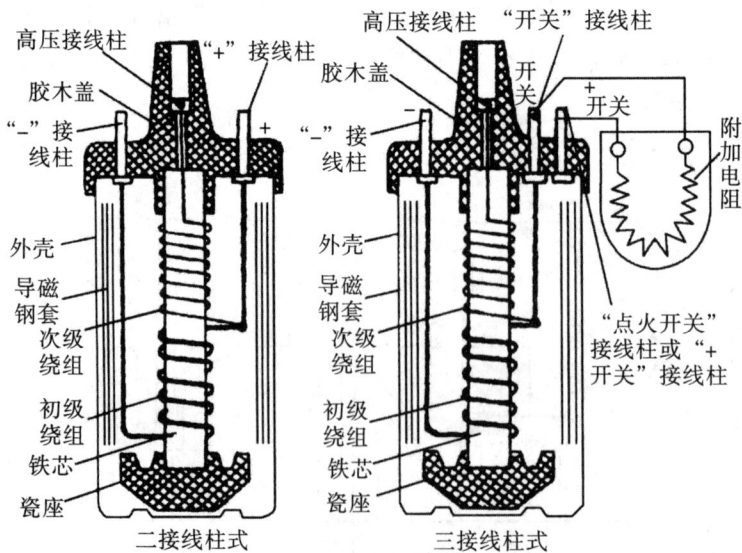

图 4-19　开磁路点火线圈的内部结构图

小贴士:三接线柱式与二接线柱式点火线圈的区别在于三接线柱式带附加电阻,而二接线柱式不带附加电阻。三接线柱式点火线圈的绝缘盖上有"—""开关""＋开关"三个接线柱,分别接断电器、起动机附加电阻短路接线柱、点火开关"IG"接线柱或15接线柱。附加电阻接在标有"开关"和"＋开关"的两接线柱上,与点火线圈的初级绕组串联。

2. 闭磁路点火线圈

闭磁路点火线圈的外形如图4-20所示,结构如图4-21所示。闭磁路点火线圈的铁芯有"口"字形和"日"字形之分。与开磁路点火线圈不同的是铁芯内绕有初级绕组,而次级绕组绕在初级绕组外面。绕组在铁芯中的磁通,通过铁芯形成闭合磁路,故称为闭磁路式点火线圈。此外,与开磁路点火线圈相比,闭磁路点火线圈具有漏磁少、转换效率高、体积小、质量轻、铁芯裸露易于散热等优点,目前已在电子点火系统中广泛采用。

图4-20 闭磁路点火线圈实物图

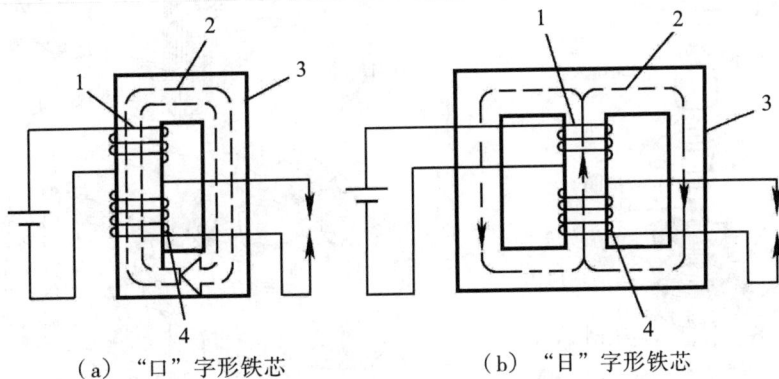

（a）"口"字形铁芯　　　　（b）"日"字形铁芯

1—初级绕组;2—磁力线;3—铁芯;4—次级绕组。

图4-21 闭磁路点火线圈结构和原理图

二、点火线圈的检修

点火线圈在检修时先用目测的方法判断有无绝缘的损坏和外壳的破裂,然后主要检查初级绕组和次级绕组有无短路、断路、搭铁等故障,通常可用万用表测量电阻来判断。

1. 初级绕阻的检查

用万用表测量点火线圈的两个低压接线柱（"＋15"和"－"）间的电阻,应符合技术标准,否则说明有故障,应予以更换。初级绕阻阻值一般为 $0.5\sim1.0\Omega$（高能点火线圈）和 $1.5\sim3.0\Omega$（普通点火线圈）。若电阻为无穷大,说明初级绕阻断路;若电阻值过小,则说明初级绕阻短路。

2. 次级绕阻的检查

同样可以利用测量电阻法来进行检查,具体方法是用万用表的一支表笔接点火线圈低压接线柱（"＋15"和"－"）的一个,另一表笔接点火线圈的高压插孔。次级绕阻阻值一般为 $2.5\sim4.0k\Omega$（高能点火线圈）和 $6.0\sim8.0k\Omega$（普通点火线圈）。若电阻为无穷大,则次级绕阻断路;若电阻值过小,则说明次级绕阻短路。

小贴士:实车上可采用对比跳火法进行检测,将被检验的点火线圈与好的点火线圈分别接上进行对比,看其火花强度是否一样。

活动 2　分电器的结构及检修

分电器是点火系统中的重要部件。目前,根据结构和配套使用的点火系统的不同,分电器主要的传统点火系统有触点分电器,电子点火系统的无触点分电器和微机控制点火系统的分电器(无机械点火提前机构)三种。

一、无触点分电器的结构

无触点分电器的结构差异主要源于信号发生器的不同,磁脉冲式电子点火系统和霍尔式点火系统分电器的结构如图 4-22 所示。

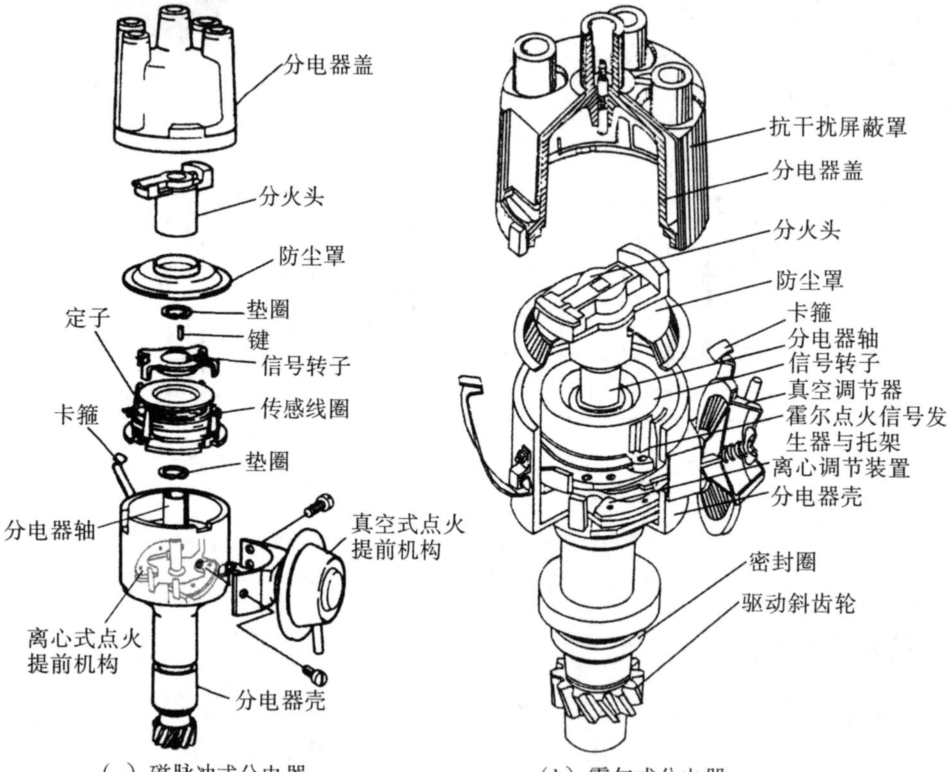

（a）磁脉冲式分电器　　　　　　　（b）霍尔式分电器

图 4-22　常见的无触点分电器结构

二、分电器的结构及检修

分电器安装在断电器上方,由胶木制的分电器盖和分火头组成,作用是按发动机点火顺序,将高压电分配到各缸火花塞上。

1. 分电器盖

分电器盖的中间有高压线插孔,其内装有带弹簧的碳柱,装配好后碳柱会压紧在分火头的导电片上。分电器盖的外围有与发动机气缸数相等的旁电极插孔,用来插装分缸高压线。

在检查分电器盖性能是否正常时,主要检查两个方面,即外观检查和绝缘检查,如图 4-23 所示。外观检查时,用一块干燥洁净的棉布将分电器盖擦拭干净后仔细观察,分电器盖应无裂纹及烧蚀痕迹,内部各电极应无明显的磨损、腐蚀及烧蚀,否则应更换分电器盖;中心电极应无卡滞,若烧蚀磨损致使其长度较标准长度减小 2mm 以上时,也应更换新件。绝缘检查时,将高压触针分别插在分电器盖上的两个相邻的旁插孔内或中央插孔与旁插孔内进行试火,若有火,说明绝缘损坏,应更换。也可用兆欧表检测,阻值应为无穷大。

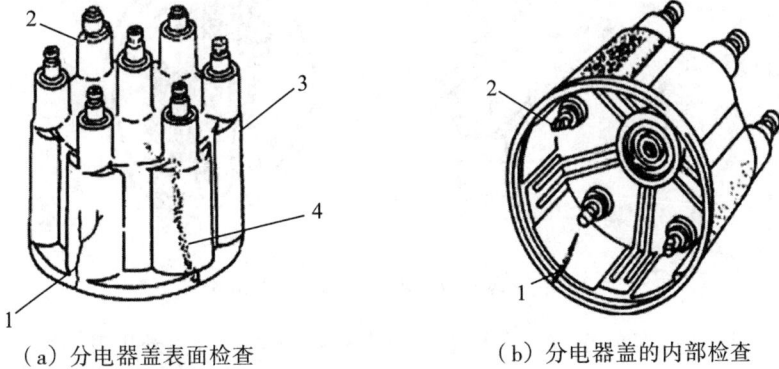

（a）分电器盖表面检查　　　　　　　（b）分电器盖的内部检查

(a)1—裂纹;2—裂台;3—分电器盖;4—碳径;(b)1—碳径;2—碳化或腐蚀插头。

图 4-23　分电器盖检查

2. 分火头

分火头插装在分电器轴的顶端,随轴一起旋转。分火头上的导电片距离旁电极有 0.2~0.8mm 的间隙。分火头的检查包括外观检查(如图 4-24 所示)、绝缘检查和分火头导电片电阻的检查。

外观检查时,分火头应无任何裂纹、烧蚀及击穿(分火头顶部金属有一些焦状物是正常的)。绝缘检查时,将高压电源(10~20kV)的一根触针接分火头导电片,另一触针对准分火头座孔内,若有火花产生,则说明分火头漏电;也可将分火头倒放在缸体上,用发动机高压电进行跳火试验;还可采用兆欧表检测,阻值应为无穷

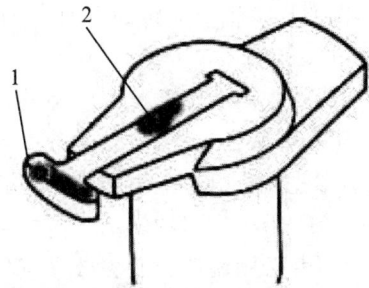

1—分火头烧蚀;2—金属导电片脏污。

图 4-24　分火头的外观检查

大。分火头导电片电阻检查时,可用万用表检查分火头顶部导电片的电阻,应符合规定。分火头检查不符合要求时应更换。

三、点火提前机构的结构及检修

点火提前机构是在发动机工况变化时,自动调节点火提前角,使点火系统在发动机工作最有利的时刻点火。点火提前机构包括离心提前机构、真空提前机构和辛烷值选择器。

1. 离心点火提前机构

当发动机转速低时,活塞往复运动速度慢,每一工作行程的时间相对较长。若混合气的燃烧速度不变,此时点火提前角应该减小,避免混合气过早燃烧。反之当发动机转速提高时,应该增大点火提前角。因此,离心点火提前机构的功能就是在发动机转速发生变化时,自动调节点火提前角。

离心调节装置一般装在断电器固定板的下部,如图 4-25 所示。在分电器轴上固定有托

板,两个离心重块分别套在托板的柱销上,可绕柱销转动。离心重块的另一端由弹簧拉住。凸轮和拨块为一体,活套在分电器的上端,而拨块的孔则插在离心重块的销钉上。

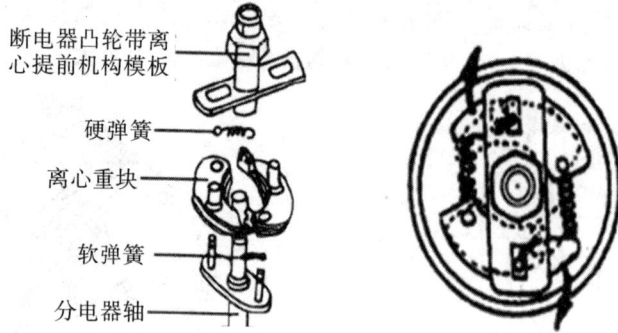

图 4-25　离心点火提前机构结构与原理图

发动机转速升高时,在离心力的作用下重块克服弹簧的拉力向外甩开,销钉推动拨板及凸轮沿原来旋转方向相对于轴转过一个角度,使凸轮提前顶开触点,点火提前角增大。转速降低时,弹簧将重块拉回,使点火提前角自动减小。

在分电器解体后,可以对离心式点火调节装置进行以下检查:

(1)检查离心调节装置的离心块

离心块在轴上应转动自如,无卡滞,销钉与轴孔配合间隙应与规定相符,检查后应加机油润滑。

(2)检查离心调节装置的弹簧拉力

可用弹簧秤检查,拉长 4mm 时,弹力应在 4.5~10.5N 之间。也可采用简易实用的方法测试,即先在分电器上组装好离心式点火调节装置,将分电器轴固定好,然后捏住触发器转子或转子轴,沿工作时的转动方向拧到极限位置时松手,若转子或转子轴能自动回位,表示弹簧能起作用,否则说明弹簧失效,应更换新件。

2. 真空点火提前机构

当发动机负荷增大即节气门开度增大时,进入气缸的混合气增多,残余废气减少,压缩终了的混合气的压力、温度升高,从而使燃烧速度加快。为了避免出现不正常燃烧现象,此时应减小点火提前角。反之,当发动机负荷减小时,应增大点火提前角。因此,真空点火提前机构的功能就是在发动机负荷变化时,自动调节点火提前角。

真空点火提前装置安装在分电器壳体的外侧,壳内有固定膜片,它以拉杆带动断电器活动底板转动,转动的最大角度由固定板上的长方孔所限制。膜片右方由弹簧顶住,并通过真空管与节气门后方的小孔连通。真空点火提前机构的工作原理如图 4-26 所示。

当发动机负荷小时,节气门开度小,小孔处的真空度较大,吸动膜片向右拱曲,拉杆拉动活动底板带动断电器触点副逆着分电器轴旋转方向转动一定的角度,使触点提前断开,点火提前角增大;而当发动机负荷增大时,节气门开度增大,小孔处真空度减小,膜片在弹簧作用下向左拱曲,使点火提前角自动减小。怠速时,节气门接近全闭,此时小孔处于节气门上方,此处的真空度接近零,于是弹簧推动膜片使点火提前角减小,甚至可以不提前。

在分电器检修中,应该检查真空点火提前装置的密封性,可以使用真空泵和真空表检查漏气量。当真空度为 33.2kPa 时,在 1min 内,真空度降低不得大于 3.32kPa。若漏气,应更换总成。

（a）节气门开度小

（b）节气门开度大

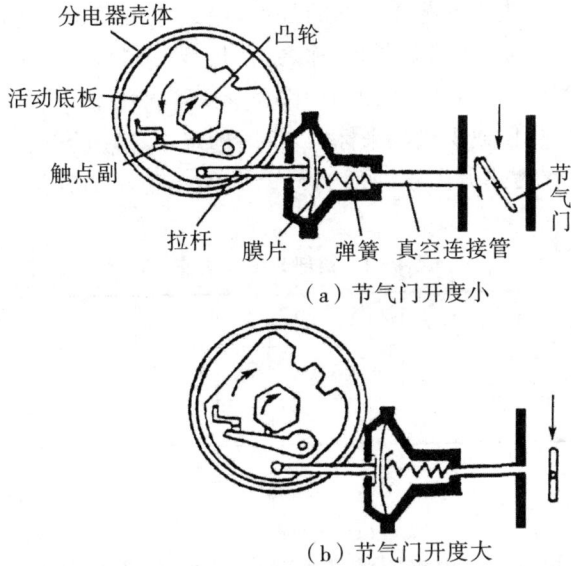

图 4-26　真空点火提前机构结构与原理图

活动 3　火花塞的结构及检修

火花塞的工作条件极其恶劣,它要受到高压、高温以及燃烧产物的强烈腐蚀。因此,它必须具有足够的机械强度,能够承受冲击性高压电的作用,能承受剧烈的温度变化,有良好的热特性,并要求火花塞的材料能抵抗燃气的腐蚀。

1. 火花塞的结构

火花塞的结构如图 4-27 所示,在钢制壳体的内部固定有高氧化铝陶瓷绝缘体,在绝缘体中心孔的上部有金属杆,杆的上端有接线螺母,用来接高压导线,下部装有中心电极。金属杆与中心电极之间用导体玻璃密封,铜制内垫圈起密封和导热作用。壳体上部有便于拆装的六角平面,下端焊接有弯曲侧电极,与中心电极相对。中心电极一般由镍锰合金制成,为提高火花塞的使用寿命与耐化学腐蚀性能,目前多采用镍锰硅铬合金作为电极材料。火花塞电极间隙一般为 0.6～0.7mm;电子点火系火花塞间隙可增至 1.0～1.2mm。

2. 火花塞的热特性

火花塞在工作时,吸收的热量与散出的热量达到平衡状态,不形成积碳的温度,称为火花塞的自净温度。在工作过程中,火花塞绝缘体裙部温度通常保持在 500～600℃ 之间。低于这个温度时,火花塞易产生积碳,影响正常跳火。高于这个温度时,又易产生炽热点火,形成早燃。因此,火花塞的热特性必须与发动机相适应,以保证火花塞在发动机内工作良好。

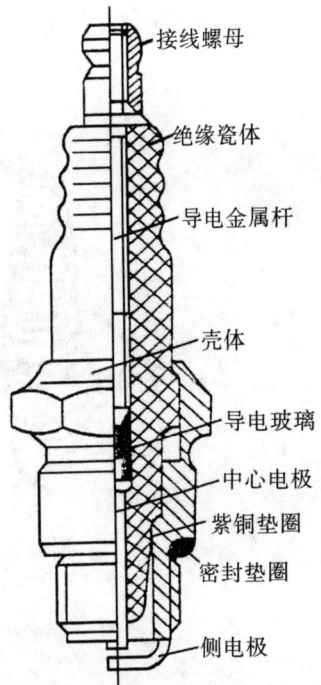

图 4-27　火花塞结构

85

火花塞的热特性主要取决于绝缘体裙部的长度,绝缘体裙部长的火花塞,其受热面积大,而传热距离长,散热困难,因此,裙部温度高,称之为"热型"火花塞;反之,裙部短的火花塞,吸热面积小,传热距离短,散热容易,裙部温度低,称为"冷型"火花塞。

火花塞的热特性常用热值或炽热数来标定,我国标定火花塞的热特性是依据绝缘体裙部的长度,并分别用1~11作为热值代号,如表4-1所示,热值小的为热型火花塞,热值大的为冷型火花塞。

表 4-1　裙部长度与热值

裙部长度	15.5	13.5	11.5	9.5	7.5	5.5	3.5
热值	3	4	5	6	7	8	9
特性	热←					→冷	

3. 火花塞的检修

(1)清除火花塞积碳

火花塞积碳较多时,相当于在电极间隙处并联一个电阻,称为泄漏电阻,使得次级电压不易建立,甚至造成发动机断火。清除火花塞积碳,不能使用钢丝等工具,以免损伤绝缘体,应当使用火花塞专用清洗设备。

(2)火花塞间隙的调整

火花塞间隙一般为 0.6~0.8mm,测量时应用钢丝式专用量规,不得使用普通量规,如图 4-28(a)所示。火花塞间隙过小,穿透电压下降,电火花强度变弱,当气缸新鲜混合气受废气冲淡的影响较大时,可能产生缺火现象。火花塞间隙不符合规定数值时,可以使用专用工具弯曲旁电极进行调整,如图 4-28(b)所示。

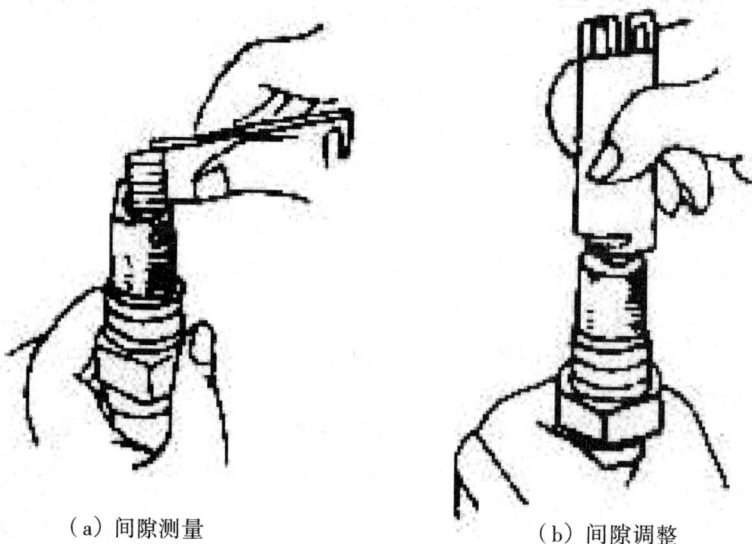

（a）间隙测量　　　　　　　（b）间隙调整

图 4-28　火花塞间隙调整

任务 8 电子点火系统的使用及故障分析

活动 1 电子点火系统的使用

一、电子点火系统使用注意事项

1)在发动机启动和工作时,不要用手触摸点火线圈高压线和分电器等,以免受电击。

2)在检查点火系统电路故障时,不要用刮火的方式来检查电路的通断,这种做法容易损坏电子元器件,电路通断与否应该用万用表来进行检查判断。

3)进行高压试火时,最好用绝缘的橡胶夹子夹住高压线来进行试验,直接用手接触高压线容易造成电击。另一避免电击的方法是将高压导线插入一只备用火花塞,然后将火花塞外壳搭铁,从火花塞电极间隙观察是否跳火。

4)在点火开关接通的情况下,不要做连接或切断线路的操作,以免烧坏控制器中的电子器件。

5)在拆卸蓄电池时,必须确认点火开关和其他所有的用电设备及其开关都已关闭,才能进行拆卸。

6)安装蓄电池时,一定要辨清正负极,负极搭铁。千万不能接错,蓄电池极性与线夹的连接一定要牢固,否则容易损坏电子设备。

二、信号发生器的检查

1)对于磁感应式的,在打开分电器盖时注意不要让垫圈、螺钉之类的金属物掉进去。在检查导磁转子与定子之间的间隙时,要使用无磁性厚薄规,并注意不要硬塞强拉。

2)对于光电式的,不要轻易打开分电器盖子,若确需打开检查时,要注意避免尘土对发光二极管、光敏元件和遮光转子的污损。

3)霍尔效应式电子点火系统,在检查维修时可能会产生高压放电现象,造成对人身和点火系统本身的意外损害。

活动 2 点火系统故障诊断

点火系统对发动机的工作影响较大。如果点火系出现故障,将导致发动机运转不稳,动力下降,油耗增加,严重时还将导致发动机不能工作。点火系的故障,主要表现为无火、缺火、火花塞点火正时不准等。下面以常见的故障来说明点火系统故障诊断的一般思路和方法。

发动机不能起动或突然熄火,该故障现象表现为:起动发动机时,起动机运转正常但发动机不能着火;或汽车在行驶途中突然熄火。

故障排除时可以遵循以下步骤:

(1)检查蓄电池电压是否正常

可以通过按喇叭、开大灯的方法或使用仪器来检查蓄电池电压是否正常。若喇叭声响亮,灯光强,说明蓄电池正常。

（2）检查线路连接是否正常

仔细检查接线、插接器是否牢靠，电线有无脱落、老化或破损现象，搭铁点是否可靠等。要确保线路连接正确、可靠。

（3）判断故障是在低压电路还是高压电路

可以采用高压试火法来进行判断。具体操作步骤如下：

拔下分电器中央高压线并靠近发动机气缸体 4～6mm，打开点火开关并摇转曲轴，观察火花情况。

1）如果火花强，表明低压电路和点火线圈良好，故障出在分电器、火花塞等高压电路中。此时，可以继续从火花塞上拔下分高压线，靠近气缸体继续试火。如果无火则应检查分火头、分电器盖和分高压线是否漏电；如果有火则需检查火花塞和点火正时。

2）如果无火或火花很弱，表明低压电路有短路、断路或点火线圈、中央高压线、电容器有故障，此时应进一步检查低压电路。

（4）低压电路的故障诊断

如果通过高压试火法确认故障在低压电路，对于传统点火系统，此时可以用试灯逐点搭铁来检查故障部位。测试时，在保证低压电路接通的情况下，将试灯一端搭铁，另一端逐步搭试低压电路中各元件的连接点。如果被搭试点试灯不亮，说明电源到被搭试点的电路存在断路故障，此时可逆着电流方向继续搭试，如果被搭试点试灯亮，说明电源到被搭试点的电路正常，此时应顺着电流方向继续搭试。

对于电子点火系统，此时应分别检查点火信号发生器、电子点火器和点火线圈的性能是否良好，部件的具体检测方法如前所述。

（5）高压电路的故障诊断

在总高压导线对缸体试火良好的前提下，再分别拔下各火花塞上的分高压线并对缸体继续试火。如果均无火或火花较弱，说明分火头或分电器盖绝缘损坏，或分电器中央电极碳柱损坏；如果某一缸无火花或者火花较弱，则说明该缸分高压线不良或分电器旁插孔污损；如果各缸试火均正常，则应进一步检查火花塞性能是否良好。

经过上述检查，如果各部件均无故障，则应进一步检查点火正时是否正常。

活动 3 点火正时的检查

在传统点火和电子点火系统中，当发动机工作时，离心式调节装置和真空提前装置能自动调整点火时间，以适应发动机的不同工况要求。但当发动机大修、重新安装分电器、燃油品种更换时，都需要人工调校基准点火时间，这个工作通常被称为"点火正时"。

一、检查点火正时

1. 一般检查

发动机怠速运转，当水温上升到 70～80℃时，突然加速，如转速不能随节气门的打开而立即增高，感到"发闷"，或在排气管中有"突突"声，则为点火过迟；如发动机内出现金属敲击声，则为点火过早。

2. 使用点火正时灯检查

查找并验证飞轮或曲轴前端皮带盘上1缸压缩终了上止点标记和点火提前角标记，擦拭使之清晰可见,如标记不清晰,最好用粉笔或油漆将标记描白,如图 4-29 所示。

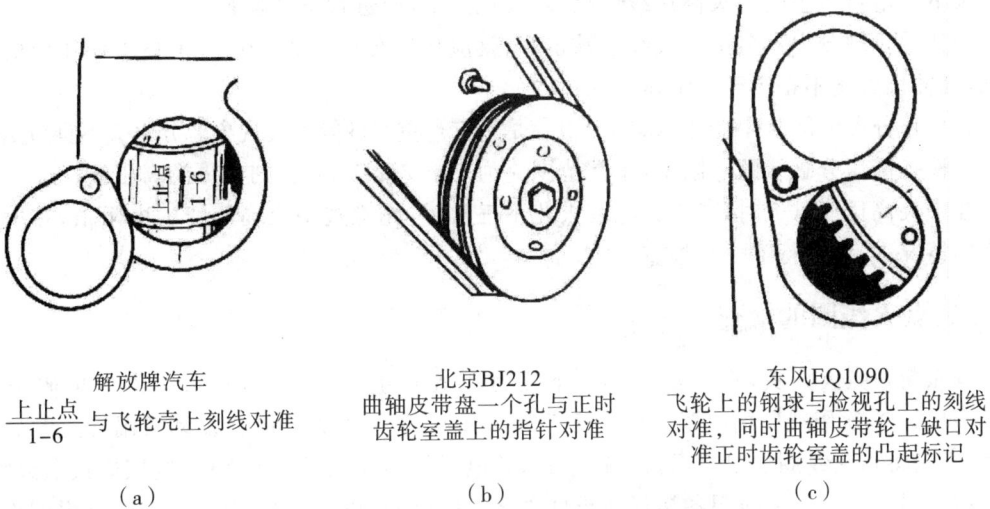

解放牌汽车
$\frac{上止点}{1-6}$ 与飞轮壳上刻线对准
（a）

北京BJ212
曲轴皮带盘一个孔与正时齿轮室盖上的指针对准
（b）

东风EQ1090
飞轮上的钢球与检视孔上的刻线对准,同时曲轴皮带轮上缺口对准正时齿轮室盖的凸起标记
（c）

图 4-29 发动机正时记号

将点火正时灯(仪)正确连接到汽车发动机上,将传感器夹在 1 缸高压线上。必要时,接上转速表和真空表。启动发动机至正常工作温度状态,保持在急速下稳定运转。打开正时灯并对准正时标记(正时刻度盘或正时指针),调整正时灯电位器,使正时标记清晰可见,此时表头读数即为发动机急速运转时的点火提前角。用同样的方法可分别测出不同工况、转速时的点火提前角并记录。

3. 点火正时的调整

点火过迟,应逆着分电器轴的旋转方向转动分电器壳体;点火太早,则顺着分电器轴的旋转方向转动分电器壳体,经反复试验,直至合适为止。

经典案例

切诺基吉普车行驶中突然熄火

切诺基吉普车采用的是磁脉冲式电子点火系统,由分电器、点火线圈、点火控制器、火花塞及高压线等组成。

一、初步诊断

在电子点火系统出现故障后,首先应该对高压线路进行简单的初步诊断,在确定高压分缸线和中央高压线没有故障后,再进一步对其他部件如点火线圈、分电器和点火开关等进行检查。

1. 检查高压分缸线的电火花

拔下火花塞端高压分缸线并使其端头距气缸体 5~7mm,然后用启动机带动发动机运转,察看电火花状况。如果所有高压分缸线的电火花都正常,就应检查火花塞,必要时进行清洁、调整或更换。

2. 检查中央高压线的电火花

拔下分电器盖上的中央高压线试火,若火花正常,应进行下列检查。

1)如果发现分电器盖上有裂纹或被击穿,就应更换分电器盖,另外,中央碳棒还应能伸缩自如,且伸出长度不得小于 2mm。

2)检查分火头是否有裂纹、损坏,分电片是否有严重腐蚀等不良现象。分火头不良应更换。

3)检查高压分缸线的电阻值,正常范围应为 10~20kΩ/m,否则应更换高压线。

在中央高压线试火时,若无火花或火花不正常,可先检查中央高压线的电阻值,在电阻值正常的情况下,再进行下一步检查。

二、点火线圈的检查

首先断开点火开关,在常温(24℃)下用万用表测量点火线圈,初级线圈的电阻值应为 1.13~1.23Ω,次级线圈的电阻值应为 7.7~9.3kΩ。如果点火线圈在发动机温度正常后工作不良,则应将点火线圈加温之后再进行测量,若电阻值不在规定的范围内,则应更换点火线圈。然后用万用表检查点火线圈各接线柱与外壳之间的电阻,正常情况应该是∞,否则说明点火线圈有漏电现象,应予更换。

三、分电器的检查

检查分电器时应重点检查信号发生器及点火提前调节装置的工作状况是否良好。具体的方法如下:

1. 信号发生器的检测

断开点火开关,拔下分电器线束插接器,用万用表测量 B2 端子与 B3 端子的电阻值,正常值应为 400~800Ω,然后再分别测量这两个端子与分电器外壳间的电阻值,正常值应为∞,最后用厚薄规测量转子凸齿与定子铁芯的间隙(应转动曲轴,使二者对齐),其值在 0.3~0.6mm 之间。如果检测结果与上述不符,则应修理或更换分电器。

2. 点火提前调节装置的检查

首先应该检查真空提前点火装置:拔下真空软管,对真空提前装置的真空管吸气,真空膜片应能平稳运动,真空软管和膜片均不得有漏气现象,否则应予修理或更换新件。然后检查离心提前点火装置:拔下分电器盖,顺时针转动分火头(使分火头与轴一起转动),其阻力应逐渐增大,然后松开,分火头应立即返回原位,不得有卡滞现象,否则应对离心提前点火装置进行检修。

需要注意的是:点火提前装置工作不良或不工作,只能导致发动机动力不足(即不能适时改变点火提前角),而不会影响点火系的高压电火花强度。

四、点火控制器的检查

检查点火控制器可按以下步骤进行:

1)断开点火开关,拔下点火控制器上的两个插接器;

2)将 C1 端子与蓄电池负极相连,E1、E2 端子与蓄电池正极相连;

3)在蓄电池正极与 C4 端子之间串接一只 12V 的仪表灯灯泡;

4)找一节干电池(或接蓄电池一单格),正极接 C2 端子,负极接 C3 端子时,试灯应发亮;若改变干电池的极性相连,试灯应熄灭。如果检查结果与上述不符,则应更换点火控制器。

任务 9 微机控制点火系统

任务描述：本任务主要了解微机控制点火系统的结构及其基本工作原理。

1. 微机控制点火系统的组成

微机控制点火系统在结构上，因不同厂家、不同生产年代而有所不同，但基本结构大同小异，它主要由传感器、电子控制器、点火器、点火线圈等组成，如图 4-30 所示。

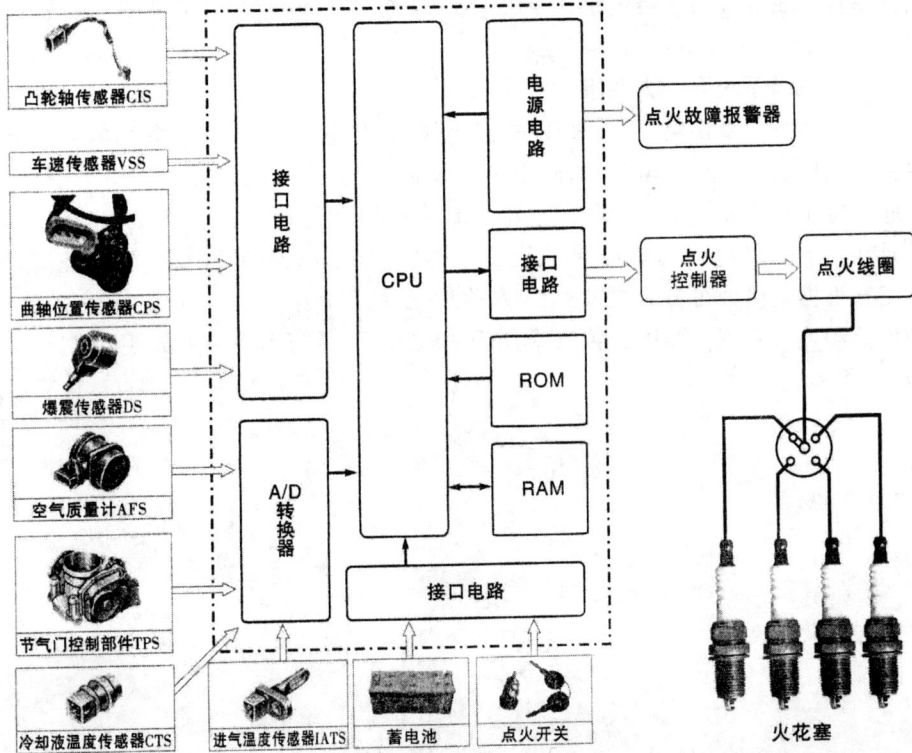

图 4-30 微机控制点火系统组成

2. 微机控制点火系统的分类

微机控制的点火系统按有无分电器分，可分为有分电器的微机控制点火系统和无分电器的微机控制点火系统两大类，目前有分电器的微机控制点火系统正在被淘汰，而广泛应用无分电器的微机控制点火系。按微机控制的方式可分为开环控制和闭环控制两种。

3. 微机控制点火系统的基本控制过程

微机控制点火系统中，点火控制包括点火提前角的控制、通电时间控制和爆震控制三个方面。基本控制过程如下：

1）发动机运行，ECU 不断地采集发动机转速、负荷、冷却水、进气温度等信号，并根据存储器 ROM 中存储的有关程序与有关数据，确定出该工况的最佳点火提前角，并以此向点火控制器发出指令。

2）点火控制器模块根据 ECU 的指令，控制点火线圈初级回路的导通与截止。当电路导通时，有电流从点火线圈中的初级绕组通过，点火线圈此时以磁场的形式储存起来。当初级绕组电流被切断时,次级绕组感应生成高压电,经分电器送至各缸火花塞,产生电火花点燃可燃混合气。

另外,带爆震传感器的控制系统中,ECU 还可以根据爆震传感器的输入信号来判断发动机的爆燃程度,并将点火提前角控制在轻微爆燃的范围内,使发动机获得较高燃烧效率。

本章小结

1)点火系统的发展经历了磁电机式点火系统、传统点火系统、电子点火系统、微机控制点火系统四个发展阶段。

2)发电机对点火系统有三大要求。

3)传统点火系统主要由电源、点火开关、点火线圈、分电器、火花塞和附加电阻等组成,其中分电器包括断电器、配电器、电容器、离心式和真空式点火提前机构等。

4)普通的电子点火系统根据信号发生器的不同分为:磁脉冲式、霍尔式、光电式三种。

5)普通电子点火系统主要由电源、点火线圈、信号发生器、点火控制器、分电器、火花塞等组成。

6)火花塞根据其热值可分为热型、中型和冷型三种。

7)微机控制点火系统主要由有传感器、电子控制单元、执行器等主要部件组成。

实训项目 桑塔纳轿车点火系统故障诊断

一、实训目的与要求

1)掌握电子点火系统结构；

2)掌握桑塔纳轿车电子点火系统的组成及原理；

3)学会霍尔式电子点火系统故障诊断方法；

4)了解电子点火系统故障的排除方法。

二、实训设备及器材

桑塔纳实验车或台架发动机、万用表、连接导线、拆装工具。

三、实训步骤及操作方法

桑塔纳轿车点火系统电路如图4-31所示。

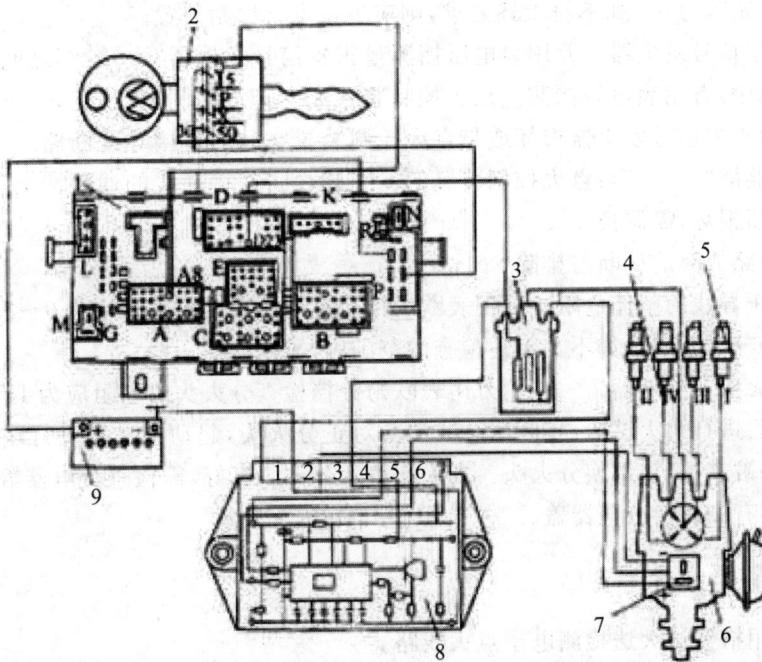

1—中央线路板；2—点火开关；3—点火线圈；4—高压导线；5—火花塞；6—分电器；7—霍尔传感器；
8—晶体管点火控制装置；9—蓄电池。

图4-31 桑塔纳轿车点火系统电路

(1)检查燃油、润滑油、冷却液是否缺少,蓄电池供电是否正常。

(2)判断故障是在低压电路还是在高压电路。

1)起动中观察转速表指针　起动发动机观察转速表,指针不摆动表示低压电路中有故障,指针摆动表示高压电路中有故障。

2)跳火检查　拔出高压总线接上一只火花塞,放在缸体上。起动发动机,或者反复开、关点火开关,观察火花塞是否跳火。或者打开点火开关,将霍尔信号发生器的信号线反复接地,观察火花塞是否跳火。如不能跳火,则低压电路有故障,反之则高压电路有故障(需注意的是,当触发叶轮的叶片不在永久磁铁与霍尔元件之间的空气隙时,在上述后两步的测试中是观察不到火花塞跳火的)。

(3)低压电路故障的诊断与排除。

1)检查点火控制装置　点火开关置于 OFF,万用表欧姆挡测量点火控制装置 1、4 脚之间的电阻值,应为 $0.52\sim0.76\Omega$,如不在此范围则表明高压线圈有故障,需调换。

点火开关置于 ON,万用表电压挡测量点火控制装置 2、4 脚之间的电压,应为蓄电池电压。如无电压显示,则点火控制装置 2、4 脚与电源正极、负极连接之间断路。逐点检查高压线圈"+",中央线路板 D23 和 A8 结点、点火开关 15 结点与接地间的电压,找出故障的部位,然后排除。

点火开关置于 ON,万用表电压挡测量点火控制装置 3、5 脚之间的电压,应在 9V 以上。如小于 9V 或无电压显示,则点火控制装置损坏,应调换点火控制装置。

万用表电压挡测量点火控制装置 1、4 脚之间的断电保护功能。点火开关置于 ON 时,电压表应在 2s 内显示为 0。如不符上述要求,则应更换点火控制装置。

2)检查霍尔信号发生器　万用表电压挡测量霍尔信号发生器"+""-"之间的电压,应在 9V 以上。起动中,万用表电压挡测量点火控制装置 3、6 脚之间的电压,应在 $0\sim7V$。如无电压显示,则表示霍尔信号发生器损坏或与点火控制装置之间的连接导线断路。用欧姆挡检查霍尔信号发生器的"0""-"与点火控制装置的 6、3 脚之间连接导线的通断情况。连接良好则霍尔信号发生器损坏,需调换。

(4)高压电路故障的诊断与排除。

1)检查高压导线的整体电阻　万用表欧姆挡检查高压总线的电阻应为 $0\sim2.8k\Omega$,分火线的电阻应为 $0.6\sim7.4k\Omega$。如不在上述检查的范围内,需调换高压线。

2)检查分火头及分电器盖　先用万用表欧姆分挡检查分火头的电阻应为 $1\pm0.4k\Omega$,如不符需调换。然后进行跳火试验,将高压总线端头对正分火头,起动发动机进行跳火试验,如有火花,则分火头被击穿,需调换分火头。无火花表示分火头良好,需检查分电器盖是否有裂纹、龟裂等情况,如有则调换分电器盖。

四、注意事项

1)禁止采用搭铁试火法检测电子点火线路。

2)检查点火器控制初级电流通断时,应提前使中央高压线搭铁,防止内部晶体管被击穿。

3)试验中应注意不要接触高压线导线部分,以免高压电击。

项目五 汽车照明系统与信号系统

【项目要求与能力目标】

❖ 了解照明与信号系统的要求与分类；

❖ 掌握照明与信号系统的结构和工作原理；

❖ 学会照明与信号系统的检修与调整。

任务 1 了解汽车照明系统

为了保证汽车夜间行驶的安全,在汽车上装有多种照明设备,用于夜晚照明道路,标示车辆宽度,照明车厢内部、仪表及夜间检修等。主要有:前照灯、雾灯、牌照灯、仪表灯、顶灯、工作灯等。桑塔纳轿车照明系统电路如图 5-1 所示。

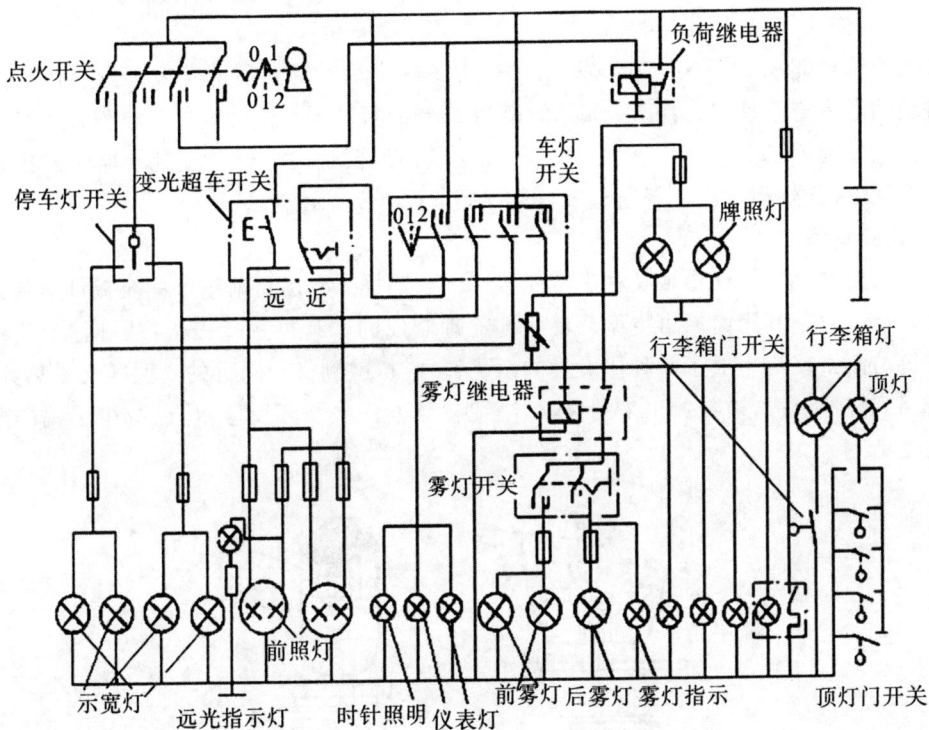

图 5-1 桑塔纳轿车照明系统电路

活动 1　认识前照灯的结构与类型

一、前照灯的基本要求

1)前照灯应保证车前有明亮而均匀的照明,使驾驶员能看清车前 100m 以内路面上的任何障碍物。随着高速公路的建成,汽车行驶速度的提高,要求汽车前照灯的照明距离也应当增长,现代有些汽车的前照灯照明距离已达到 200～250m。

2)应具有防止眩目的装置,确保夜间两车迎面相遇时,不使对方驾驶员因产生眩目而造成事故。

二、前照灯的结构

前照灯主要由灯泡、反射镜和配光镜三部分组成。

1. 灯泡

目前,汽车前照灯用灯泡的额定电压有 6V、12V 和 24V 三种。灯泡的灯丝由功率大的远光灯丝和功率较小的近光灯丝组成,灯丝由钨丝制作成螺旋状,以缩小灯丝的尺寸,有利于光束的聚合。目前灯泡有普通充气灯泡、卤钨灯泡、高压(20kV)放电氙灯三种。

(1)普通充气灯泡

灯丝用钨丝制成(钨的熔点高,发光强)。为了减少钨丝受热后的蒸发,延长灯泡寿命,制造时将玻璃泡内空气抽出,再充入 86% 的氩和 14% 的氮的混合惰性气体。虽然充气灯泡的周围抽成真空并充满了惰性气体,但是灯丝的钨质点仍然要蒸发使灯丝损耗。而蒸发出来的钨沉积在灯泡上,使灯泡发黑。普通充气灯泡如图 5－2(a)所示。

(2)卤钨灯泡

在充入的惰性气体中渗入某种卤族元素,如碘、溴等。我国目前生产的溴钨灯泡结构如图 5－2(b)所示,它是利用卤钨再生循环反应的原理制成的。其再生过程是:从灯丝上蒸发出来的气态钨与卤素反应生成了一种挥发性的卤化钨,它扩散到灯丝附近的高温区又受热分解,使钨重新回到灯丝上去,被释放出来的卤素,继续参与下一次循环反应,从而减少了钨的蒸发和灯泡的变黑。

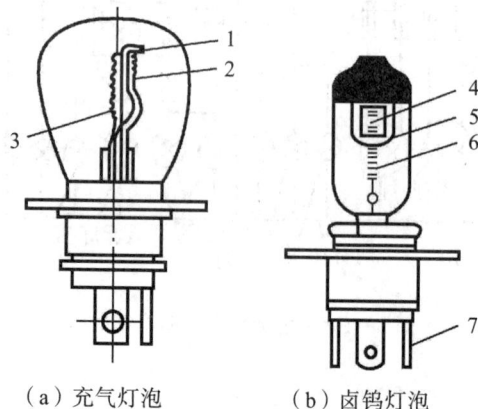

（a）充气灯泡　　　　（b）卤钨灯泡

1、5—遮光罩;2、4—近光灯丝;3、6—远光灯丝;7—插片。

图 5－2　前照灯的灯泡构造

（3）高压放电氙灯

高亮度弧光灯的外形与结构如图 5-3 所示，这种灯的灯泡里没有灯丝，取而代之的是装在石英管内的两个电极，管内充有氙及微量金属（或金属卤化物）。在电极上加上数万伏的引弧电压后，气体开始电离而导电，气体原子即处于激发状态，使电子发生能级跃迁而开始发光，电极间蒸发少量水银蒸汽，光源立即引起水银蒸汽弧光放电，待温度上升后转入卤化物弧光灯工作。

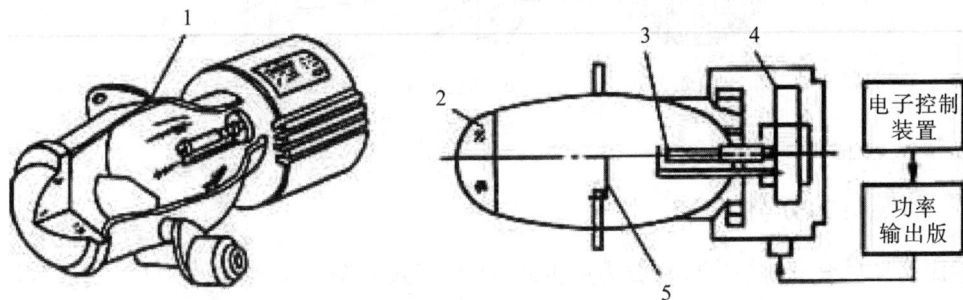

1—总成；2—透镜；3—弧光灯；4—引燃及稳弧部件；5—遮光灯。

图 5-3   高压放电氙灯外形及结构示意图

2. 反射镜

反射镜是用薄钢板经冲压而成为旋转抛物面的形状，其内表面镀银、铝或镀铬，然后抛光。银镀层的反射率为 90%～95%，镀铬层的反射率为 60%～65%，而铝镀层的反射率为 94%。从光学角度看，银镀层最好，但它易擦伤、易硫化变黑且成本高。因此，目前大多采用真空镀铝。

反射镜的作用是尽可能多地收集灯泡发出的光线，并将这些光线聚合成很强的光束射向远方。例如：功率为 50W 左右的前照灯，若没有反射镜则只能照亮车前 6m 左右的路面，加上反射镜后，可照亮车前 150m 以上的路面。

反射镜的表面形状大都为抛物旋转体，是为了将位于反射镜焦点上的光源（灯泡）所发出的光线，经反射镜反射出去，如图 5-4 所示。

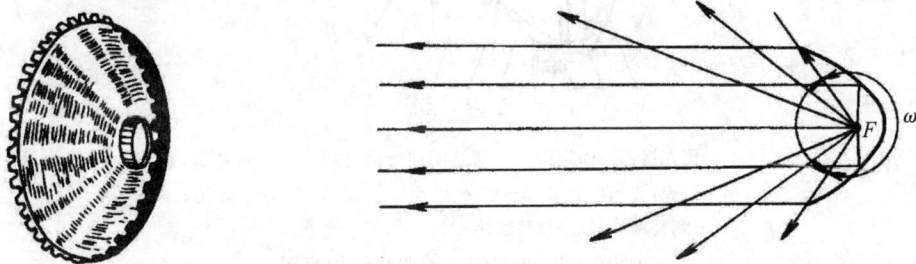

图 5-4   反射镜及反射光线

3. 配光镜

灯泡发出的光线经反射镜集聚为柱形光束后，尚不能使车前路面照明均匀，且照明范围小。为了弥补具有反射镜的前照灯由于光束太窄而照明范围小的缺点，采用了配光镜。图 5-5 所示为配光镜，配光镜又称散光玻璃，它是用透光玻璃压制而成，是很多块特殊的棱镜和透镜的组合。配光镜的作用是将反射镜反射出的平行光束进行折射,使车前路面和路线都有良好而均匀的照明。

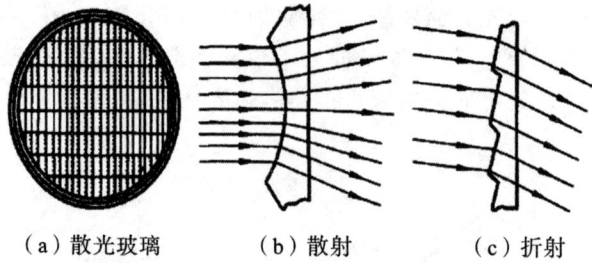

（a）散光玻璃　　　　　（b）散射　　　　　（c）折射

图 5-5　配光镜

三、前照灯的分类

前照灯按反射镜的结构形式分为可拆式、半封闭式和全封闭式三种。可拆式前照灯因气密性不良,反射镜易受潮气和灰尘污染而降低反射能力,现已被淘汰不用。

1. 半封闭式前照灯

半封闭式前照灯的结构如图 5-6 所示。半封闭式前照灯的配光镜和反射镜密封,可从反射镜的后端拆装灯泡。半封闭式前照灯的优点是灯丝烧断只需要更换灯泡,缺点是密封性不良。

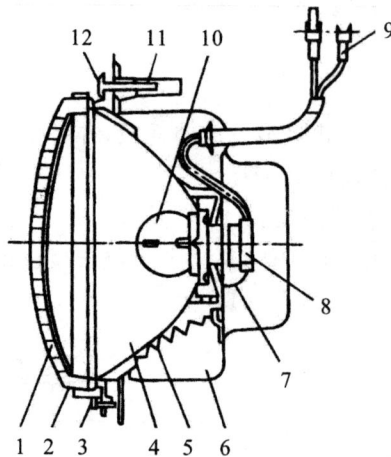

1—配光镜;2—固定圈;3—调整圈;4—反射镜;5—拉紧弹簧;
6—灯壳;7—防尘罩;8—胶木插座;9—接线片;10—灯泡;
11—调整螺母;12—调整螺栓。

图 5-6　半封闭式前照灯结构简图

2. 全封闭式前照灯

全封闭式前照灯又称为真空灯,其结构如图 5-7 所示。将反射镜和配光镜制成一体,灯丝直接焊到反射镜上。这种结构的优点是密封性能好,反射镜完全避免了污染。但当灯丝烧坏后,要更换总成,维修成本高。

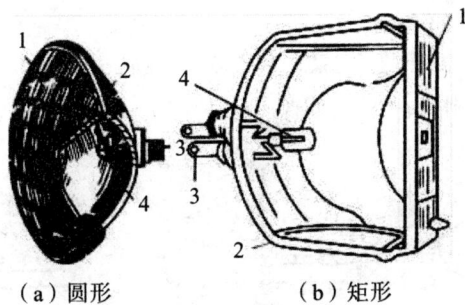

（a）圆形　　　　　（b）矩形

1—配光镜；2—反射镜；3—接头；4—灯丝。

图 5-7　全封闭式前照灯结构简图

四、前照灯的防眩目措施

眩目是指人的眼睛突然受到强光照射时，由于视觉刺激而失去对眼睛的控制进而本能闭眼或看不清暗处物体的生理现象，这种现象易导致发生交通事故。我国交通法规规定，夜间会车时，必须在距对面来车 150m 以外互闭远光灯，改用防眩目近光灯。

为了避免前照灯的眩目作用，保证夜间行车安全，一般在汽车上都采用双丝灯泡的前照灯。一根为远光灯丝，另一根为近光灯丝。远光灯丝功率较大，位于反射镜焦点上，功率为 45～60W，对面无车时使用；近光灯丝功率较小，位于焦点的上方或前方，功率为 20～50W，对面来车时使用。可以通过变光开关切换远光和近光，从而避免迎面来车驾驶员的眩目，并使车前 50m 内的路面也照得十分清晰。

1. 普通双丝灯泡

普通双丝灯泡的远光灯丝位于反射镜的焦点上，而近光灯丝位于反射镜焦点的上方或前方，其工作情况如图 5-8 所示。由于光线较弱，经反射后的光线大部分射向车前的下方，所以可避免对方驾驶员眩目。

2. 在近光灯丝下方设配光屏

当使用近光灯时，遮光罩能将近光灯丝射向反射镜下部的光线遮挡住，使其无法反射，提高防眩目效果，目前广泛使用，如图 5-9 所示。

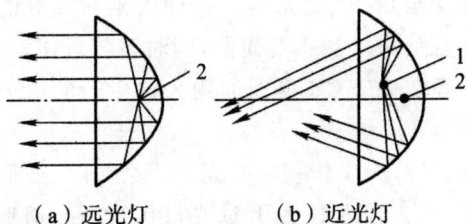

（a）远光灯　　　　（b）近光灯

1—近光灯丝；2—远光灯丝。

图 5-8　双丝灯泡的远、近光束

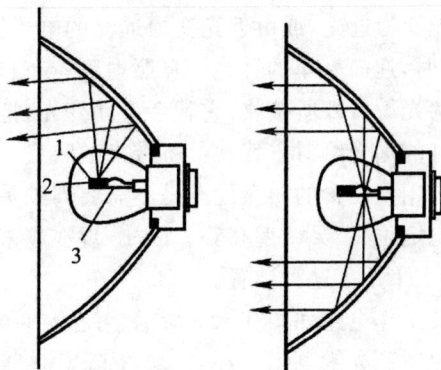

1—近光灯丝；2—遮光罩；3—远光灯丝。

图 5-9　带遮光罩的双丝灯泡

3. 采用非对称光制式防眩灯

这是一种新型的防眩目前照灯,安装时将遮光罩偏转一定的角度,使其近光的光形分布不对称,将近光灯右侧光线倾斜升高15°,如图5-10所示。

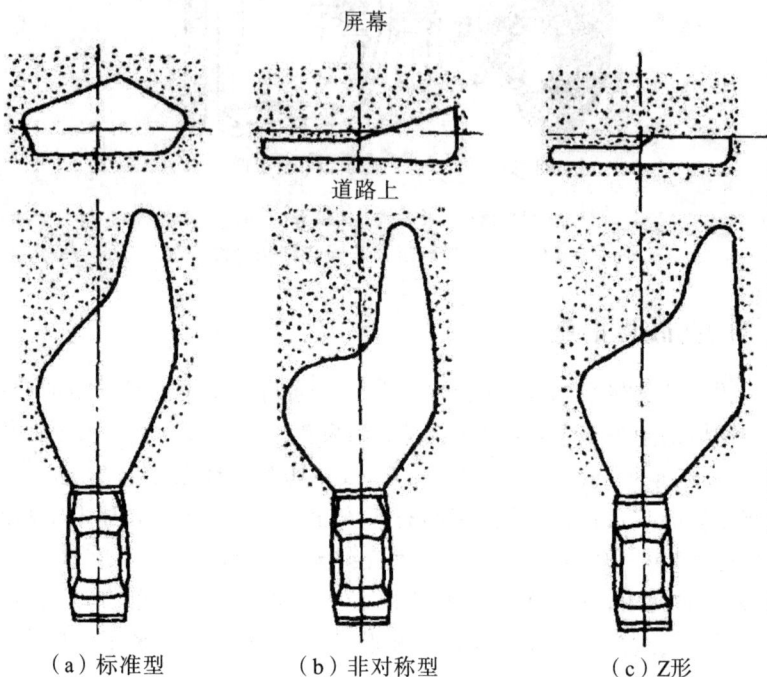

图5-10　前照灯配光光形

活动2　了解前照灯的控制

一、前照灯的电子控制装置

1. 前照灯会车自动变光器

汽车前照灯会车自动变光器,是一种在夜间行驶与对方来车交会过程中,能自动将前照灯的远光变为近光,或由近光变为远光的电子控制装置。汽车夜间行驶,一般两车相距约150~200m时,迎面来车的灯光一旦照射到本车自动变光器上,则对方来车的灯光信号被自动变光器上的光敏器件所接收,它就会自动变光,把前照灯原来的远光变为近光,从而有效地避免了前照灯的远光给对方驾驶员所带来的眩目。待两车交会后,该变光器又自动恢复前照灯的远光。采用该装置的明显优点是不需要驾驶员用脚反复踏踩机械式变光器,同时该装置体积小、性能稳定可靠、灵敏度高等。因此,现在越来越多的高级轿车(如美国通用公司生产的凯迪拉克车)上采用了这种装置。

其工作电路如图5-11所示。使用前照灯时,远光灯为工作初始状态。当会车时,迎面车灯光照射到光敏电阻上,R_1电阻下降,三极管导通使继电器动作,断开远光灯接线而接通近光灯,当会车过后,光敏电阻 R_1 上升,三极管截止使继电器断电,电路恢复为远光灯通电。

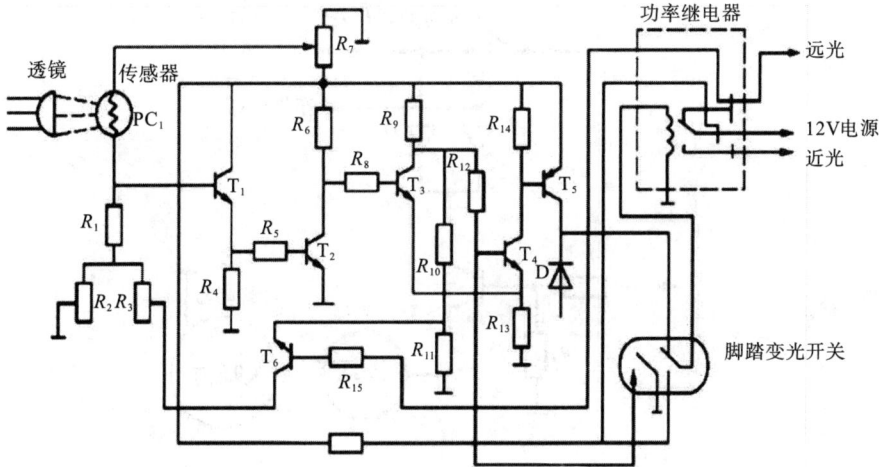

图 5-11　前照灯会车自动变光器电路

2. 前照灯延时控制

前照灯关闭自动延时器是一种自动关闭前照灯的控制装置,它主要是当汽车停驶后,为驾驶员下车离去时提供一段照明时间,以免摸黑离开车辆。

前照灯延时控制电路可使前照灯在电路切断后,仍继续照明一段时间后,再自动熄灭。利用晶闸管的通断来控制继电器动作,而晶闸管由电容电路控制通断。其电路如图 5-12 所示。

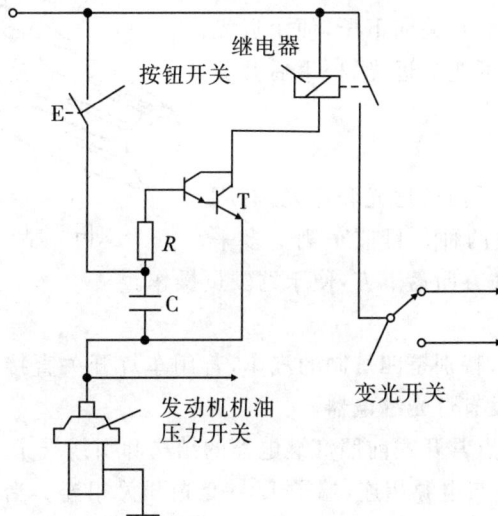

图 5-12　前照灯延时控制电路

3. 灯光提示警报及自动关闭系统

灯光提示警报及自动关闭系统的作用是:当点火开关关闭,但驾驶员忘记关闭灯光控制开关时,能够自动发出警报,警告驾驶员关闭前照灯和尾灯,或者自动关闭灯光,该系统的电路图如图 5-13 所示。

在点火开关断开而前照灯(或停车灯)仍然亮着的情况下,电流经二极管 D_1(或 D_2),使 T 产生基极电流而导通,蜂鸣器发出声音提醒驾驶员关灯;当接通点火开关时,T 的基极电位提高,T 截止,蜂鸣器不发出声音。

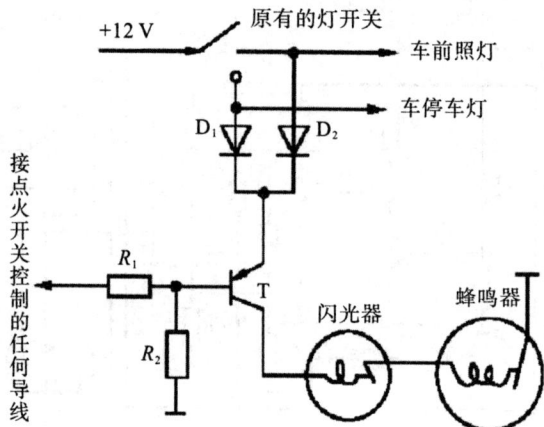

图 5-13　提醒关灯装置电路图

二、前照灯的电路组成

前照灯控制电路主要由灯光开关、变光开关、前照灯继电器及前照灯组成。

（1）灯光开关

灯光开关有拉钮式、旋转式、组合式等。

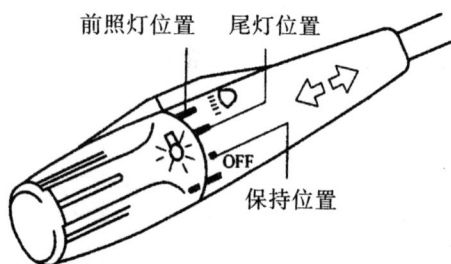

图 5-14　组合式灯光开关

组合开关如图 5-14 所示，转动开关端部，可依次接通尾灯和前照灯。将开关向下压，便由近光变远光；将开关向上扳，亦可变为远光，松手后开关自动弹回近光位置。

（2）变光开关

变光开关可以根据需要切换远光和近光，有脚踏变光开关和组合式开关两种。目前车辆上多采用组合式变光开关，安装在方向盘下方，便于驾驶员操作。

（3）前照灯继电器

前照灯的工作电流大，特别是四灯制的汽车，若用车灯开关直接控制前照灯，车灯开关易损坏，因此在灯光电路中设有灯光继电器。

如图 5-15 所示为触点常开式前照灯继电器的结构和引线端子。端子 SW 与前照灯开关相连，端子 E 搭铁，端子 B 与电源相连，端子 L 与变光开关相连。当接通前照灯开关后，继电器线圈通电，铁芯被磁化产生吸力，触点闭合，通过变光开关向前照灯供电。

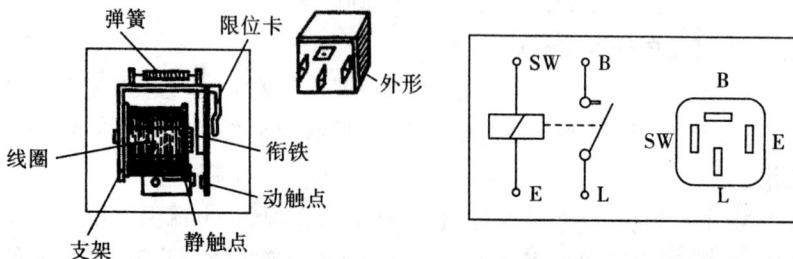

图 5-15　触点常开式前照灯继电器

活动 3　前照灯的检测与调整

前照灯应有足够的发光强度和正确的照射方向。但前照灯在使用过程中,会因灯泡老化、反射镜变暗、照射位置不正确而使前照灯的发光强度不足或照射位置不正确,影响汽车行驶速度和行车安全。因此必须对前照灯进行检测和调整。

前照灯检测的方法有屏幕检验法和仪器检验法。

一、屏幕检验法

屏幕检验法只能检测前照灯的光束位置,不能检测发光强度。具体的检测方法如下:

1)将汽车停在水平地面上,并且按规定充足轮胎气压,从车上卸下所有负载(只允许一名驾驶员在内);

2)在距汽车前照灯 10m 处(不同车型有不同的规定)设一屏幕(或利用白墙),在屏幕上画两条垂线(各线通过各前照灯的中心)和一条水平线 H(与前照灯的离地高度相等);

3)再画一条比 H 线低 D 的水平线与两条前照灯的垂直中心线分别相交于 a、b 两点。如图 5-16 所示。

起动发动机,使之以 2 000r/min 的转速旋转,即在蓄电池不放电的情况下点亮前照灯。先将一只灯遮住,检查另一只前照灯的光束是否对准 a 点或 b 点(光照中心)。

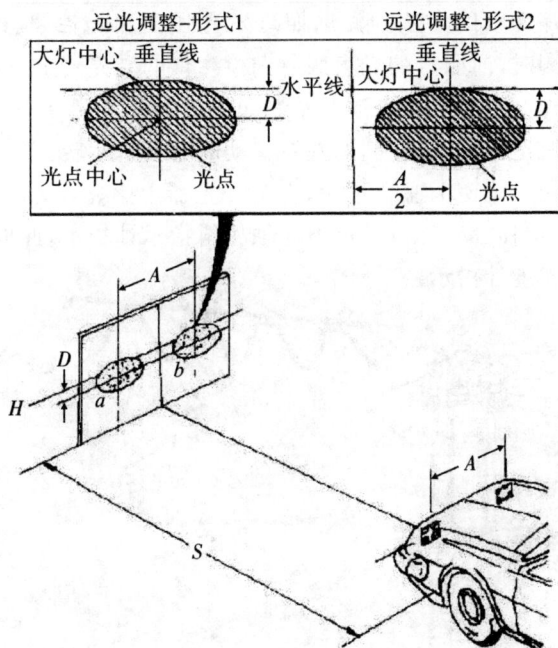

图 5-16　屏幕检测法

二、仪器检测法

仪器检测法不仅能检测前照灯的光束位置,还能检测前照灯的发光强度。按测量方法的不同,检测仪可分为聚光式、屏幕式、投影式、自动追踪光轴式和全自动式等。各类仪器使用方法虽各不相同,但检测原理大同小异。一般均采用能把吸收的光能变成电流的光电池作为传感器,按照前照灯主光束照射光电池产生电流的大小和比例,来测量前照灯发光强度和光轴偏斜量。

1. 聚光式前照灯检测仪

利用受光器的聚光透镜把前照灯的散射光束聚合起来,并导引到光电池的光照面上,根据其对光电池的照射强度,来检测前照灯的发光强度和光轴偏斜量。检测时,检测仪放在距前照灯前方1m处。

2. 屏幕式前照灯检测仪

在固定屏幕上装有可以左右移动的活动屏幕,在活动屏幕上装有能上下移动的内部带有光电池的受光器。前照灯的光束照射到屏幕上,检测发光强度和光轴偏斜量,通常测试距离为3m。

3. 投影式前照灯检测仪

采用把前照灯光束的影像映射到投影屏上,来检测发光强度和光轴偏斜量。检测时,测试距离一般为3m。

检测时,通过上下、左右移动受光器使光轴偏斜指示计指示为零,从而找到被测前照灯主光轴的方向,然后根据投影屏上前照灯光束影像的位置,即可得出主光轴的偏斜量,同时可从光度计的指示中读取发光强度。

4. 自动追踪光轴式前照灯检测仪

采用受光器自动追踪光轴的方法检测前照灯发光强度和光轴偏斜量,如图5-17所示。一般检测距离为3m,检测时,前照灯的光束照射到检测仪的受光器上。此时,若前照灯光束照射方向偏斜,则主、副受光器的上下光电池或左右光电池的受光量不等,由其电流的差值控制受光器上下移动的电动机运转,或使控制箱左右移动的电动机运转,并通过传动机构牵动受光器上下移动或驱动控制箱在轨道上左右移动,直至受光器上下、左右光电池受光量相等为止。在追踪光轴时,受光器的位移方向和位移量由光轴偏斜指示计指示,此即前照灯光束的偏斜方向、偏斜量、发光强度由光度计指示。

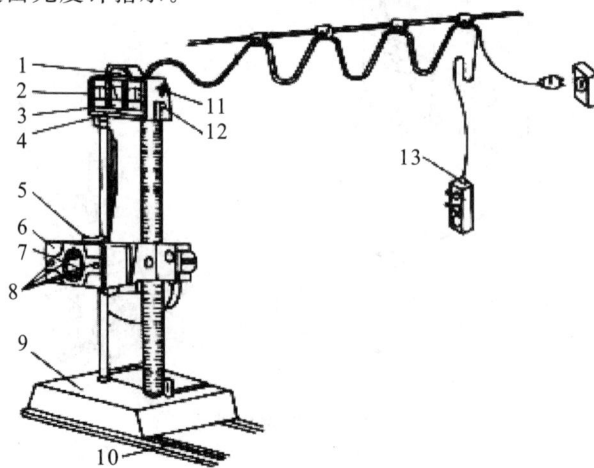

1—在用显示器;2—左右偏斜指示计;3—光度计;4—上下偏斜指示计;5—车辆摆正找准器;6—受光器;7—聚光透镜;8—光电池;9—控制箱;10—导轨;11—电源开关;12—熔丝;13—控制盒

图5-17 自动追踪光轴式前照灯检测仪

接通点火开关后,车灯开关1号接线柱通电,当灯开关置前照灯挡位时,1号线与2、4、5号接线柱通,此时灯光继电器线圈通电,使灯光继电器触点闭合,前照灯亮。此时可通过变光开关变换远、近光照明。

任务2　了解汽车信号系统

信号装置的作用是向他人或其他车辆发出警告和示意的信号。主要包括尾灯、示廓灯、挂车标志灯、转向信号灯、危险警告灯、制动信号灯、倒车信号灯、驻车灯及喇叭等。

活动1　认识转向信号灯及闪光器

转向信号灯的作用是指示车辆的转弯趋向,以引起交通民警、行人和其他驾驶员的注意,提高车辆行驶的安全性。当汽车转向灯同时闪烁时,表示车辆遇紧急情况,请求其他车辆避让。

转向信号电路主要由转向信号灯、闪光器、转向开关和转向指示灯组成。转向信号灯是通过转向灯的闪烁进行方向指示的。闪光器的作用就是控制转向灯电路的通断,实现转向灯的闪烁。转向灯闪光频率规定为1.5Hz,目前使用的闪光器主要有电热丝式、电容式、翼片式、水银式、晶体管式、集成电路式。由于电子式闪光器具有性能稳定、可靠性高、寿命长的特点,目前得到广泛应用。

一、热丝式闪光器

热丝式闪光器是利用镍铬丝的热胀冷缩特性接通或断开转向灯电路,从而实现转向信号灯及转向指示灯的闪烁。

如图5-18所示为热丝式闪光器的结构图。该闪光器主要由活动触点、感温镍铬电阻丝、固定触点、线圈、附加电阻等组成。闪光器串联在电源与转向灯开关之间,有两个接线柱,分别接电源和转向开关。

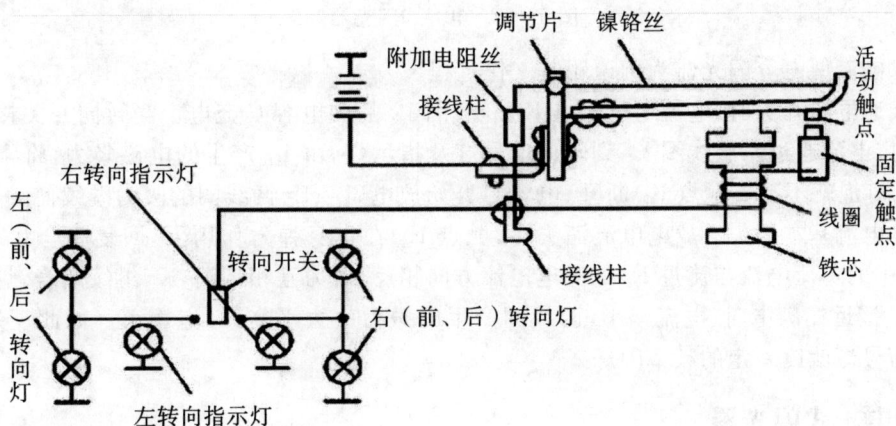

图5-18　热丝式闪光器的结构图

当转向开关处于断开状态时,活动触点在感温镍铬丝(电加热丝)的拉力作用下处于张开状态,转向灯不通电,灯不亮。

当汽车转向时,拨动转向开关向欲转向一侧,如转向开关接通左转向瞬间,触点处于张开状态,电流经蓄电池"+"→附加电阻→加热丝→上触点臂→接线柱→转向开关→左转向灯→搭铁→蓄电池"-"。由于附加电阻和电加热丝串联在回路中,使电流较小,故转向灯不亮。

经短时间的通电,电热丝发热膨胀,触点闭合。触点闭合后,电流经蓄电池"+"→接线柱→触点→电磁线圈→弹簧片→接线柱→转向开关→左转向灯→搭铁→蓄电池"-",构成回路。此时,附加电阻和电热丝被短路,且线圈中产生的电磁吸力使触点闭合得更紧,电路中电阻小,电流大,转向灯发出较强的光。

此时,由于无电流流经电热丝而使其冷却收缩,双打开触点,附加电阻和电热丝重新串入电路,灯光变暗。如此反复,转向灯明暗交替,示意行驶方向。

二、电容式闪光器

如图 5-19(a)所示为电流型,衔铁线圈与转向灯泡串联工作;如图 5-19(b)所示为电压型,闪光器的衔铁线圈与转向信号灯并联。

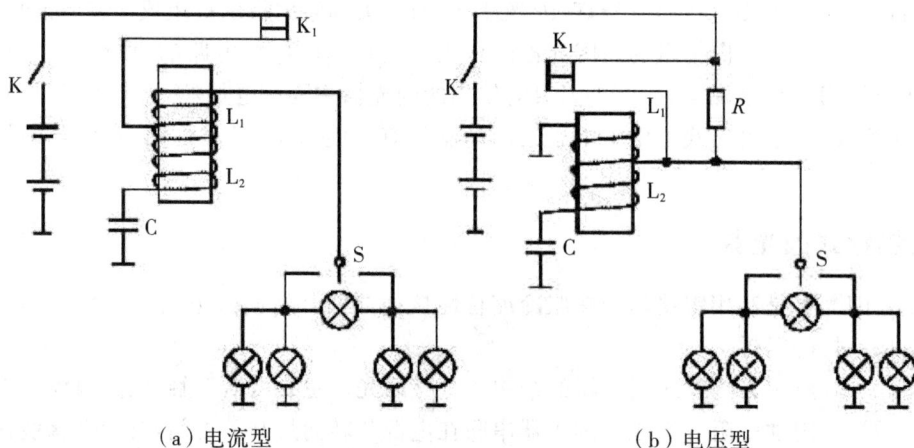

（a）电流型　　　　　　　　　　（b）电压型

图 5-19　电容式闪光器

现以电流型电容闪光器为例说明其工作过程。

当接通电源开关时,电流通过触点 K_1 经线圈 L_2 后向电容 C 充电。当转向开关接通转向信号灯时,电流通过串联线圈 L_1 到转向信号灯及指示灯,由 L_1 产生的电磁吸力,将常闭触点 K_1 打开,灯泡就不亮。触点 K_1 断开,电容 C 开始放电,L_1、L_2 两线圈的吸力继续使触点断开,直至放电电流基本消失。放电电流消失后,触点 K_1 在本身弹力作用下,回复闭合状态,此时流过 L_1 中的负荷电流与流过 L_2 的充电电流方向相反,磁力互相抵消,K_1 继续闭合,灯泡继续亮。当 C 接近充满电时,电流减小,两线圈产生的磁力失去平衡,灯泡熄灭。如此反复工作,故转向信号灯就以一定的频率闪烁。

三、电子式闪光器

电子式闪光器可分为触点式(带继电器)和无触点式(不带继电器)。

如图 5-20 所示为带继电器触点式晶体管闪光器。当接通电源开关和转向灯开关后,转向灯开关闭合,电流经蓄电池"+"→电源开关 SW →接线柱 B →电阻 R_1 →继电器 J 常闭触点→接线柱 S→转向开关→转向灯及转向指示灯→搭铁→蓄电池负极,转向灯亮。

转向开关闭合,加在三极管上的电压为正向电压,三极管导通。电流流经三极管的集电极与发射极、继电器线圈搭铁。继电器线圈通电,常闭触点由闭合状态变为断开状态,转向灯处于暗的状态。

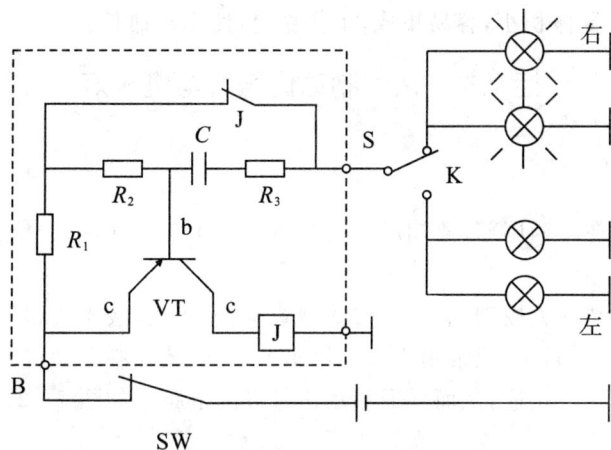

图 5-20　带继电器触点式晶体管闪光器

与此同时,蓄电池经电阻三极管基极向电容充电。电流流向为蓄电池"＋"→电源开关→接线柱 B→三极管的发射极→电容器→电阻 R_3→接线柱→转向开关→右转向灯。电容充满电后,三极管的基极电位升高,则三极管截止,继电器断电,触点又变为闭合,转向灯重新点亮。

即继电器的触点闭合时,转向灯亮,触点断开时,转向灯熄灭,而触点的闭合与否取决于三极管的导通状态,电容 C 的充放电使三极管反复导通和截止,由此使得触点时通、时断,转向灯闪烁发光。

如图 5-21 所示为不带继电器无触点式晶体管闪光器。

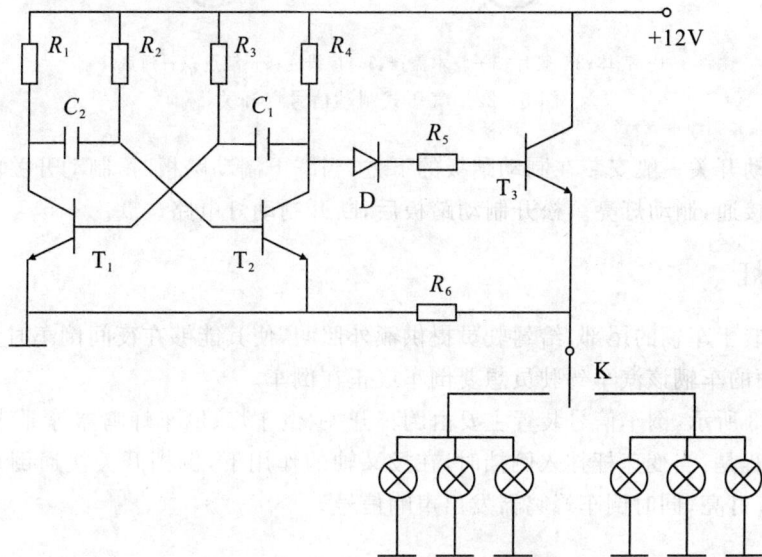

图 5-21　不带继电器无触点式晶体管闪光器

不带继电器无触点式晶体管闪光器是以晶体管为主体组成的无稳多谐振荡器。它由三极管 T_1、T_2，电阻 R_1、R_2、R_3、R_4，电容 C_1、C_2 组成无稳多谐振器，三极管 T_3 起开关作用。

当汽车转变时，只要接通转向灯开关 K，闪光器就会以一定的频率控制转向灯闪光。其闪光频率由 C_1、R_2、C_2、R_3 决定，通常 $C_1=C_2$，$R_2=R_3$，闪光频率一般为 60～70 次/分，亮灭时间比为 1:1。这种闪光器体积小，容易集成，工作稳定，使用寿命长。

活动 2　认识制动信号灯与倒车灯

一、制动信号灯

制动信号灯安装在车辆尾部，通知后面的车辆该车正在制动，以避免后面的车辆与其后部相撞。

制动信号灯由制动开关控制，制动开关的型式有：气压式、液压式和机械式。

气压式和液压式制动开关通常用于载货汽车上，一般装在制动管路中，利用管路中的气压或液压使开关中两接线柱相连，从而导通制动信号灯的电路。如图 5-22 所示。

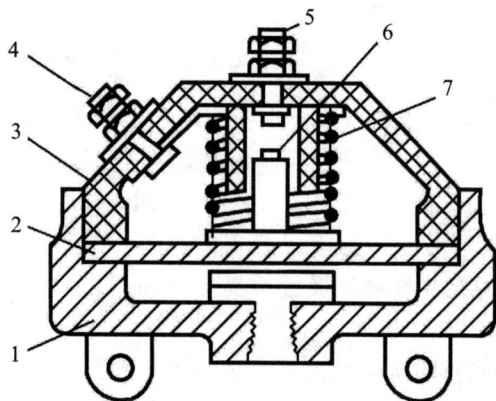

1—壳体；2—膜片；3—胶木盖；4、5—接线柱；6—触点；7—弹簧。

图 5-22　气压式制动信号灯开关

机械式制动开关一般安装在制动踏板的下方，当踩下制动踏板时，制动开关内的活动触点使两个接线柱接通，制动灯亮。松开制动踏板后，断开制动灯电路。

二、倒车灯

倒车灯安装于车辆的尾部，给驾驶员提供额外照明，使其能够在夜间倒车时看清汽车的后部，也警告后面的车辆该汽车驾驶员想要倒车或正在倒车。

如图 5-23 所示，倒车信号装置主要由倒车开关、倒车灯、倒车蜂鸣器等部件组成。

其工作过程是：当变速杆挂入倒挡时，在拨叉轴的作用下，倒挡开关接通倒车报警器和倒车灯电路，倒车灯亮，同时倒车蜂鸣器发出声响信号。

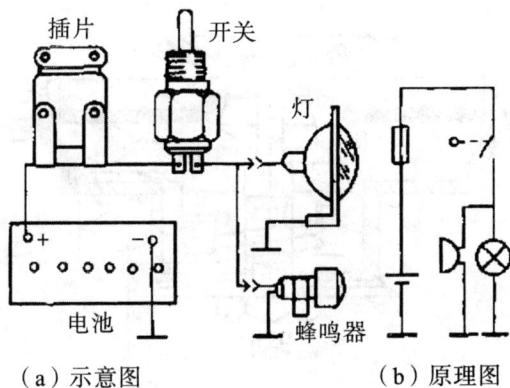

（a）示意图　　　　　　（b）原理图

图 5-23　倒车信号装置

活动 3　认识喇叭

汽车上都装有喇叭,用来警告行人和其他车辆,以引起注意,保证行车安全。按发音动力的不同分为气喇叭和电喇叭;按外形不同分为有螺旋形、盆形、筒形,如图 5-24 所示;按声频高低可分为高音和低音。

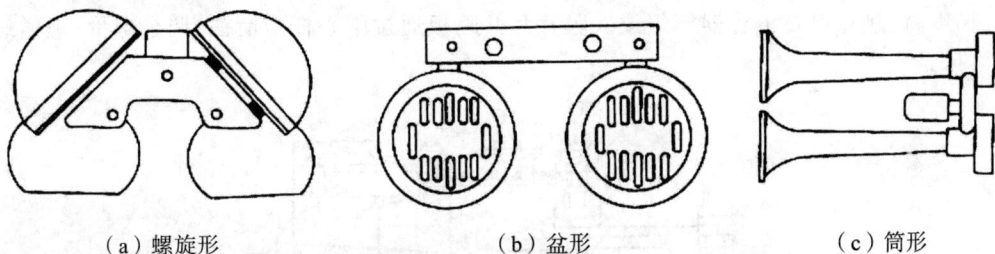

（a）螺旋形　　　　　　　　（b）盆形　　　　　　　　（c）筒形

图 5-24　喇叭外形

一、盆形电喇叭

如图 5-25 所示为盆形电喇叭的结构,膜片、共鸣板、衔铁、上铁芯刚性相连为一体。当上铁芯被吸下时,膜片被拉动产生变形,进而产生声音。

线圈绕在下铁芯上,通电时产生磁场,吸引上铁芯下移。线圈一端接铁,另一端接触点的活动触点臂;触点为常闭触点,固定触点臂经导线接喇叭继电器、活动触点臂与上铁芯相接。铁芯与活动触点臂之间设有绝缘片,铁芯可以旋入和旋出,它与上铁芯之间有气隙,改变气隙大小可改变音调。调整螺钉用于调整音量。

其工作过程如下:按下喇叭按钮,电流经蓄电池"＋"→线圈→活动触点臂→固定触点臂→喇叭按钮→蓄电池"－"。线圈通电产生磁场,铁芯被磁化,吸引上铁芯下移,膜片被拉动,产生响声。由于上铁芯下移,压迫活动触点臂,使触点张开,线圈断电,磁场消失,衔铁连同膜片回位,于是膜片产生第二次声响,如此周而复始。

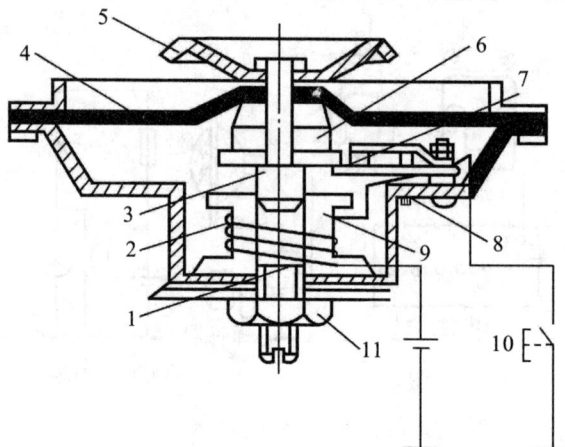

1—下铁芯；2—线圈；3—上铁芯；4—膜片；5—共鸣板；6—衔铁；
7—触点；8—调整螺钉；9—电磁铁芯；10—按钮；11—锁紧螺母。

图 5-25　盆形电喇叭结构

二、筒形、螺旋形电喇叭

如图 5-26 所示为筒形、螺旋形电喇叭的结构。它主要由膜片、共鸣板、山形铁芯、线圈、衔铁、扬声筒、触点以及电容器等组成。膜片和共鸣板通过中心杆与衔铁、调整螺母、锁紧螺母连成一体。

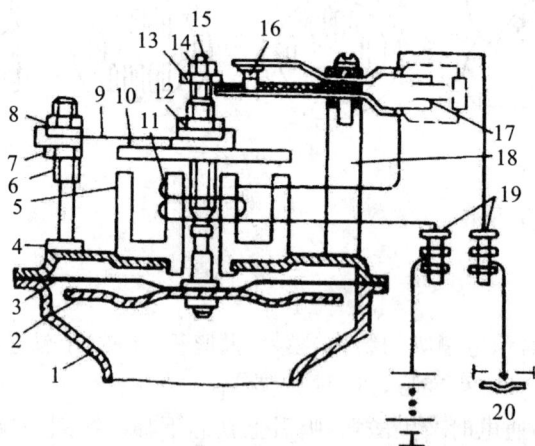

1—扬声器；2—共鸣板；3—膜片；4—底板；5—山形铁芯；6—线螺柱；7、13—调整螺
钉；8、14—锁紧螺母；9—弹簧片；10—衔铁；11—线圈；12—锁紧螺母；15—中心杆；
16—触点；17—电容器；18—导线；19—接线柱；20—按钮。

图 5-26　筒形、螺旋形电喇叭的结构

其工作过程如下：

按钮闭合，电流经蓄电池"＋"→线圈→活动触点臂→触点→固定触点臂→按钮→搭铁→蓄电池负极。线圈通电，铁芯产生吸力，吸引衔铁下移，膜片向下拱曲变形，与膜片一体的调整螺钉压下活动触点臂，触点张开，线圈断电，吸力消失。则膜片恢复原状，触点闭合。线圈再次通电产生吸力,膜片再次变形。

膜片单位时间内变形的次数增大到一定值,则成为振动,由此产生声音。

三、喇叭继电器

为了得到更加悦耳的声音,在汽车上常装有两个不同音调(高、低音)的喇叭。其中高音喇叭膜片厚,扬声筒短,低音喇叭则相反。有时甚至用三个(高、中、低)不同音调的喇叭。装用单只喇叭时,喇叭电流是直接由按钮控制的,按钮大多装在转向盘的中心。当汽车装用双喇叭时,因为消耗电流较大(喇叭继电器15~20A),用按钮直接控制时按钮容易烧坏,为了避免这个缺点采用喇叭继电器。

喇叭继电器的结构和接线方法如图5-27所示。

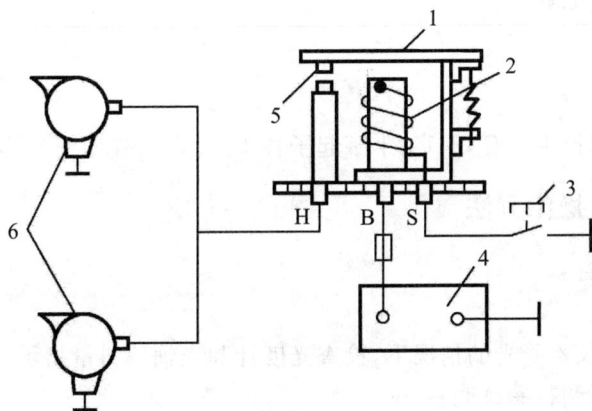

1—触点臂;2—线圈;3—电喇叭按钮;4—蓄电池;5—触点;6—电喇叭。

图 5-27　喇叭继电器的结构和接线方法

本章小结

1)照明系统包括前照灯、雾灯、牌照灯、仪表灯、顶灯、工作灯等。

2)前照灯主要由灯泡、反射镜和配光镜三部分组成。

3)信号系统主要包括尾灯、示廓灯、挂车标志灯、转向信号灯、危险警告灯、制动信号灯、倒车信号灯、驻车灯及喇叭等。

4)转向信号电路主要由转向信号灯、闪光器、转向开关和转向指示灯组成。转向信号灯是通过转向灯的闪烁进行方向指示的。

5)制动信号灯由制动开关控制,制动开关的型式有:气压式、液压式和机械式。

6)倒车信号装置主要由倒车开关、倒车灯、倒车蜂鸣器等部件组成。

7)当汽车装用双喇叭时,因为消耗电流较大(15~20A),用按钮直接控制时按钮容易烧坏,为了避免这个缺点采用喇叭继电器。

实训项目　前照灯的检查与调整

一、实训目的与要求

1)掌握检测前照灯的光束照射位置(光轴偏斜量)和发光强度的方法;
2)正确进行前照灯光束照射位置(光轴偏斜量)的调整。

二、实训设备及器材

1)汽车1辆;
2)前照灯检测仪1台;
3)开口扳手、梅花扳手1套,一字、十字起子各1个。

三、实训步骤及操作方法

(一)检测前的准备
1. 检测仪准备

1)在前照灯检测仪不受光的情况下,检查光度计和光轴偏斜量指示计是否对准机械零点。若指针失准,可用零点调整螺钉调整。
2)检查聚光透镜和反射镜的镜面上有无污物,若有,可用柔软的布或镜头纸等擦拭干净。
3)检查水准器的技术状况。若水准器无气泡,应进行修理,若气泡不在红线框内时,可用水准器调节器或垫片进行调整。
4)检查导轨是否沾有泥土等杂物,若有,应扫除干净。

2. 车辆准备

1)清除前照灯上的污垢;
2)轮胎气压应符合汽车制造厂的规定;
3)汽车蓄电池应处于充足电状态。

(二)前照灯的检测

1)将被检汽车尽可能地与前照灯检测仪的轨道保持垂直方向驶近检测仪,直至前照灯与检测仪受光器之间达到规定的检测距离(3m、1m、0.5m或0.3m)。
2)用车辆摆正找准器使检测仪与被检汽车对正。
3)开亮前照灯,用前照灯照准器使检测仪与被检前照灯对正。
4)检测光束照射位置(光轴偏斜量)和发光强度。

①对于聚光式前照灯检测仪,将"光度·光轴"转换开关旋至光轴一侧,转动上下和左右光轴刻度盘,使上下偏斜指示计和左右偏斜指示计的指示为0。此时,上下光轴刻度盘和左右光轴刻度盘的指示值即为光轴偏斜量,如图5-28所示。将"光度·光轴"转换开关旋至光度一侧,光度计的指示值即为发光强度。

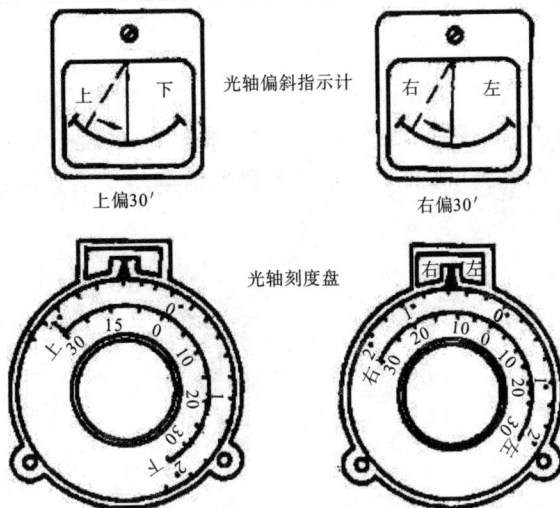

图 5-28 聚光式前照灯检测仪测光轴偏斜量

②对于屏幕式前照灯检测仪,要使固定屏幕上左右光轴刻度尺的零点与活动屏幕上的基准指针对正。左右和上下移动受光器,使光度计的指示值达到最大。此时,根据受光器上的基准指针所指活动屏幕上的上下刻度值和活动屏幕上的基准指针所指固定屏幕上的左右刻度值,即可得出光轴偏斜量。根据此时光度计上的指示值,即可得出发光强度。

③对于投影式前照灯检测仪,要使光轴偏斜指示计的指示值为零,根据投影屏上前照灯影像中心所示的刻度值,即可读出光轴的偏斜量。如果这种检测仪设有光轴刻度盘,则要转动光轴刻度盘,使投影屏上的坐标原点与前照灯影像中心重合,读取此时光轴刻度盘上的指示值,即为光轴偏斜量。根据此时光度计上的指示值,即可得出发光强度。

④对于自动追踪光轴式前照灯检测仪,只要按下控制盒上的测量开关,受光器立即追踪前照灯光轴,根据光轴偏斜指示计和光度计上的指示值,即可获得光轴偏斜量和发光强度。

5)用同样方法分别检测两只前照灯的近光、远光光束照射位置和发光强度。

6)检测结束,前照灯检测仪沿轨道退回护栏内,汽车驶出。

(三)前照灯的调整

如前照灯光束照射位置不正确,应按厂家规定的方法予以正确调整,使之符合技术标准。调整部位一般分为外侧调整式和内侧调整式两种,如图 5-29 所示。

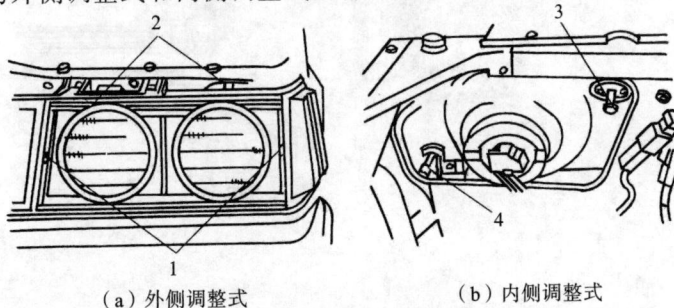

（a）外侧调整式　　　　　　（b）内侧调整式

1—左右调整螺钉;2—上下调整螺钉;3—左右调整螺钉;4—上下调整螺钉。

图 5-29 前照灯的调整部位

四、注意事项

1)使用前照灯检测仪时,应按规程进行操作,最好参阅其使用说明书。

2)调整前照灯光束照射位置时,最好参阅具体检测车型的维修手册。

3)不同型号的前照灯检测仪,检测发光强度和光轴偏斜量的方法也不完全相同,因此,在调整前还应详细阅读说明书。

项目六　汽车仪表与报警装置

【项目要求与能力目标】

❖ 掌握汽车各种仪表的结构与工作原理；

❖ 掌握汽车各种报警装置的工作原理；

❖ 掌握电子显示系统的种类与工作原理；

❖ 掌握仪表与报警系统的电路特点与分析方法；

❖ 掌握仪表与报警装置的故障诊断方法。

任务1　认识汽车仪表

汽车上常见的仪表有电流表、电压表、机油压力表、燃油表、冷却液温度表、车速里程表和转速表等。这些仪表在汽车上的安装形式有两种：一种是分体式结构，一种是组合式结构。采用组合式结构是目前汽车最为常见的形式，组合式仪表如图6-1所示。

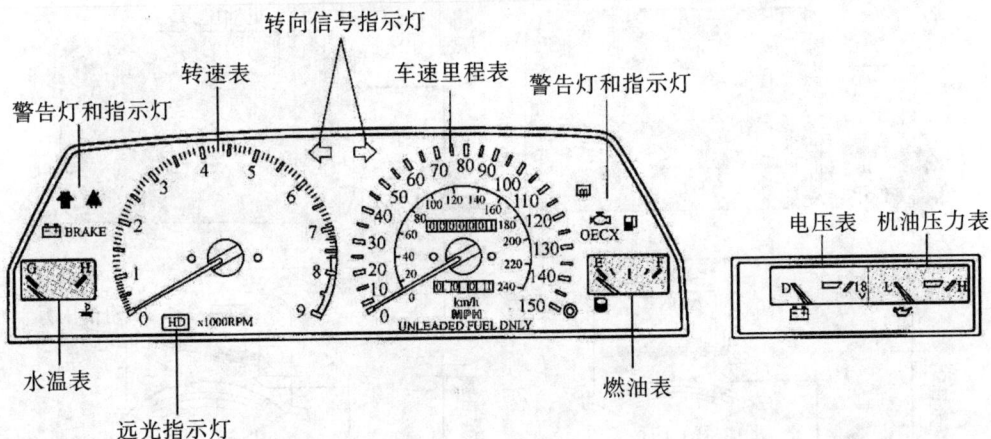

图6-1　组合式仪表

汽车上大多仪表(如燃油表、冷却液温度表和机油压力表)，虽然测量的参数不同，但均由指示表和传感器两部分组成。指示表在结构上分为电热式和电磁式两种，传感器分为电热式和可变电阻式两种。指示表和传感器的配合类型如下：①电热式指示表＋电热式传感器；②电磁式指示表＋可变电阻式传感器；③电热式指示表＋可变电阻式传感器。所以在认识仪表结构与原理的时候要注意它们之间的联系与区别。

任务2　常见仪表的结构认识及原理分析

1. 机油压力表

机油压力表用来检测和显示发动机主油道的机油压力的大小和发动机润滑系的工作情况,以防因缺机油而造成拉缸、烧瓦的重大故障。它由装在仪表板上的油压指示表和装在发动机主油道中或粗滤器上的传感器两部分组成,两者用导线相连。

常用的机油压力表是电热式机油压力指示表配合双金属片式机油压力传感器和电磁式机油压力指示表配合可变电阻式机油压力传感器。

(1)电热式机油压力表配合电热式机油压力传感器

如图6-2为电热式机油压力表配合电热式机油压力传感器的原理图,当无机油压力时,如图6-2(a)所示,传感器中的双金属元件上的触点断开,此时接通点火开关,也无电流经过触点,故指针保持在0位不动。当机油压力低时,膜片会推动触点而产生轻微接触,极弱的电流便可使传感器的双金属元件发生翘曲而断开触点,显示器的双金属元件的温度便不会上升,只会轻微翘曲,结果指针偏转量很微小。当机油压力高时,此时膜片会强力推动触点,使双金属元件与触点的接触压力增大,要通过很强的电流才能断开,所以整个线路的平均电流增大,使显示器的双金属元件的温度上升,翘曲度增大,从而带动指针大幅度偏转,如图6-2(b)所示。

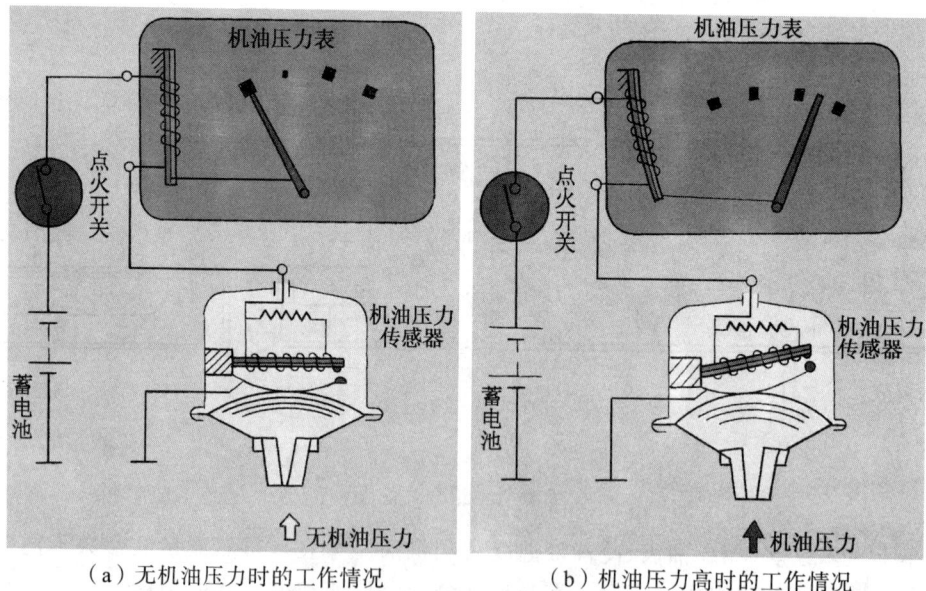

（a）无机油压力时的工作情况　　　　（b）机油压力高时的工作情况

图6-2　电热式机油压力表原理图

(2)电磁式机油压力表配合可变电阻式机油压力传感器

电磁式机油压表配合可变电阻式机油压力传感器的基本结构及原理如图6-3所示。

当油压降低时,传感器5的电阻值增大,线圈L_1中的电流减小,线圈L_2中的电流增大,转子带动指针随着合成磁场的方向逆时针转动,指向低油压;当油压升高时,传感器的电阻值减小,线圈L_1中的电流增大,线圈L_2中的电流减小,转子带动指针随着合成磁场的方向顺时针转动,指向高油压。

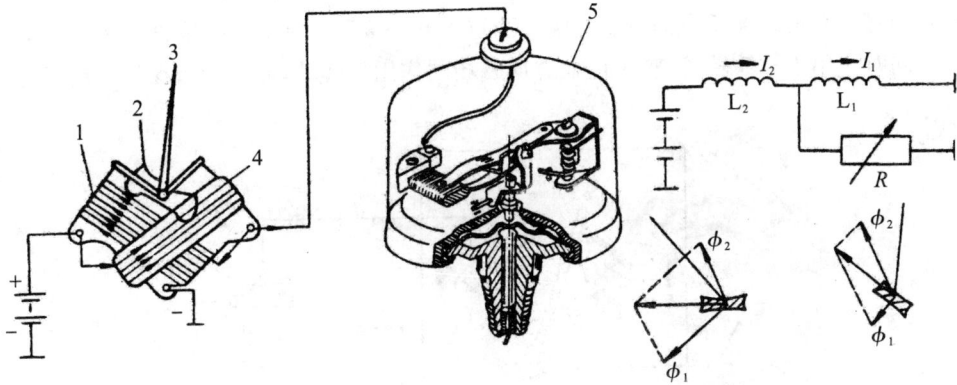

1—L₁线圈;2—铁磁转子;3—指针;4—L₂线圈;5—可变电阻式机油压力传感器。

图6-3 电磁式机油压力表与可变电阻式机油压力传感器结构及原理

2. 冷却液温度表

冷却液温度表用来显示发动机冷却水套中的冷却液温度。由冷却液温度表和冷却液温度表传感器两部分组成,冷却液温度表安装在组合仪表内,水温传感器安装在发动机气缸盖的冷却水套上。

(1)电热式冷却液温度表

电热式冷却液温度表如图6-4所示,当电路接通,水温不高时,双金属片需经较长时间的加热,才能使触点分开。触点打开后,由于四周温度低,散热快,双金属片迅速冷却又使触点闭合。所以水温低时,触点在闭合时间长而断开时间短的状态下工作,使流过冷却液温度表加热线圈中的电流平均值增大,双金属片变形大,带动指针向右偏转,指示低的水温。当水温高时,双金属片周围温度高,触点的闭合时间短而断开时间长,流过冷却液温度表加热线圈的电流平均值小,双金属片变形小,指针向右偏转角小而指示高的水温。

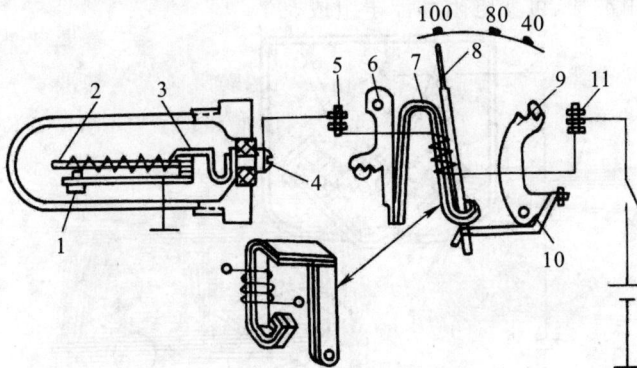

1—固定触点;2—双金属片;3—连接片;4—冷却液温度传感器接线柱;5、11—冷却液温度表接线柱;6、9—调节齿扇;7—双金属片;8—指针;10—弹簧片。

图6-4 电热式冷却液温度表与电热式水温传感器的工作原理

117

（2）电磁式冷却液温度表

电磁式冷却液温度表的结构如图 6-5 所示，它主要由电磁式水温指示表和热敏电阻式传感器组成，此传感器为负温度系数的热敏电阻。当点火开关置于 ON 时，左、右两线圈通电，各形成一个磁场，同时作用于软铁转子，转子便在合成磁场的作用下转动，使指针指在某一刻度上。

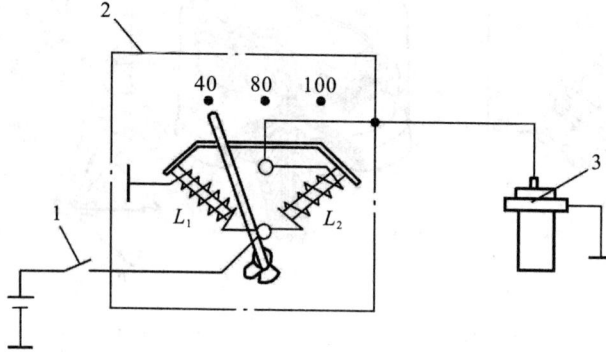

1—点火开关；2—冷却液温度表；3—冷却液温度传感器。

图 6-5　电磁式冷却液温度表的结构原理

当冷却液温度降低时，传感器热敏电阻阻值增大，线圈中电流变小，合成磁场逆时针转动，使指针指在低温处；反之，当冷却液温度升高时，传感器热敏电阻阻值减小，线圈中电流增大，合成磁场顺时针转动，使指针指在高温处。

3. 燃油表

燃油表用来指示汽车燃油箱内储存燃油量的多少，它由装在仪表板上的燃油指示表和装在燃油箱内的传感器两部分组成。燃油表的类型有：电热式、电磁式和电子式。

（1）电磁式燃油表

电磁式燃油表的结构原理如图 6-6 所示。它的两个线圈互相垂直地绕在一个矩形塑料架上，塑料套筒轴承和金属轴穿过交叉线圈，金属轴上装有永久磁铁转子，转子上连有指针。可变电阻式传感器由滑片、可变电阻和浮子组成。

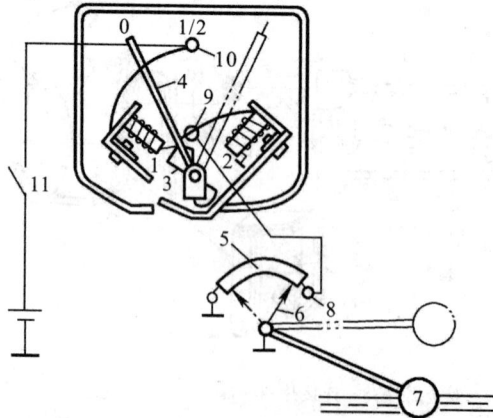

1—左线圈；2—右线圈；3—转子；4—指针；5—可变电阻；6—滑片；7—浮子；8—传感器接线柱；9、10—燃油表接线柱；11—点火开关。

图 6-6　电磁式燃油表的结构原理

工作原理：

当油箱无油时，线圈 2 短路，线圈 1 中的电流达到最大，产生的电磁吸力最强，吸引转子使指针指向"0"的位置。

当油箱中的燃油增加时，可变电阻的阻值变大，使线圈 2 中的电流增加，而线圈 1 中的电流减小，在线圈 1 和线圈 2 的合成磁场作用下，转子带动指针向右偏转，指针指向高刻度位置。

当油箱装满油时，线圈 2 的电磁力最大，指针指向"1"的位置，当油箱中油为半箱时，指针指向"1/2"的位置。

（2）电子燃油表

电子燃油表如图 6-7 所示，电路由两块 IC 电压比较器及相关电路、发光二极管显示器、浮筒传感器三大部分组成。R_x 是传感器的可变电阻，电阻 R_{15} 和二极管 VD_8 组成稳压电路，给 IC_1、IC_2 两块电压比较器反向输入端提供基准电压信号。电容 C 和电阻 R_{16} 组成延时电路，接到电压比较器的同向输入端，R_x 产生的变化电压信号经延时后与基准电压信号进行比较放大。

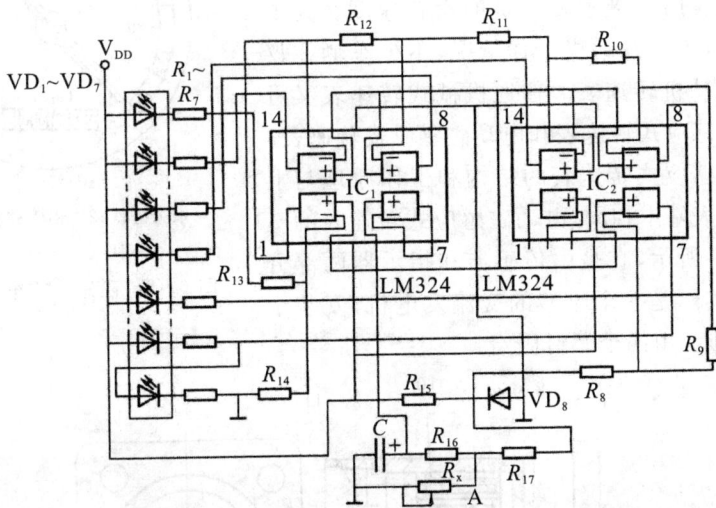

图 6-7　电子式燃油表电路原理

当油箱内燃油加满时，R_x 阻值最小，A 点电位最低，IC_1、IC_2 两块电压比较器输出为低电平，6 只绿色发光二极管全部点亮，而红色发光二极管 VD_1 熄灭，表示油箱已满。

当油箱内的燃油量逐渐减少时，R_x 阻值逐渐增大，A 点电位逐渐增高，绿色发光二极管 VD_7、VD_6、VD_5…VD_2 依次熄灭。燃油量越少，绿色发光二极管亮的个数越少。

当油箱内燃油用完时，R_x 的阻值最大，A 点电位最高，IC_1、IC_2 两块电压比较器输出为高电平，6 只绿色发光二极管全部熄灭，而红色发光二极管 VD_1 亮，表示油箱无油。

4. 车速里程表

车速里程表是用来指示汽车行驶速度和累计行驶里程的仪表，由车速表和里程表两部分组成，普通车速表一般为磁感应式和电子式。

图 6-8 所示为磁感应式车速里程表。它主要由永久磁铁、铝罩、护罩、刻度盘和表针等组成，永久磁铁与主动轴紧固在一起，主动轴由来自变速器输出轴的挠性软轴驱动，指针、铝罩固接在中心轴上，刻度盘固定在表外壳上。不工作时，铝罩在游丝的作用下使指针位于"0"位。

当汽车行驶时,软轴驱动主动轴带动"U"形永久磁铁旋转,在铝罩上感应出电涡流而产生磁场,这个磁场与永久磁铁的旋转磁场相互作用产生扭矩,使铝罩向永久磁铁旋转方向转过一定角度,直到由游丝的弹力所产生的反方向扭矩与之平衡。车速越高,产生的扭矩越大,指针在刻度盘上摆动的角度就越大,即指示的车速越高。

里程表主要由蜗轮蜗杆和数字轮组成,当汽车行驶时,主动轴经三对蜗轮蜗杆驱动数字轮上的最右侧的第一个数字轮(一般为 1/10km),任一个数字轮与左侧相邻的数字轮传动比都为 10∶1,这样显示的数字呈十进位递增,便自动累积了汽车总的行驶里程。

5. 发动机转速表

发动机转速表用于指示发动机的运转速度。为了检查调整发动机,监视发动机工作情况,不少车辆在仪表板上都装有发动机转速表。普通机械式转速表又可分为机械传动磁感应式转速表和电动磁感应式转速表。

机械传动磁感应式转速表的结构和工作原理与上述磁感应式车速表基本相同,电动磁感应式转速表的基本结构如图 6-9 所示,它是由传感器和指示器两部分组成的,传感器实际是一个小型的交流发电机,安装于发电机皮带轮附近,由四个螺钉固定。

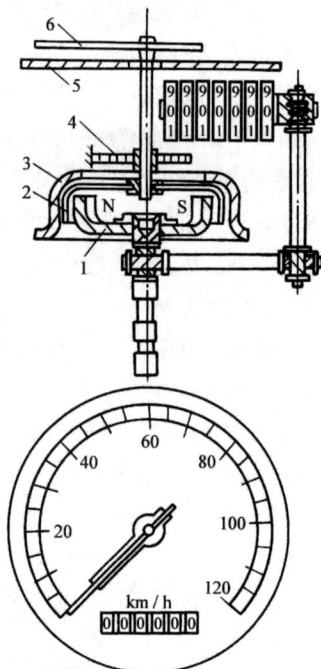

1—永久磁铁;2—铝碗;3—罩壳;4—盘形弹簧;5—刻度盘;6—指针。

图 6-8 磁感应式车速里程表结构

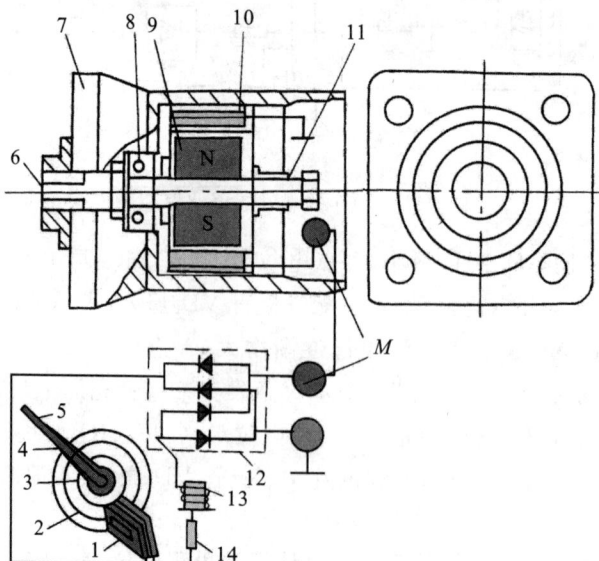

1—动圈;2—永久磁铁;3—游丝;4—配重;5—指针;6—传感器扁形轴;7—外壳;8—线圈固定罩;9—旋转永久磁铁;10—输出线圈;11—轴承座;12—整流器;13—电阻 R_1(200Ω);14—电阻 R_2(300Ω)。

图 6-9 电动磁感应式转速表结构

当发动机工作时,发动机的传动机构带动传感器扁形轴转动,与轴相连的永久磁铁随之转动,使磁力线切割线圈而产生交流电。电压高低随转速快慢而变化,通过整流器转化为直流电,再经绕线电阻和碳电阻输入动圈,此时动圈所产生的磁场与永久磁场相互作用,其结果使动圈偏转。发动机转速越快,传感器输出的电压也就越大,使动圈的输入电压变大,动圈偏转的幅度越大,指针的偏转角度也越大。

任务3 认识常用报警装置

为了指示汽车某系统的工作状况、引起车外行人及车辆或本车驾驶员的注意,保证行车安全,防止事故发生所设置的灯光或声音信号装置称为报警装置。

报警装置一般由传感器和报警灯组成。报警信号系统通常由报警灯和报警自动开关组成,当被监测的系统不正常时,开关自动接通,指示灯自动发亮,提醒驾驶员注意,如机油压力过高或过低报警、制动液压力不足报警、真空度过低报警、水温过高报警、燃油不足报警等。

报警灯一般安装在驾驶室内仪表盘上,在灯泡前有滤光片,以使灯泡发出黄光或红光,滤光片上一般标有符号,以示出报警项目。报警灯一般与报警开关串联后接在电路中。报警开关有很多种,其共同特点是有一对受工作物质操纵的触点开关。如:机油压力报警灯用于提醒驾驶员注意发动机的机油压力异常,机油压力报警开关一般装在主油道上;燃油报警灯用于指示燃油剩余量不足,燃油油量报警传感器(一般为负温度系数的热敏电阻)浸没在燃油中。

任务4 常用报警装置结构认识及原理分析

1. 蓄电池液面过低报警装置

如图 6-10 所示为蓄电池液面过低报警装置原理图,它由铅棒和加液塞构成的传感器、T_1、T_2 构成的放大器、发光二极管构成的报警灯等组成。传感器安装在蓄电池单格内(一般为

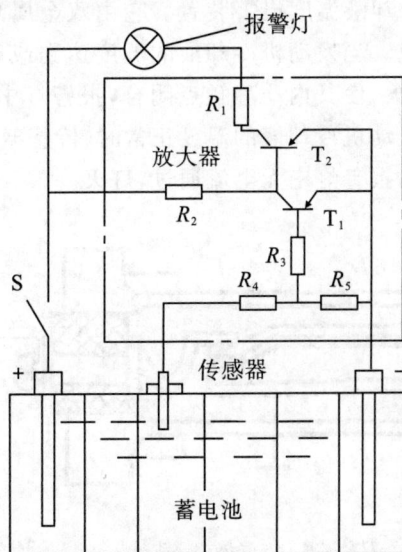

图 6-10 蓄电池液面过低报警装置原理图

正极侧第三格）。当电解液液面高度为 10～15mm 时,铅棒与电解液化学反应后,产生的电动势(约为 +8V)使 T_1 导通,T_2 因无正偏压而截止,报警灯中无电流通过而不亮。当电解液液面低于 10mm 时,铅棒无法与电解液接触,电动势为零,故 T_1 截止,T_2 得到正偏压而导通。报警灯中有电流通过,报警灯亮,从而提醒驾驶员补充蒸馏水。

2. 机油压力报警装置

机油压力报警装置有膜片式和弹簧管式两种,图 6 - 11 所示为最常见的弹簧管式机油压力报警装置。它由装在发动机主油道的弹簧管式传感器和装在仪表板上的报警灯两部分组成。传感器内的管形弹簧一端与发动机主油道连接,另一端与动触点连接,静触点经导电片与接线柱连接。当润滑系统机油压力低于允许值时,如 EQ1090 汽车为 50～90kPa,管形弹簧几乎无变形,动静触点闭合,报警灯中有电流通过,灯亮,提醒驾驶员注意。当润滑系统机油压力达到允许值时,管形弹簧变形程度增大,使动静触点分开,报警灯中无电流通过,灯灭。

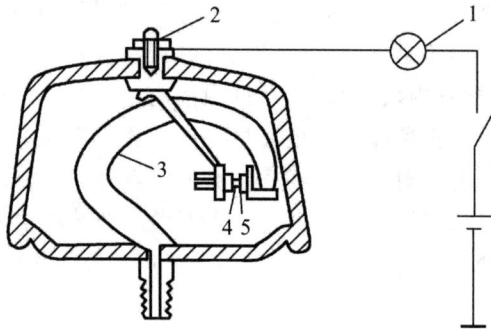

1—机油压力报警灯;2—弹簧管式机油压力报警开关接线柱;
3—管形弹簧;4—固定触点;5—活动触点。
图 6 - 11　弹簧管式机油压力报警开关控制电路

3. 冷却液温度报警装置

图 6 - 12 所示为常见的冷却液温度报警装置。它由双金属片式温度传感器、仪表板上的冷却液温度报警灯两部分组成。当发动机冷却液的温度达到或超过极限温度时,传感器内双金属片受热温度高,变形程度大,使其内动静触点闭合,报警灯中有电流通过,灯亮,提醒驾驶员及时停车检查和冷却。当发动机冷却液的温度正常时,传感器内双金属片受热温度较低,变形程度小,其内动静触点断开,报警灯中无电流通过,灯灭。

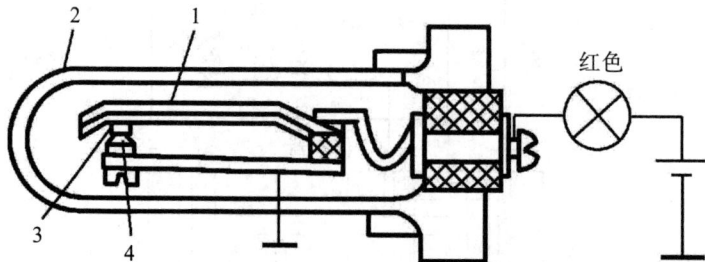

1—双金属片;2—壳体;3—动触点;4—静触点。
图 6 - 12　冷却液温度报警灯控制电路

4. 燃油量报警装置

图 6-13 所示为常见的燃油量报警装置。它由负温度系数热敏电阻传感器、仪表板上的燃油量报警灯两部分组成。当油箱燃油量较多时,热敏电阻完全浸泡在燃油中,由于其散热快,温度低,阻值大,报警灯电路中相当于串联了一个很大的电阻,流过报警灯的电流很小,灯灭。当燃油减少到热敏电阻露出油面时(规定值以下),温度升高,散热慢,电阻值减小,流过报警灯的电流增大,灯亮。

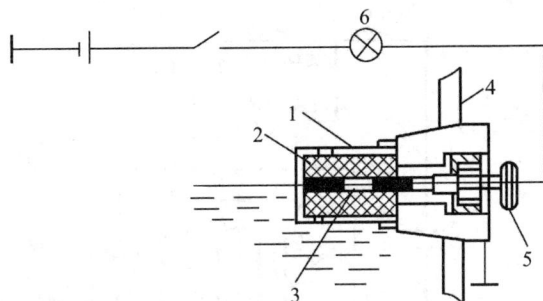

1—外壳;2—防爆金属网;3—热敏电阻;4—油箱外壳;5—接线柱;6—燃油不足报警灯。

图 6-13 热敏电阻式燃油不足报警开关控制电路

5. 制动系统低压报警装置

气制动的汽车,必需装备制动系统低压报警装置,图 6-14 所示为常见的制动系统低压报警装置。它由装在制动系统储气筒或制动阀压缩空气输入道中的低气压报警传感器、仪表板上的红色报警灯两部分组成。当制动气压下降到规定值时,作用在膜片上的压力减小,复位弹簧使触点闭合,电路接通,报警灯亮。提醒驾驶员注意,否则会因制动系统不能正常工作,造成交通事故。当气压达到规定值后,作用在膜片上的压力增大,压缩复位弹簧使触点断开,电路切断,报警灯熄灭。

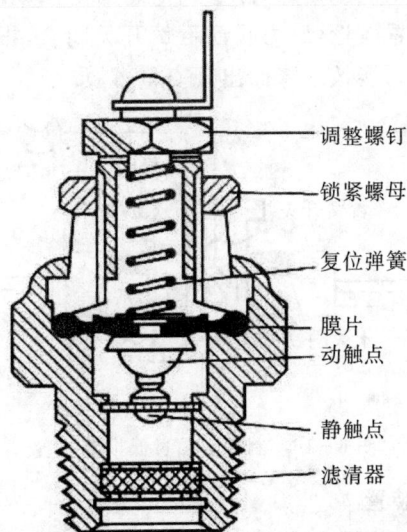

图 6-14 制动系统低压报警装置

6. 制动灯信号断线报警装置

图 6-15 所示为制动灯信号断线报警装置。它由电磁线圈与舌簧开关构成的控制器、仪表板上的报警灯两部分组成。汽车制动时,制动灯开关闭合,电流分别经点火开关、制动灯开关、控制器两并联线圈、左右制动信号灯、搭铁后使制动信号灯亮。同时两线圈所产生的磁场相互抵消,舌簧开关维持常开状态,报警灯不亮。当某一侧制动信号灯线路出现故障时,控制器线圈中只有一个有电流通过,通电的线圈产生电磁吸力使舌簧开关闭合,报警灯亮。

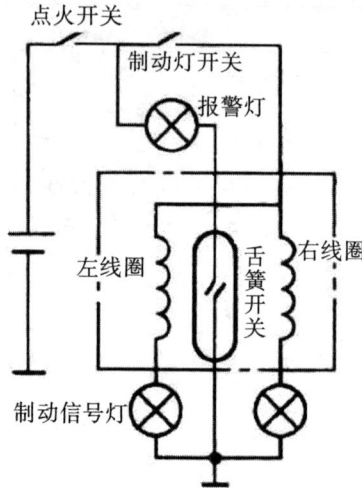

图 6-15　制动灯断线报警原理图

7. 制动液面过低报警装置

图 6-16 所示为制动液面过低报警装置。它由安装在制动液储液罐内的浮子式传感器和报警灯两部分组成。制动液充足时,浮子式传感器随制动液上浮,处于较高位置,其内永久磁铁与舌簧开关的位置较远,对舌簧开关的吸引力较弱,故舌簧开关仍处于常开状态,报警灯电路无法接通,报警灯不亮。制动液不足时,浮子式传感器随制动液下浮,当下浮到规定值以下时,永久磁铁与舌簧开关的位置较近,磁力吸动舌簧开关闭合,报警灯电路被接通,报警灯亮。这是提醒驾驶员注意,防止制动能效下降而出现安全事故。

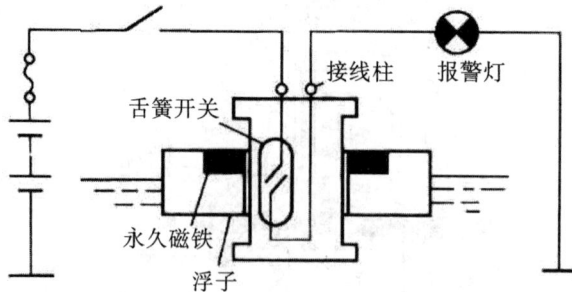

图 6-16　制动液面过低报警装置

8. 空气滤清器堵塞报警装置

如图 6-17 所示,它由与空气滤清器滤芯内外侧相连通的气压式开关传感器和报警灯两部分组成。气压式传感器是利用其上、下气室产生的压力差,推动膜片移动,从而使与膜片相连的磁铁跟随移动。磁铁的磁力使舌簧开关开或闭,控制报警灯电路接通或断开。若空气滤清器滤芯未堵塞,则传感器上、下气室间压差小,膜片及磁铁的移动量小,舌簧开关处于常开状态;若空气滤清器滤芯被堵塞,则传感器上、下气室间压差增大,膜片及磁铁的移动量增大,磁铁磁力吸动舌簧开关而闭合,报警灯电路被接通,报警灯亮。

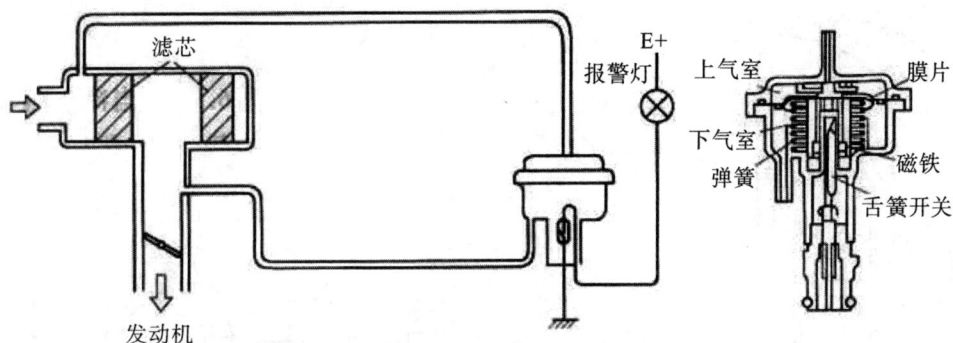

图 6-17　空气滤清器堵塞报警装置

任务 5　认识数字式仪表

传统仪表为驾驶员提供的信息远远不能满足现代汽车新技术的发展要求,所以数字显示组合仪表逐渐成为汽车仪表发展的主流。它相对于传统仪表具有易于辨认、精度高、可靠性好及显示模式的自由化等特点。

数字式组合仪表由各种传感器、微电脑、显示器三大部分组成,一般都具有自诊断功能。若仪表发生故障,则其故障代码会存放在组合仪表的 RAM 存储器里,用专用仪器调码后,可以读出故障内容。图 6-18 所示为杆图式数字仪表,仪表组合有车速里程表、发动机转速表、机油压力表、电压表、冷却液温度表、燃油表等。组合仪表不可分解,只有普通灯泡的指示灯可以单独更换,在保修期内应该整体更换组合仪表。

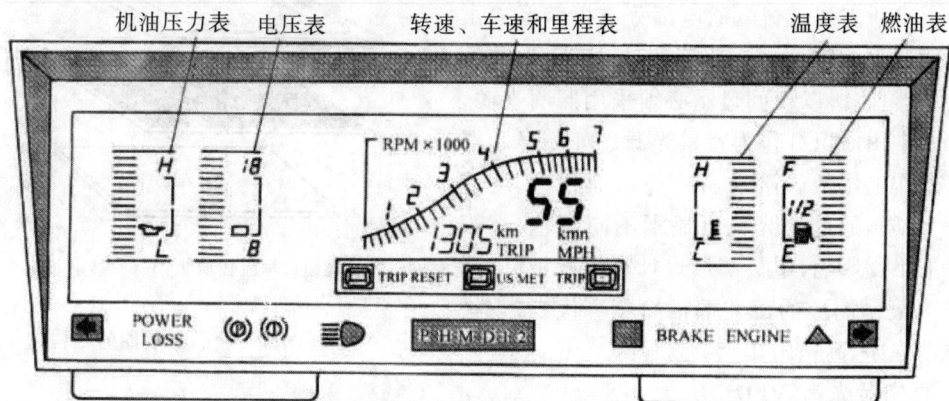

图 6-18　数字式组合仪表

数字化仪表的显示器主要由以下几部分组成。

1. 发光二极管（LED）

它是应用最为广泛的低压显示器件,其实质是晶体管,如图 6-19 所示。正、负极加上合适正向电压后,其内半导体晶片发光,通过带颜色透明的塑料外壳显示出来。发光的颜色有红、绿、黄、橙等,可单独使用,也可用来组成数字、字母、发光条图。汽车上一般用于指示灯、数字符号段或点数不太多的光杆图形显示,如图 6-20 所示。

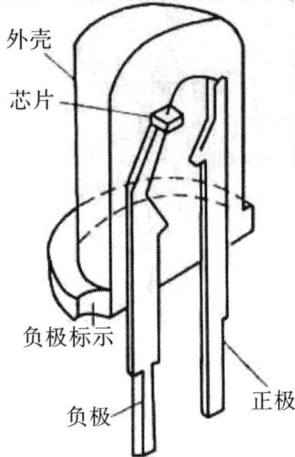

图 6-19 发光二极管结构图

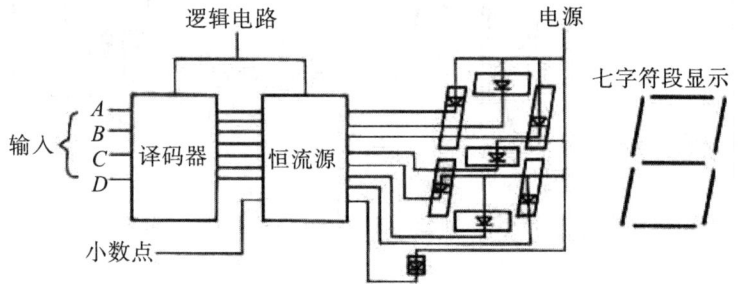

图 6-20 发光二极管构成的七字符段显示电路

2. 液晶显示器件（LCD）

液晶是一种有机化合物,在一定温度范围和条件下,既具有普通液体的流动性,也具有晶体的某些光学特性,如图 6-21 所示。它有两块厚约 1mm 的玻璃基板,基板上涂有透明的导电材料作为电极,一面电极为图形。两基板间注入 $10\mu m$ 厚的液晶,再在两玻璃基板的外表面分别贴有偏光板,四周密封。当两电极通一定电压时,位于通电电极范围内(要显示的数字、图形等)的液晶分子重新排列,这样,通电部分电极就形成了在发亮背景下的字符或图形。由于 LCD 为非发光型显示器件,所以夜间显示必须采用照明光源,汽车上通常用白炽灯作为背景光源。液晶显示器件具有工作电压低(3V 左右)、显示面积大、耗能少、显示清晰、通过滤光镜可显示不同颜色、在阳光直射下不受影响、电极图形设计自由度极高、设计成任何显示图形的工艺都很简单等优点,现被广泛应用在中、高档轿车上。

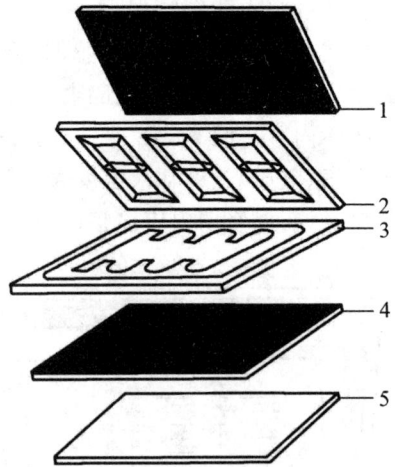

1—前偏光镜;2—前玻璃板;3—后玻璃板;4—后偏光镜;5—反射镜。

图 6-21 液晶显示器的结构

3. 真空荧光管（VFD）

真空荧光管实际上是一种真空低压管,它由钨丝、栅极、涂有磷光物质的玻璃组成。其发光原理与电视机中的显像管相似,如图 6-22 所示。当屏幕接电源正极,灯丝接电源负极时,便获得正向电压,电流通过灯丝并加热,在电场力的作用下发射电子,由栅极控制电子流加速,射向屏幕,当电子高速碰撞数字板荧光材料时,数字板发光,通过前面平板玻璃的滤色镜显示出数字。真空荧光管(VFD)为发光型显示器件,具有色彩鲜艳、可见度高、立体感强等优点。但由于真空管需要一定厚度的玻璃外壳制成,故障复杂的图形用 VFD 制作成本较高,体积大,汽车上它常用作数字显示器。

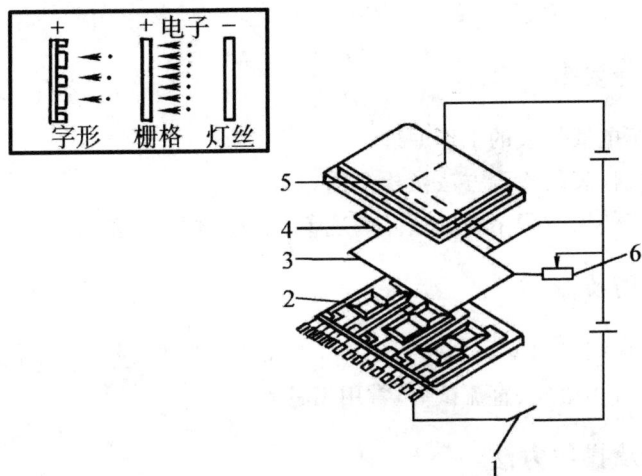

1—电子开关(计算机控制、能使某些笔划段发光);2—笔划小段(阳极);3—栅格;
4—灯丝(阴极);5—玻璃罩;6—变阻器(调节亮度)。

图 6-22　真空荧光显示器结构

本章小结

1)汽车仪表用来了解观测汽车各系统的工作情况,常用的有机油压力表、冷却液温度表、燃油表、车速里程表等。

2)传统的汽车仪表通常由指示表和传感器两部分组成。

3)仪表按其原理可分为:电磁式、动磁式、电热式、电子式等形式。

4)汽车报警装置主要用于保证行车安全。

5)数字式组合仪表是仪表的发展方向。

实训项目 仪表线路的连接及故障诊断

一、实训目的与要求

1）加深理解汽车电气仪表的工作原理；

2）掌握汽车电气仪表的检测方法及检测内容；

3）掌握汽车仪表使用过程中常见故障的现象、原因、排除方法。

二、实训的设备及器材

实训车辆（以桑塔纳普通型轿车或 EQ1092、CA1092 为主）及其组合仪表总成、万用表、导线、绝缘胶布、剪刀、备用熔丝、直流试灯、常用工具等。

三、实训步骤及操作方法

1. 仪表总成的组成及导线的连接

仪表与报警系统电路的特点：

1）所有的电气仪表都要受点火开关的控制；

2）仪表常用双金属片电热丝结构；

3）各仪表与其传感器串联；

4）指示灯、报警灯与仪表装配在一起或附近，均受点火开关控制；

5）指示灯与报警器的线路连接方法大致有两种：一种是由传感器控制其搭铁回路，电源是由点火开关或 15 号火线等提供。另一种是灯泡端搭铁回路，由开关或继电器或传感器控制正极端。

以解放 CA1092 大货车仪表、警报系统为例，其线路原理图如图 6-23 所示。

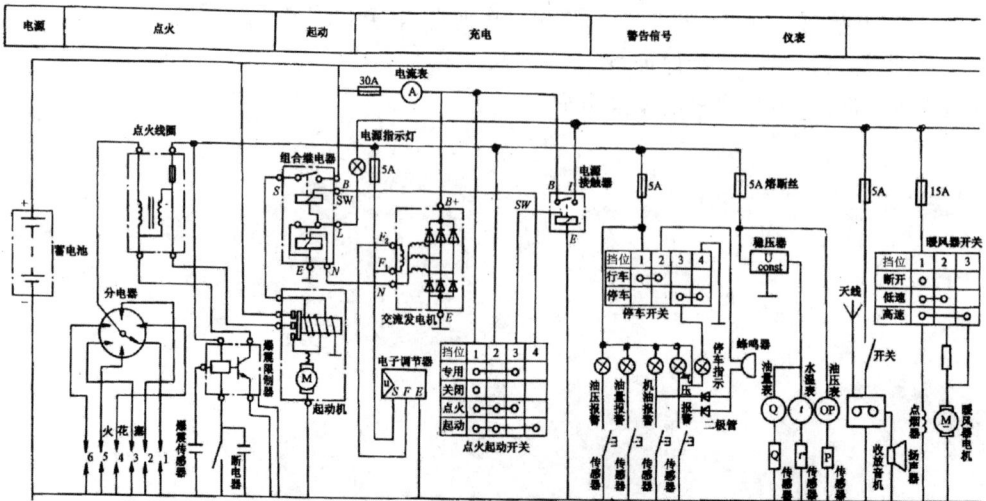

图 6-23　CA1092 全车线路原理图

2. 仪表系的连接

线路的连接按以下顺序进行：

1）电流表电路的连接：起动机主火线→熔断器→电流表"－"接线柱→电流表"＋"接线柱。

2）机油压力表和冷却液温度表电路的连接：点火开关2号端子→熔断器→稳压器→冷却液温度表→水温传感器→机油压力表→机油压力传感器。

3）燃油量表电路的连接：点火开关2号端子→燃油量表→燃油量表传感器。

3. 报警电路的连接

1）机油压力报警装置的线路连接：点火开关2号端子→油压过低蜂鸣器和警报灯→气压过低报警传感器。

2）制动气压报警装置的线路连接：点火开关2号端子→气压过低报警器开关→气压过低蜂鸣器和警报灯。

4. 电流表故障诊断与排除

由指导教师做出电流表的各种故障，观察电流表的故障现象。

1）电流表指针转动不灵活，迟滞；

2）电流表指针晃动；

3）通电时，电流表指针有时转动，有时停滞；

4）通电时，指针偏斜迟缓或指示值过低；

5）通电时，指示值过高；

6）电流不通。

分析故障的原因

1）润滑油老化变质，针轴过紧；

2）针轴过松；

3）接线螺栓的螺母松动，接触不实；

4）储存或使用过久，永久磁铁磁性变弱；

5）指针歪斜，碰擦卡住或指针轴和轴承磨损；

6）电流过量，接线螺栓与罩壳或车架搭铁，烧坏仪表。

排除方法：对应上面的故障原因，按以下顺序排除故障。

1）取下罩壳，将机件用清洗剂清洗，待干后在轴承处滴入几滴仪表润滑油；针轴过紧予以调整；

2）将针轴调紧；

3）接线螺母松动时，应紧固螺母；

4）对永久磁铁充磁；

5）指针歪斜时用镊子校正，轴承磨损应更换，将永久磁铁退磁；

6）更换电流表。

5. 油压表故障的诊断与排除

发动机起动后，指针指在"0"点。接通点火开关，拆下传感器一端使导线搭铁。此时，如表头立即从"0"点向最大值处移动，说明油压表性能良好。

拆下传感器并安上被拆下的导线，使传感器外壳搭铁。用一适当的小棒插入传感器油孔顶压膜片，如指针移动，说明传感器良好。继续第一步试验，如指示表指针不移动，并且用改锥将传感器压盒接线柱与机体短接后,指针仍不移动,说明线路断路,应予以排除。接通点火开关,指针即向最大值处移动,此时应立即关闭点火开关,进行检查。

拆下传感器一端导线后,重新接通点火开关试验,此时如指针不再向最大值处移动,说明传感器内部短路。

继续上述试验,如指针仍移向最大值处,说明指示表与传感器内导线有搭铁处,再分段试验,找出故障点,排除故障。

6. 燃油表故障的诊断与排除

燃油表指针总是指在"1"处。接通点火开关,拆下传感器接线柱上的导线进行搭铁试验。此时如指针转至"0"点,说明传感器内部断路,可变电阻损坏,滑片与可变电阻接触不良等。

检查指示表到传感器线路,继续上述试验。如指针不能转至"0"点,可对指示表外接线搭铁试验,此时,如指示表转至"0"点,说明指示表至传感器线路断路,应根据实际情况修复或焊接。

7. 冷却液温度表故障的诊断

由指导教师做出冷却液温度表的各种常见故障,观察其故障现象,分析其故障原因。

检查冷却液温度表,接通点火开关,并拆下传感器一端导线使其直接搭铁。此时指针立即从 100℃ 处向 40℃ 处移动,说明冷却液温度表良好,可能传感器电热线圈或触点接触不良,应予以修复或更换。

检查电源线路,继续上述试验。如在第一步搭铁时,指针指向 100℃ 处不动,可在冷却液温度表电源接线柱一端用试灯试火,灯不亮,即说明冷却液温度表电源线路已断,应接通断路处。

检查冷却液温度表至传感器线路,继续上述试验。如在冷却液温度表电源接线柱一端用试灯试火,灯亮,即说明表头至传感器线路不良。可在冷却液温度表引出线路试验。如表针移动,说明线路导线已断,应接通。反之则为冷却液温度表内部电热线圈断线应修复或更换冷却液温度表。

四、实训注意事项

1)拆卸蓄电池时,总是最先拆下负极(一)电缆;装上蓄电池时,总是最后连接负极(一)电缆。拆下或装上蓄电池电缆时,应确保点火开关或其他开关都已断开,否则会导致半导体元器件的损坏。

2)不允许使用欧姆表及万用表的 $R \times 100$ 以下低阻欧姆挡检测小功率晶体三极管,以免电流过载损坏它们。

3)实训过程中应按系统的步骤进行,在指导教师检查无问题后,方可通电试验,以免因线路接错而引发事故。

项目七　汽车辅助电器设备

【项目要求与能力目标】

❖ 掌握汽车辅助电器的组成、功用及工作原理；

❖ 学会辅助电器的控制电路；

❖ 能够诊断辅助电器的典型故障。

任务1　电动刮水器及洗涤装置

为了保证汽车在雨天、雪天行驶时驾驶员有良好的视线，确保行车安全，设置风窗玻璃电动刮水器。电动刮水器的作用是用来清除风窗玻璃上的雨水、雪或尘土，以保证驾驶员良好的能见度。风窗玻璃洗涤器与刮水器配合工作来清除脏物。

活动1　认识电动刮水器

一、电动刮水器的组成

电动刮水器有前电动刮水器和后电动刮水器之分。因驱动装置不同，刮水器有真空式、气动式和电动式三种。目前车辆上广泛使用的是电动刮水器。

电动刮水器主要由直流电动机、蜗轮箱、曲柄、连杆、摆杆和刮水片等组成，如图7-1所示。

通常电动机和蜗轮箱结合成一体组成刮水器电机总成，曲柄、连杆和摆杆等杆件可以将蜗轮的旋转运动转变为摆臂的往复摆动，使摆臂上的刮水片实现刮水动作。

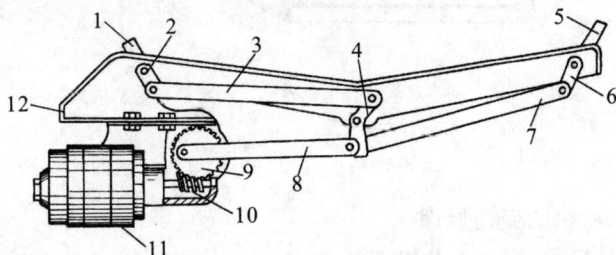

1、5—刷架；2、4、6—摆杆；3、7、8—拉杆；9—蜗轮；10—蜗杆；11—电动机；12—底板。

图7-1　电动刮水器

二、电动刮水器的结构与原理

1. 永磁式刮水电动机的结构

刮水电动机有绕线式和永磁式两种。永磁式刮水电动机体积小，质量轻，结构简单，使用广泛。

永磁式刮水电动机主要由外壳、磁铁总成、电枢、电刷安装板、复位开关、输出齿轮、蜗轮、输出臂等组成,如图 7-2 所示。

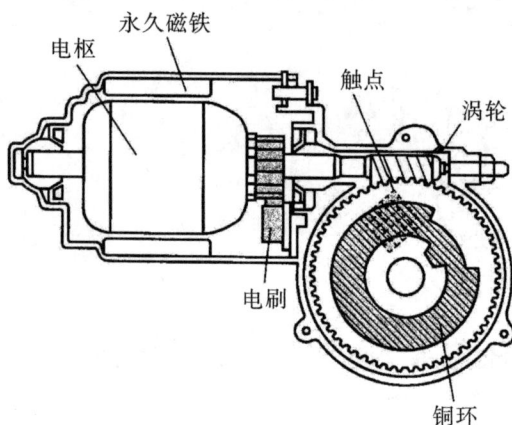

图 7-2 永磁式刮水器电机

电动机电枢通电即开始转动,以蜗杆驱动蜗轮,蜗轮带动摇臂旋转,摇臂使拉杆往复运动,从而带动刮水片左右摆动,如图 7-3 所示。

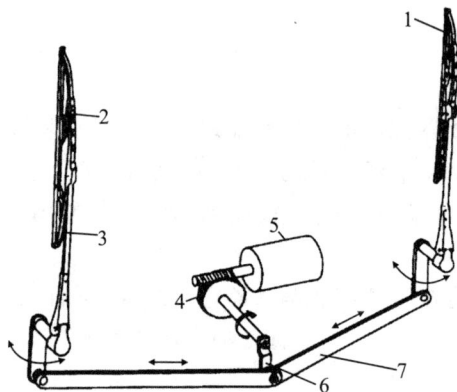

1—刮水片;2—刮水片架;3—雨刮臂;4—涡轮;5—电动机;6—摇臂;7—拉杆。

图 7-3 永磁式刮水电动机工作过程示意图

2. 永磁式刮水电动机的变速原理

为满足实际使用的要求,刮水电动机有低速、高速和间歇 3 个挡位,永磁式刮水电动机是利用 3 个电刷来改变正负电刷之间串联线圈的个数实现变速的,其工作原理如图 7-4 所示。刮水电动机工作时,在电枢内所有小线圈中同时产生反电动势,每个小线圈都产生相等的反电动势,电动势的方向与电枢电流的方向相反。若要电枢转动,外加电压必须克服反电动势的作用。当电动机转速升高时,反电动势增大,只有当外加电压等于反电动势时,电枢的转速才能稳定。

三刷永磁式刮水电动机工作时,电枢绕组产生的反电动势的方向如图 7-4(b) 所示。当将刮水器开关拨向 L 低速时,则蓄电池电压加在电刷 B_1 和 B_3 之间,在电刷 B_1 和 B_3 之间的两条并联支路中,每条支路中各有四个线圈串联,反电动势的大小与支路中反电动势的大小相等。由于外加电压需要平衡 4 个线圈所产生的反电势,故电动机转速较低。

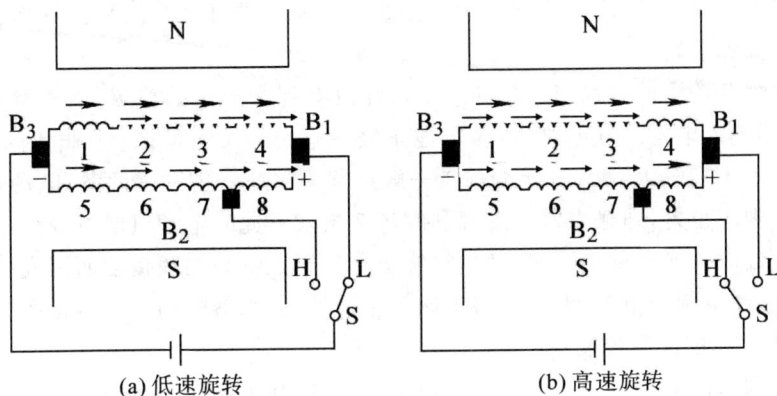

图 7 - 4 永磁式刮水电动机的变速原理

当将刮水器开关拨向 H 高速时,则蓄电池电压加在电刷 B_2 和 B_3 之间。线圈 1、2、3、4、8 同在一条支路中,其中线圈 8 与线圈 1、2、3、4 的反电动势方向相反,相互抵消后,使每条支路变为 3 个线圈。由于电动机内部的磁场方向和电枢的旋转方向没有变化,所以各线圈内反动势的方向与低速时相同。但是,外加电压只需平衡 3 个线圈所产生的反电势,因此电动机的转速升高。

3. 刮水器电动机的控制电路和自动复位装置

图 7 - 5 所示为铜环式刮水器的控制电路。刮水器的开关有 3 个挡位,它可以控制刮水器的速度和自复位。0 挡为复位挡,Ⅰ 挡为低速挡,Ⅱ 挡为高速挡。四个接线柱分别接复位装置、电动机低速电刷、搭铁、电动机高速电刷。复位装置是在减速蜗轮上嵌有铜环,铜环分为两部分,与电动机的外壳相连(搭铁)。触点臂用磷铜片或其他弹性材料制成,一端铆有触点。由于触点臂具有弹性,因此当蜗轮转动时,触点与蜗轮端面的铜滑环保持接触。

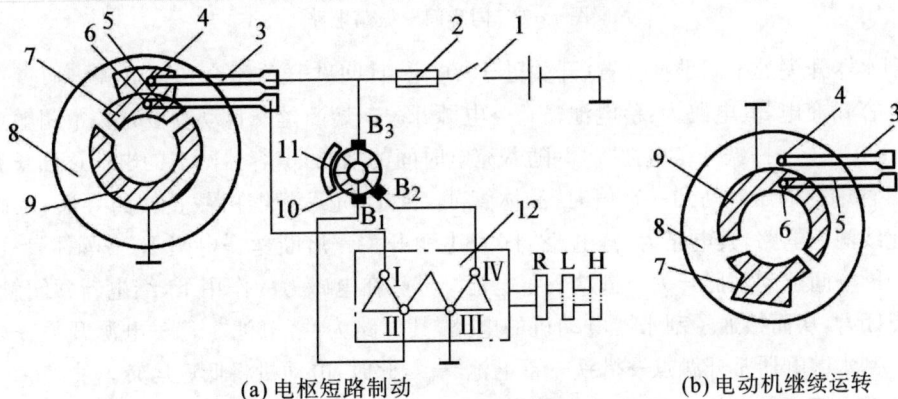

(a) 电枢短路制动 (b) 电动机继续运转

1—电源开关;2—熔断器;3、5—触点臂;4、6—触点;7、9—铜环;8—减速蜗轮;10—电枢;11—永久磁铁;12—刮水器开关。

图 7 - 5 铜环式刮水器的控制电路和自动复位装置

当刮水器开关处于"Ⅰ"挡位置时,电流从蓄电池的正极→电源开关→熔丝→电刷 B_3→电枢绕组→电刷 B_1→刮水器开关接线柱②→接触片→刮水器开关接线柱③→搭铁→蓄电池负

133

极。电动机以低速运转。

当刮水器开关处于"Ⅱ"挡位置时,电流从蓄电池的正极→电源开关→熔丝→电刷 B_3 →电枢绕组→电刷 B_2 →刮水器开关接线柱④→接触片→刮水器开关接线柱③→搭铁→蓄电池负极。电动机以高速运转。

当将刮水器开关退回到"0"挡时,如果刮水片没有停在规定的位置,由于触点与铜环相接触,则电流继续流入电枢。其电路为:蓄电池正极→电源开关→熔断丝→电刷 B_3 →电枢绕组→电刷 B_1 →接线柱②→接触片→接线柱①→触点臂→铜环→搭铁。此时,电动机以低速运转至蜗轮旋转到规定位置,即触点臂 3、5 都和铜环 7 接触。此时电动机电枢绕组短路。但是,若电枢由于其惯性而不能立刻停下来,则电枢绕组通过触点臂与铜环接触而构成回路,电枢绕组产生感应电流,产生制动扭矩,电动机将迅速停止转动,刮水器的刮水片停止在规定的位置。

4. 刮水电动机的间歇控制

现代汽车刮水器上均加装了电子间歇控制系统,使刮水器能按照一定的周期停止和刮水,如此在小雨或雾天中行驶时,不至于使玻璃上形成发粘的表面,从而使驾驶员获得更好的视线。电动刮水器的间歇控制可分为可调式和不可调式。

1)不可调式间歇控制电路如图 7-6 所示,其工作过程如下。

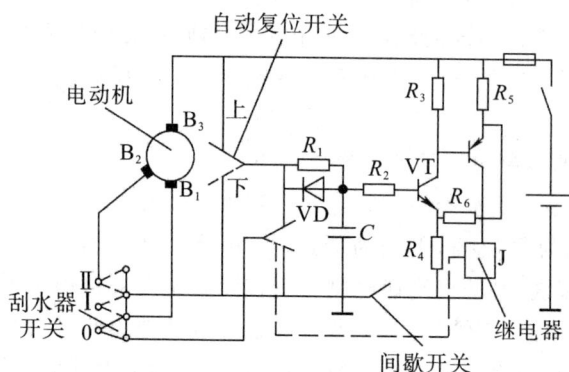

图 7-6　同步间歇振荡电路

当刮水器开关处于间歇挡位置(开关处于"0"位,且间歇开关闭合)时,电源将通过自动复位开关向电容 C 充电,其电路为:蓄电池"＋"→电源开关→熔断丝→自动复位开关常闭触点(上)→电阻 R_1 →电容 C→搭铁→蓄电池"－",随着充电时间的增长,电容器两端的电压逐渐长升高。当电容器 C 两端的电压升高到一定值时,晶体管 T_1 和 T_2 先后相继由截止转为导通,从而接通继电器磁化线圈的电路,其电路为:蓄电池"＋"→电源开关→熔断丝→电阻 R_5 →晶体管 T_2 →继电器磁化线圈→间歇刮水器开关→搭铁→蓄电池"－"。在电磁力的作用下,继电器常闭触点打开,常开触点闭合,从而接通了刮水器电动机的电路,其电路为:蓄电池"＋"→电源开关→熔断丝→ B_3 → B_1 →刮水继电器常开触点→搭铁→蓄电池"－",此时,电动机将低速运转。

当复位装置将自动复位开关的常开触点(下)接通时,电容器 C 通过二极管 D,自动复位装置的常开触点迅速放电,此时刮水电动机的通电回路不变,电动机继续转动。随着放电时间的增长,晶体管 T_1 基极电位逐渐降低。当晶体管 T_1 基极电位降低到一定值时, T_1 、 T_2 由导通转为截止,从而切断了继电器磁化线圈的电路,继电器复位,常开触点断开,常闭触点闭合。此时,由于自动复位开关的常开触点处于闭合状态,电动机仍将继续转动,其电路为:蓄电池"＋"

→电源开关→熔断丝→B_3→B_1→继电器常闭触点→搭铁→蓄电池"—"。只有当刮水片回到原位(不影响驾驶员视线位置),自动复位开关的常开触点断开,常闭触点闭合,电动机方能停止转动。继而电源将再次向电容器 C 充电,重复上述过程,实现刮水器的间歇动作。

2)可调式间歇控制电路,是指刮水器的控制电路,根据雨量的大小自动开闭,并自动调节间歇时间。图 7-7 所示为刮水自动开关与调速控制电路。

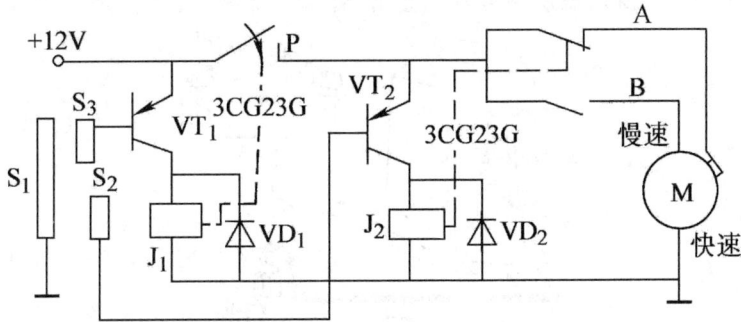

图 7-7 自动开关与调速控制电路

电路中 S_1、S_2 和 S_3 是安装在风窗玻璃上的流量检测电极,雨滴落在两检测电极之间,其阻值相应的减小,流量越大,其阻值越小。

S_1 和 S_3 之间的距离较近,因此,晶体管 T_1 首先导通,继电器 J_1 通电,在电磁吸力作用下,P点闭合,刮水电动机低速运转。当雨量增大时,S_1、S_2 之间的电阻减小到使晶体管 T_2 也导通,于是继电器 J_2 通电,在电磁吸力的作用下,A 点断开,B 点接通,刮水电动机高速运转。雨停时,检测电阻之间的阻值均增大,晶体管 T_1、T_2 截止,继电器复位。刮水电动机自动停止工作。

5. 新型柔性齿条传动刮水器

新型柔性齿条传动刮水器如图 7-8 所示,这种刮水器与一般拉杆传动式刮水器相比,具有体积小、噪声小等优点,而且可将刮水电动机总成安装在空间较大的地方,便于维修。

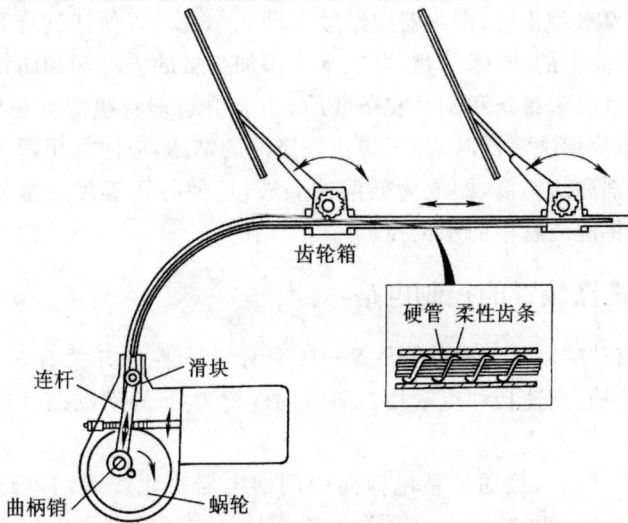

图 7-8 新型柔性齿条传动刮水器

活动 2　风窗玻璃洗涤装置

风窗玻璃洗涤装置与刮水器配合使用,可以使汽车挡风玻璃刮水器获得更好的刮水效果。

一、风窗玻璃洗涤装置的组成

如图 7-9 所示,风窗玻璃洗涤装置主要由储液罐、洗涤泵、输液管、喷嘴等组成。

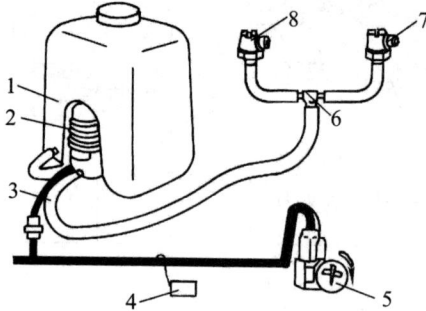

1—储液罐;2—洗涤泵;3—软管;4—熔断器;5—刮水器开
关;6—三通接头;7、8—喷嘴。

图 7-9　洗涤器的组成

洗涤泵一般由永磁电动机和离心叶片泵组装成为一体,喷射压力可达 70～88kPa。洗涤泵一般直接安装在储液罐上,在离心泵的进口处设置有滤清器。洗涤泵的喷嘴安装在挡风玻璃的下面,其喷嘴方向可以根据使用情况调整,喷水直径一般为 0.8～1.0mm,能够使用洗涤液喷射在挡风玻璃的适当位置。

二、风窗玻璃洗涤装置的正确使用

洗涤泵的连续工作时间不应超过 1min。对于刮水和洗涤分别控制的汽车,应先开启洗涤泵,再接通刮水器。喷水停止后,刮水器应继续刮动 3～5 次,以便达到良好的清洁效果。

为能刮掉挡风玻璃上的油、蜡等物,可在水中添加少量的去垢剂和防锈剂。强效洗涤液的去垢效果好,但会使风窗密封条和刮片胶条变质,还会引起车身喷漆变色以及储液罐、喷嘴等塑料件的开裂。冬季使用洗涤器时,为了防止洗涤液的结冰,应添加甲醇、异丙醇、甘醇等防冻剂,再加少量的去垢剂和防锈剂,即成为低温洗涤液,可使凝固温度下降到 -20℃ 以下。如冬季不用洗涤器时,应将洗涤管中的水倒掉。

三、风窗玻璃洗涤装置的控制电路

桑塔纳轿车风窗玻璃刮水器电路如图 7-10 所示为。控制开关有 5 个挡位,分别为复位停止挡、间歇挡、低速挡、高速挡和点动挡。通常的标记为:F 为间歇挡、LO 为低速挡、HI 为高速挡。

将点火开关置于"ON",接通了蓄电池向中间继电器磁化线圈的电路,其电流通路为:蓄电池"＋"→点火开关 30 接线柱→点火开关 X 接线柱→中间继电器磁化线圈→搭铁→蓄电池"－"。在电磁吸力的作用下,中间继电器触点闭合,为刮水器电动机的工作做好准备。

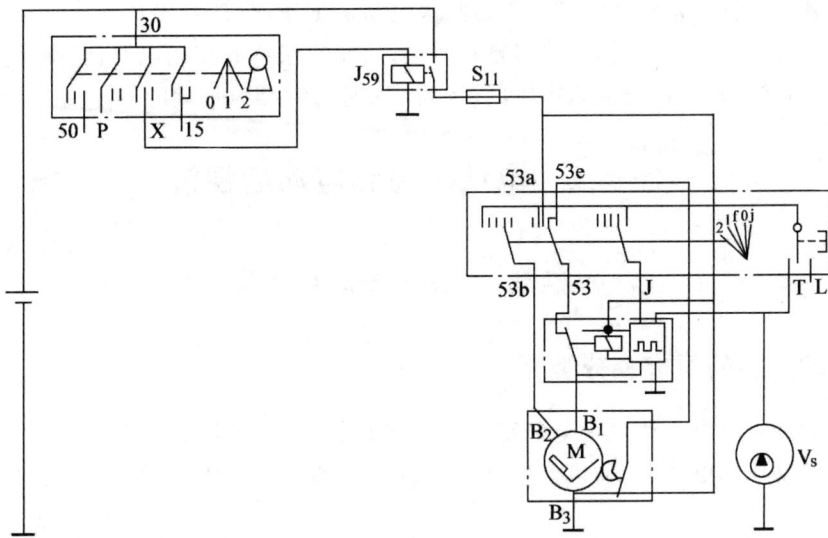

图 7-10　桑塔纳轿车洗涤装置控制电路

将刮水器控制开关拨到 0 挡时,蓄电池将通过刮水器开关、间歇继电器常闭触点向刮水电动机供电,其电流通路为:蓄电池"+"→中间继电器触点→熔断丝 S_{11} →刮水器开关 53a 接线柱→刮水器开关 53 接线柱→间歇继电器常闭触点→电刷 B_1 →电刷 B_3 →搭铁→蓄电池"−"。此时电动机以低速运转。当手离开刮水器开关时,开关将自动回到"0"位。如果此时刮水片处在影响驾驶员视线的位置,自动复位装置的常闭触点打开,常开触点闭合,刮水电动机电枢内继续有电流通过。其电流通路为:蓄电池"+"→中间继电器触点→熔断丝 S_{11} →复位装置的常开触点→刮水器开关 53e 接线柱→刮水器开关 53 接线柱→间歇继电器常闭触点→电刷 B_1 →电刷 B_3 →搭铁→蓄电池"−"。故电动机仍以低速运转,直至刮水片处在挡风玻璃的下端。

将刮水器控制开关拨到 1 挡时,刮水电动机以低速运转。其电流路径为:蓄电池"+"→中间继电器触点→熔断丝 S_{11} →刮水器开关 53a 接线柱→刮水器开关 53 接线柱→间歇继电器常闭触点→电刷 B_1 →电刷 B_3 →搭铁→蓄电池"−"。

将刮水器开关拨至 2 挡时,刮水电动机以高速运转。其电流路径为:蓄电池"+"→中间继电器触点→熔断丝 S_{11} →刮水器开关 53a 接线柱→刮水器开关 53b 接线柱→电刷 B_2 →电刷 B_3 →搭铁→蓄电池"−"。

将刮水器开关拨至间歇挡时,电子式间歇继电器投入工作。其触点不断地开闭。当间歇继电器的常闭触点打开,常开触点闭合时,蓄电池向电动机的放电回路为:蓄电池"+"→中间继电器触点→熔断丝 S_{11} →间歇继电器的常开触点→电刷 B_1 →电刷 B_3 →搭铁→蓄电池"−",电动机低速运转。当间歇继电器断电,其触点复位(常闭触点闭合,常开触点打开)时,电动机停止运转。

当将洗涤开关接通时(将刮水器开关向上扳动),洗涤泵控制电路接通,其电流通路为:蓄电池"+"→中间继电器触点→熔断丝 S_{11} →洗涤开关→洗涤泵 V_5 →搭铁→蓄电池"−"。位于发动机盖上的两个喷嘴同时向风窗玻璃喷射清洗液。与此同时,也接通了刮水器间歇继电器的控制电路,其电流通路为:蓄电池"+"→中间继电器触点→熔断丝 S_{11} →洗涤开关→刮水

137

器间歇继电器→搭铁→蓄电池"－"。于是刮水电动机工作,驱动刮水片刮掉已经湿润的尘土和污物。当驾驶员松开手柄时,开关将自动回位,切断洗涤泵的控制电路,喷嘴停止喷射清洗液,刮水电动机在自动复位开关起作用后,将刮水片停靠在挡风玻璃的下方。

任务 2   电动车窗和电动后视镜

活动 1   认识电动车窗

一、电动车窗的组成及分类

电动车窗是指以电为动力使车窗玻璃自动升降的车窗。它是由驾驶员或乘客操纵开关接通车窗升降电动机的电路,电动机产生动力通过一系列的机械传动,使车窗玻璃按要求进行升降。

电动车窗主要由车窗玻璃、车窗玻璃升降器、电动机、控制开关等组成。

1. 电动机

电动机的作用是为车窗玻璃的升降提供动力。常采用双向转动的电动机,有永磁型和双绕组型两种。永磁型的电动机是外搭铁,双绕组型的电动机则是各绕组搭铁。这两种电动机都是通过改变电流方向来实现正反转以实现车窗玻璃的升或降。

每个车门各有一个电动机,通过开关控制电动机中的电流方向,从而控制玻璃的升降。

2. 控制开关

控制开关的作用是控制电动机中电流的方向。

控制开关一般有两套,一套为总开关,装在仪表板或驾驶员侧的车门上,驾驶员可以控制每个车窗玻璃的升降。另一套为分开关,分别安装在每个车门上,以便乘客对每个车窗进行升降控制。

3. 车窗玻璃升降器

车窗玻璃升降器有绳轮式(如图 7 - 11 所示)和软轴式(如图 7 - 12 所示)。

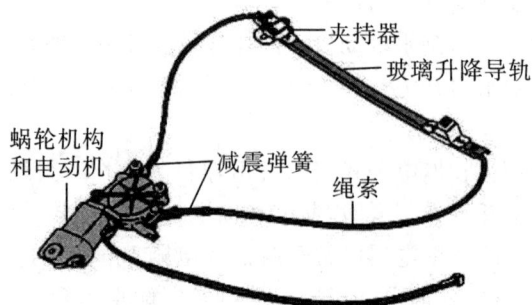

图 7 - 11   绳轮式电动车窗结构

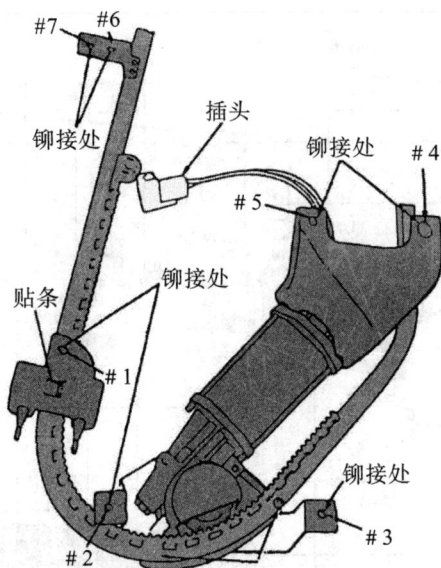

图 7-12　软轴式电动车窗结构

二、电动车窗的控制电路及工作原理

电动车窗的控制有手动控制和自动控制两种功能。所谓手动控制是指按着相应的手动按钮,车窗可以上升或下降,若中途松开按钮,上升或下降的动作即停止。自动控制是指按下自动按钮,松开手后车窗会一直上升至最高或下降至最低。

如图 7-13 所示为四车门电动车窗的控制电路。

1. 手动控制玻璃升降

向前按下手动旋钮后,触点 A 与开关的 UP 接点相连,触点 B 处于原来状态,电动机按 UP 箭头方向通过电流,车窗玻璃上升直至关闭;当将手离开旋钮时,利用开关的自身的回复力回到中立位置,电动机停转。

若将手动旋钮推向车辆后方,触点 A 保持原位不动,而触点 B 则与 DOWN 侧相连,电动机按 DOWN 箭头所示的方向通过电流,电动机反转,车窗玻璃向下移动,直至下降到底。

2. 自动控制玻璃升降

向前方按下自动旋钮后,触点 A 与开关的 UP 接点相连,触点 B 处于原来状态,电动机按 UP 箭头方向通过电流,车窗玻璃上升。与此同时,检测电阻 R 上的电压降低,此电压通过比较器 1 的一端,它与参考电压 Ref.1 进行比较。Ref.1 的电压值设定为相当于电动机锁止时的电压,通常情况下,比较器 1 的输出电位为负电位。而比较器 2 的基准电压 Ref.2 设定为小于比较器 1 的输出电位,所以比较器 2 的输出电压为正电压,晶体管导通,电磁线圈通过较大电流,其路径为:蓄电池"+"→点火开关→UP→触点 A→二极管 VD_1→电磁线圈→三极管→二极管 VD_4→触点 B→电阻 R→搭铁。线圈通电后产生较大的电磁吸力,吸引驱动器的开关柱塞,于是将止板和上顶压,越过止板凸缘的滑动销而将按钮锁定。此时,即使将手移开自动旋钮,开关仍会保持原来的状态。

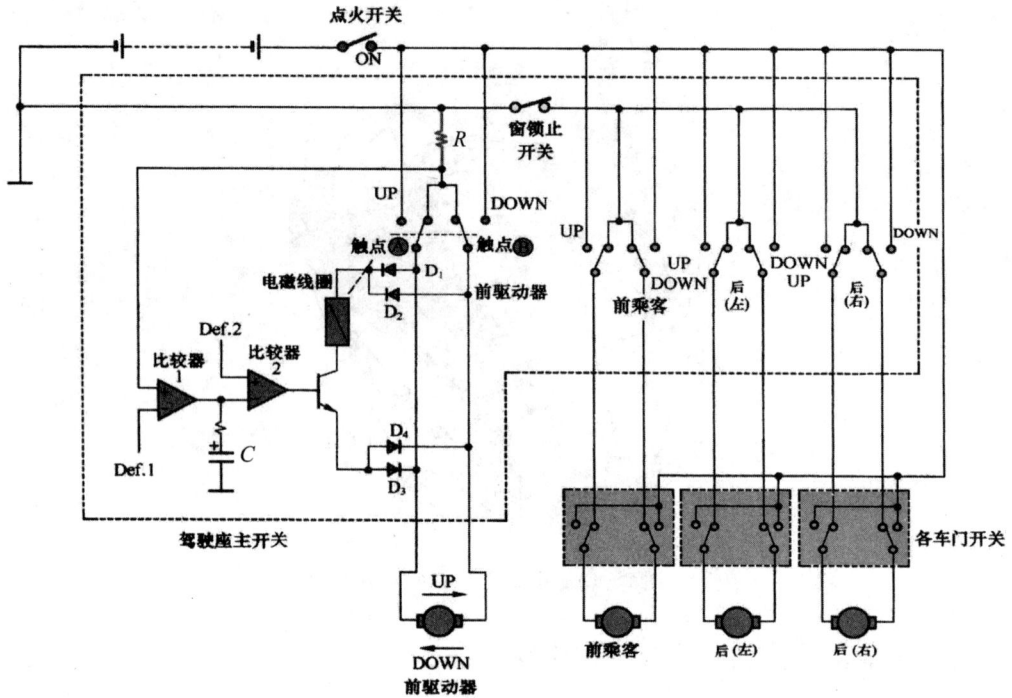

图 7-13 电动车窗控制电路

当玻璃上升至终点位置,在电机上锁止电流流过,检测电阻 R 上的电压降增大,当此电压超过参考电压 Ref.1 时,比较器 1 输出低电位,此时,电容 C 开始充电,当 C 两端电压上升至超过比较器 2 的参考电压 Ref.2 时,比较器则输出低电位,三极管立即截止,电磁线圈中的电流被切断,止板被弹簧通过滑销压下,自动旋钮自动回复到中立位置,触点 A 搭铁,电动机停转。

在自动上升过程中,若想中途停止,则向反方向扳手动旋钮,然后立刻放松。则触点 B 将短暂脱离搭铁,使电动机因回路被切断而自动停转。同时,通过电磁线圈的电流已被切断,止板弹簧通过滑销压下,自动旋钮自动回复到中立位置,触点 A、B 均搭铁,电动机停转。在电动车窗自动下降的工作情况下,上述情况相反。

活动 2　认识电动后视镜

驾驶员调整后视镜的位置比较困难,特别是乘客车门一侧的后视镜。电动后视的作用是方便驾驶员调整后视镜的角度(在行车时便可方便地对左右后视镜的角度进行调节)。

一、电动后视镜的组成及结构

电动后视镜一般由镜片、驱动电机、控制电路及操纵开关等组成。在每个后视镜镜片的背后均有两个可逆电动机,可操纵其上下及左右运动。通常垂直方向的倾斜运动由一个永磁电动机控制,水平方向的倾斜运动由一个永磁电动机控制。

通过改变电动机的电流方向,就可完成对后视镜的上下左右方向的调整。电动后视镜的结构和控制开关分别如图 7-14 所示。

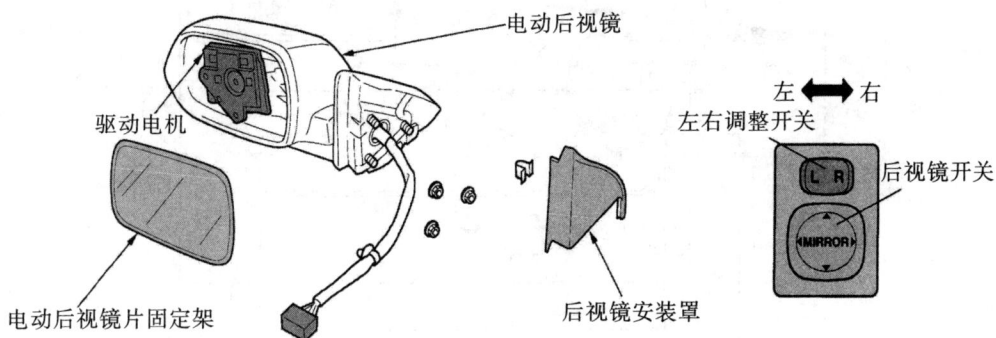

图 7-14　电动后视镜的结构和控制开关示意图

二、电动后视镜的控制电路及调整后视镜的电流方向示意图

如图 7-15 所示为桑塔纳 2000 轿车电动后视镜控制电路,图 7-16 为调整左后视镜使之左转的电流方向示意图。

图中 M_{11} 为左右选择开关,M_{21} 为左右调整开关,M_{22} 为上下调整开关。

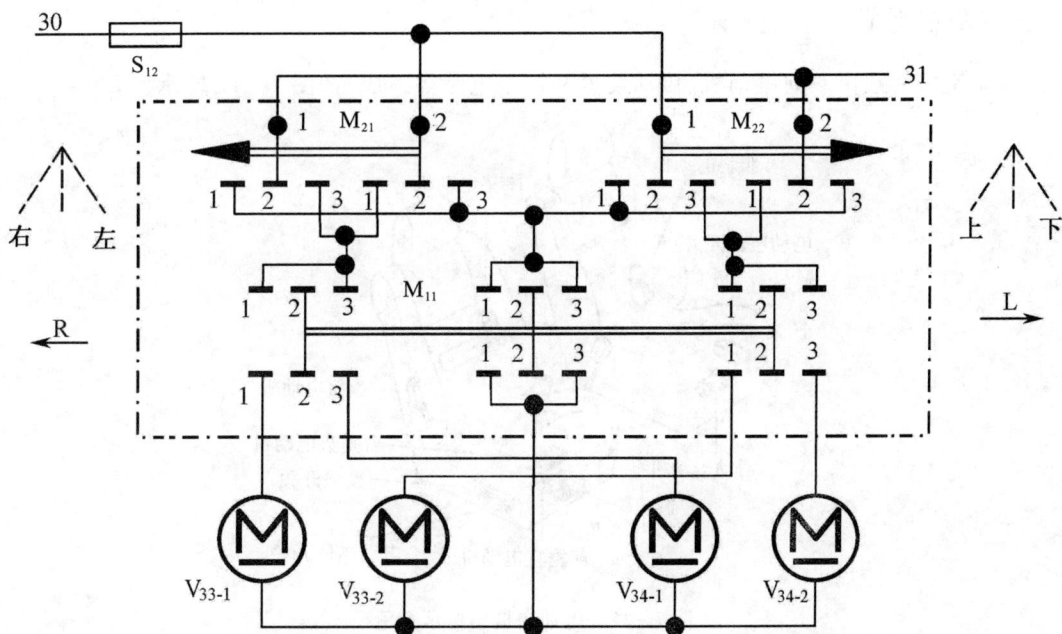

图 7-15　桑塔纳 2000 轿车电动后视镜控制电路

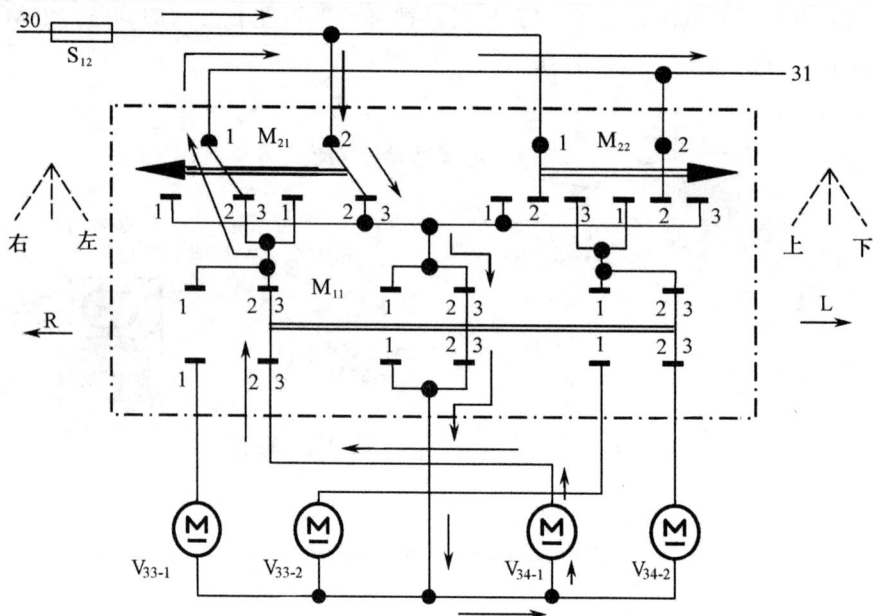

图 7-16 调整左侧后视镜使之左转的电流方向示意图

任务3 电动座椅

一、基本组成

电动座椅一般由双向电动机、传动装置和控制电路等组成,如图 7-17 所示。

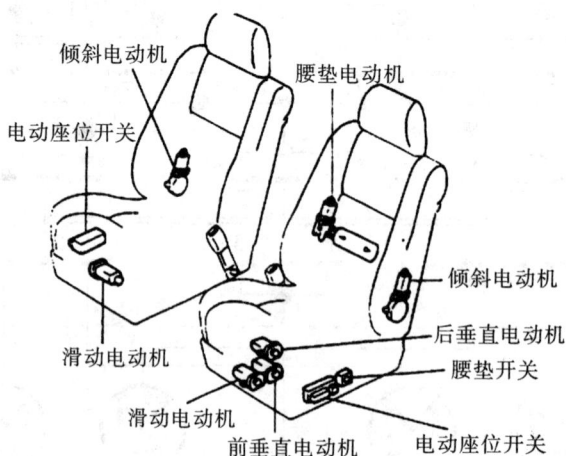

图 7-17 电动座椅结构示意图

1. 双向电动机

双向电动机产生动力,传动装置可以将动力传至座椅,通过控制开关实现座椅不同位置的调节。电动机一般为永磁式双向直流电动机。它通过控制开关来改变流经电机内部的电流方向,从而实现转动方向的改变。

2. 传动装置

电动座椅传动装置主要包括变速器、联轴节、软轴及齿轮传动机构等。变速器的作用是降速增扭。电动机分别与不同的软轴相连,软轴再与变速器的输入轴相连,动力经过变速器降速增扭后,从变速器的输出轴输出,变速器的输出轴与蜗杆轴或齿轮轴相连,最终蜗轮蜗杆或齿轮、齿条带动座椅支架产生位移。

二、控制电路

如图 7-18 所示,该电动座椅包括滑动电机、前垂直电机、倾斜电机、后垂直电机和腰椎电机,可以实现座的前后移动、前部高度调节、靠背倾斜程度调节、后部高度调节及腰椎前后调节。下面以座椅靠背的倾斜调节为例,介绍电路的控制过程。

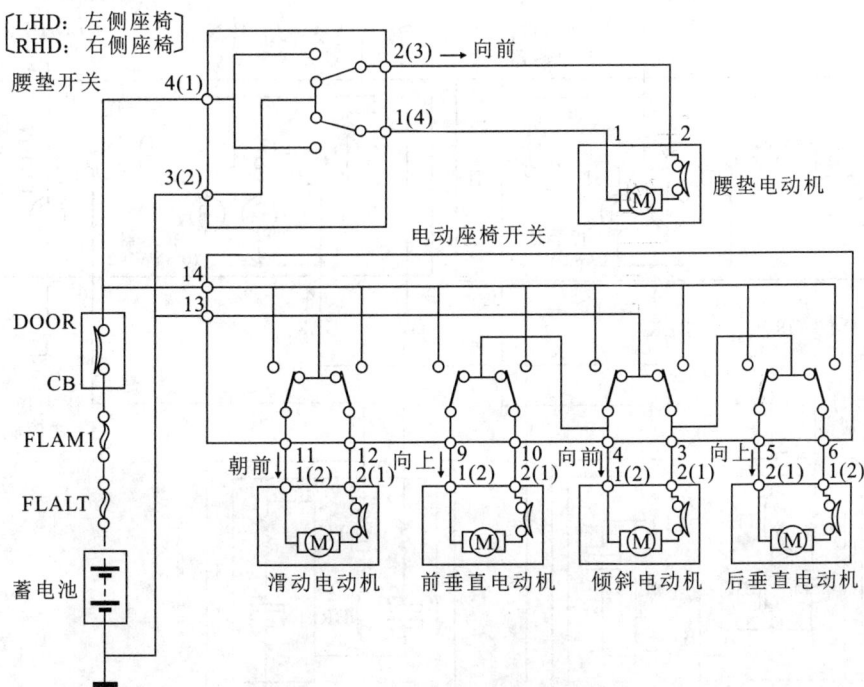

图 7-18 电动座椅的控制电路

当电动座椅的开关处于倾斜位置时,如果要调整靠背向前倾斜,则闭合倾斜电机的前进方向开关,即端子 4 置于左位时,电路为:蓄电池正极→FLALT→FLAM1→DOOR CB→端子 14→(倾斜开关"前")→端子 4→1(2)端子→倾斜电机→2(1)端子→端子 3→端子 13→搭铁。此时,座椅靠背前移。

当端子 3 置于右位时,倾斜电动机反转,座椅靠背后移。此时的电路为:蓄电池正极→FLALT→FLAM1→DOOR CB→端子 14→(倾斜开关"后")→端子 3→2(1)端子→倾斜电机→1(2)端子→端子 4→端子 13→搭铁。此时,座椅靠背后移。

三、座椅加热系统

座椅加热系统的作用是对驾驶员和乘客的座椅进行加热,使乘坐更加舒适。图 7-19 为本田雅阁轿车座椅加热电路图。

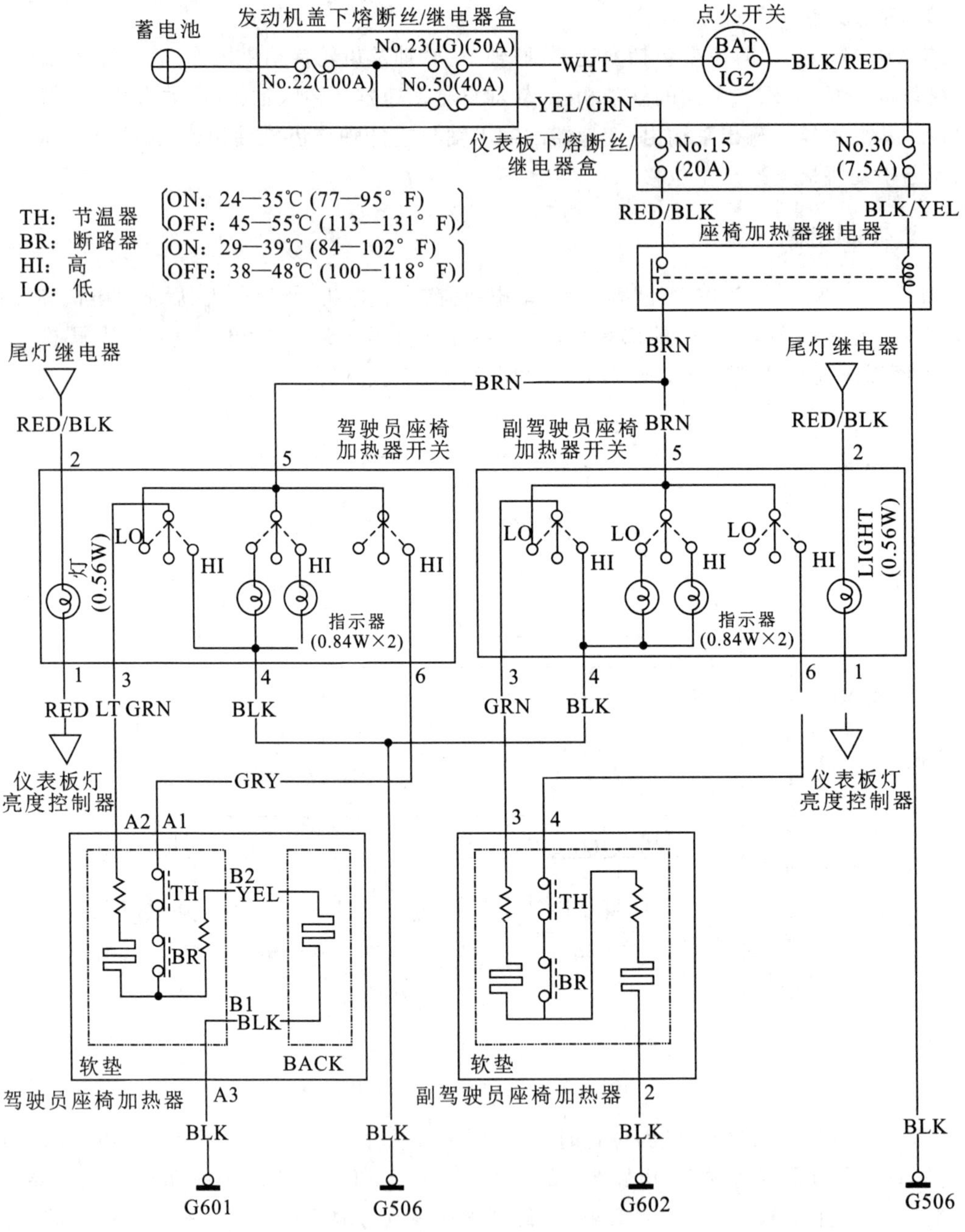

TH：节温器 $\left\{\begin{array}{l}\text{ON: 24—35℃ (77—95° F)}\\\text{OFF: 45—55℃ (113—131° F)}\end{array}\right.$

BR：断路器

HI：高 $\left\{\begin{array}{l}\text{ON: 29—39℃ (84—102° F)}\\\text{OFF: 38—48℃ (100—118° F)}\end{array}\right.$

LO：低

图 7-19 本田雅阁轿车座椅加热系统电

此座椅加热器的加热速度可以调节。其中 HI 表示高位加热，LO 表示低位加热。加热系统可以单独对驾驶员侧或副驾驶员侧的座椅进行加热。下面以驾驶员侧的座椅加热器为例，分析其工作过程。

当加热开关断开时，加热系统不工作。

当加热器开关处于"HI"位置时，电流首先经过点火开关给座椅加热器的继电器线圈通电，线圈产生磁场使继电器开关闭合。此时，加热器的工作原理为：

蓄电池"＋"→熔断丝→继电器开关→加热器开关端子5,然后电流分为三个支路:一路经指示灯→继电器端子4→搭铁,指示灯亮;另一路经加热器开关端子6→加热器端子A1→节温器→断路器→靠背线圈→搭铁;再一路经加热器开关端子6→加热器端子A1→节温器→断路器→坐垫线圈→加热器端子A2→加热器开关端子3→加热器开关端子4→搭铁。此时,靠背线圈和坐垫线圈关联加热,加热速度快。

当加热器开关处于"LO"位置时,电流流向为:蓄电池"＋"→熔断丝→继电器开关端子5,然后分为两个支路:一路经指示灯→加热器端子4→搭铁,低位指示灯亮;另一路经加热器开关端子3→加热器端子A2→加热器坐垫线圈→加热器靠背线圈→搭铁。此时,靠背线圈和坐垫线圈串联加热,电路中的电流较小,因此加热速度较慢。

四、自动座椅

自动座椅是带存储功能的电动座椅,它是人体工程与电子技术相结合的产物,它能自动适应不同体型的乘员乘坐舒适性的要求。

自动座椅的调整装置除能改变座椅的前后、高低、靠背倾斜及头枕等的位置外,还能存储座椅位置的若干个数据(或信息),只要乘员一按按钮,就能自动调出座椅的各个位置,如果此时不符合存储数据(或信息)的乘员乘坐,汽车便发出蜂鸣声响信号,以示警告。

1. 自动座椅的基本组成

自动座椅的基本结构及驱动方式与普通电动座椅相似,不同之处是附加了一套电子控制系统。电子控制系统有两套控制装置,一套是手动的,它包括电动座椅开关、腰垫开关、腰垫电机以及一组座椅位置调整电机等,各人根据其需要,通过相应的座椅开关和腰垫开关来调整,此套控制方式与普通电动座椅完全相同。

另一套是自动的,它包括一组位置传感器、储存和复位开关、ECU及与手动系统共用的一组座椅位置调整电机,如图7-20所示。

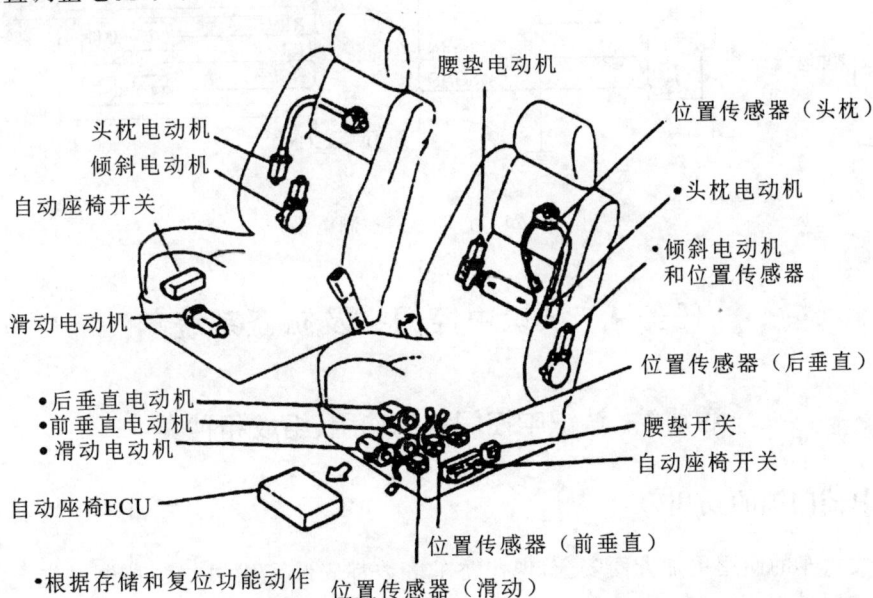

图 7-20　自动座椅基本组成和安装位置示意图

此套装置可以根据位置传感器的信号将座椅位置储存起来,以备下次恢复座椅位置时使用。两套装置驾驶员可以根据不同需要,通过操纵储存与复位开关选择使用。

2. 自动座椅的控制电路

自动座椅的控制电路如图7-21所示,其动作方式有座椅前后滑动调节、座椅前部的上下调节、座椅后部的上下调节、靠背的倾斜调节、头枕的上下调节及腰垫的前后调节等。其中腰垫的前后调节是通过腰垫开关和腰垫马达直接控制的,并无存储功能。驾驶员通过操纵电动座椅开关可以控制其余的五种调整。当座椅位置调好后,按下储存和复位开关,电控装置就把各位置传感器的信号储存起来,以备下次恢复座椅位置时再用。当下次使用时,只要一按位置储存和复位开关,座位ECU便驱动座椅电机,将座椅调整到原来位置。

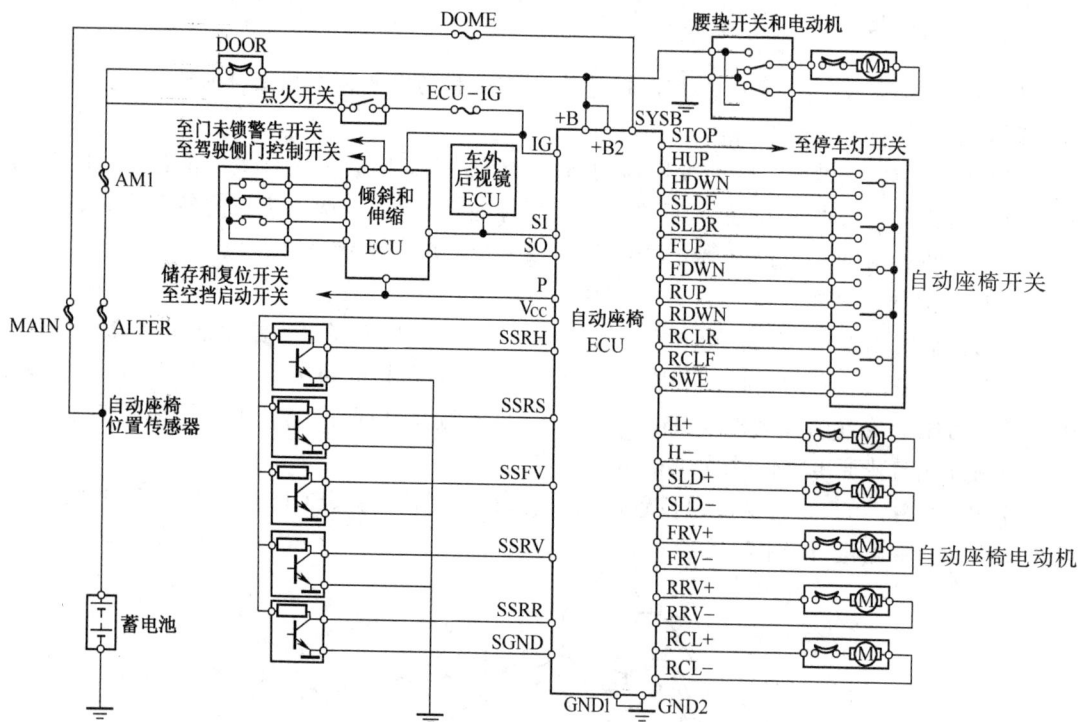

图7-21 自动座椅控制电路

任务4 认识中控门锁及防盗系统

活动1 认识中控门锁的功用、组成和种类

一、中控门锁的功用

为了使汽车的使用更加方便安全,现代轿车多数都安装了中央门锁控制系统。安装中控门锁后可实现以下功能:

1)将驾驶员车门锁扣按下时,其他几个车门及行李舱门都能自动锁定;如用钥匙锁门,也

可同时锁好其他车门和行李舱门。

2)将驾驶员车门锁扣拉起时,其他几个车门及行李锁门扣都能同时打开;用钥匙开门,也可实现该动作。

3)在车室内个别车门需打开时,可分别拉开各自的锁扣。

二、中控门锁的组成及零部件位置

中央控制门锁系统一般由门锁开关、门锁控制器和门锁执行机构组成,系统零部件位置如图 7-22 所示。

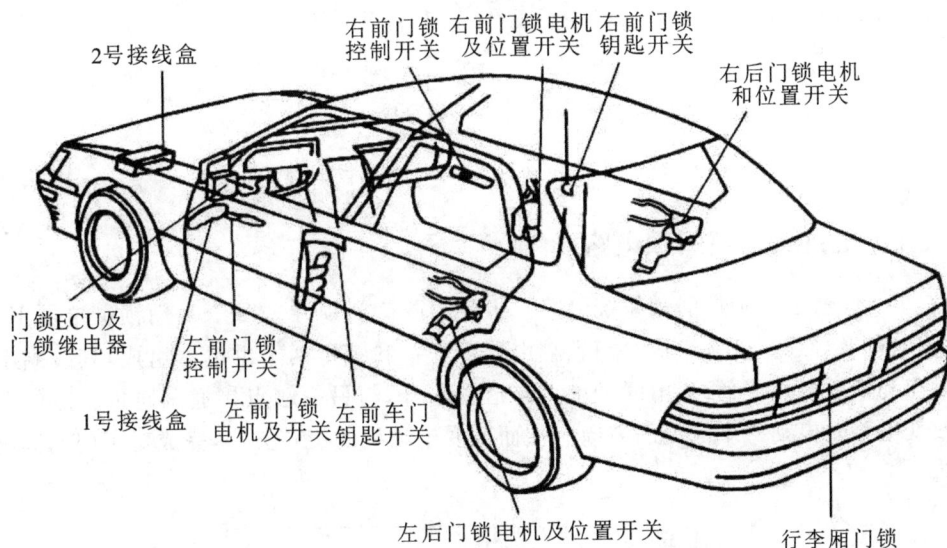

图 7-22 中央控制门锁系统零部件位置图

三、中控门锁的分类

中控门锁的分类方法如下:

1)按控制方式分:不带防盗系统的中控门锁和带防盗系统的中控门锁。

2)按结构可分为:双向空气压力泵式、微型直流电动机式和电磁线圈式。

实际操纵中控门锁的方法有三种:遥控器、钥匙和室内中控开关。

活动 2 认识直流电机式中控门锁

一、直流电机式中控门锁的工作过程

直流电机式中控门锁传动机构如图 7-23 所示,主要由双向直流电机、门锁开关、连杆执行机构等组成。其基本原理是:利用控制直流电动机的正反电流方向,电机正反向运转来完成门锁的开、关动作。

当用钥匙来开、锁门时,控制器被触发,门锁电动机运转,通过门锁操纵连杆操纵门锁动作,由于在锁或开门时给控制器的触发不同,故门锁电动机通过电流的方向相反,这样利用电机的正转或反转,就可完成车门的闭锁和开锁动作。

147

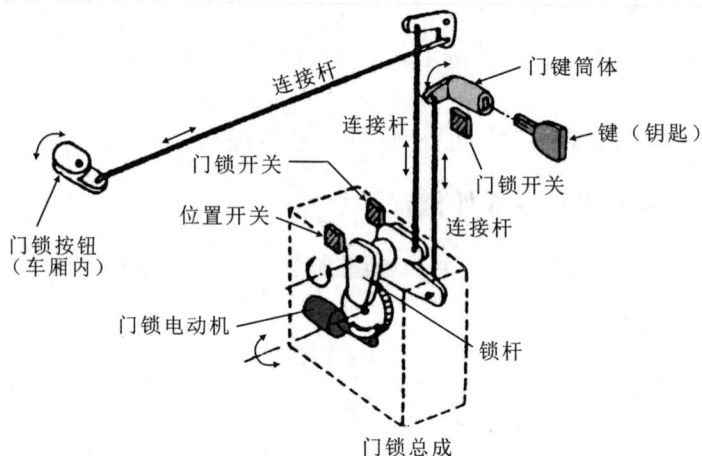

图 7-23　电动机式中控门锁传动机构

二、直流电机式中控门锁电路

如图 7-24 所示为中控门锁系统电路。主要由两个门锁开关 S_1、S_2,门锁继电器 K、五个双向直流电机及导线熔丝等组成。门锁继电器由开锁和锁定两个继电器组成,其线圈不通电时,动触点和搭铁触点接通;通电时动触点与搭铁断开,与另一触点接通。通过触点位置的改变,来改变电路及电动机中电流的方向。从而改变电动机的旋转方向,完成对车门的锁定和开锁动作。

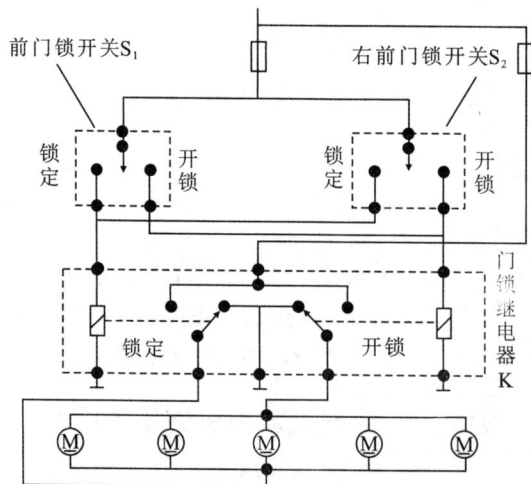

图 7-24　直流电机式中控门锁电路

活动 3　防盗系统功用及类型

一、防盗系统功用

汽车防盗系统,就是一种安装在车上用来增加盗车难度,延长盗车时间的装置,是防止汽车本身或车上的物品被盗所设的系统。

二、汽车防盗器的类型

1. 机械式防盗器

机械式防盗装置是市面上最简单,最廉价的防盗器,其原理也很简单,只是将转向盘和控制踏板或挡柄锁住。其优点是价格便宜,安装简便;缺点是防盗不彻底,每次拆装麻烦,不用时还要找地方放置。机械式防盗装置比较常见的有:转向盘锁、可拆卸式转向盘和排挡锁三种形式。

上述机械式防盗装置结构比较简单,占用空间,不隐蔽,每次使用都要用钥匙开锁,比较麻烦,而且不太安全。因此,随着电子技术在汽车上的应用,电子式防盗装置就应运而生。

2. 电子式防盗装置

所谓电子防盗,简而言之就是给车锁加上电子识别,开锁配钥匙都需要输入十几位密码的汽车防盗方式,它一般具有遥控技术,是随着电子技术的发展而迅速发展起来的一种防盗方式。电子式防盗器有如下四大功能:防盗报警功能、车门未关安全提示功能、寻车功能、遥控中央门锁。

3. GPS 卫星定位防盗系统

GPS 的工作原理是利用接收卫星发射信号与地面监控设备和 GPS 信号接收机组成全球定位系统,卫星星座连续不断发送动态目标的三维位置、速度和时间信息。保证车辆在地球上的任何地点、任何时刻都至少能收到卫星发出的信号。GPS 主要是靠锁定点火或启动来达到防盗的目的,同时还可通过 GPS 卫星定位系统,将报警处和报警车辆所在位置无声地传送到报警中心。因此,只要每辆移动车辆上安装的 GPS 车载机能正常的工作,再配上相应的信号传输链路(如 GSM 移动通信网络和电子地图),建一个专门接收和处理各个移动目标发出的报警和位置信号的监控室,就可形成一个卫星定位的移动目标监控系统。GPS 卫星定位汽车防盗系统有如下五大功能:定位功能、通讯功能、监控功能、停驶功能和调度功能。

活动 4　防盗系统的组成及原理

一、汽车防盗系统的组成

电子防盗系统的组成有三个部分:开关和传感器、防盗 ECU 及执行机构组成,防盗系统的组成如图 7-25 所示。

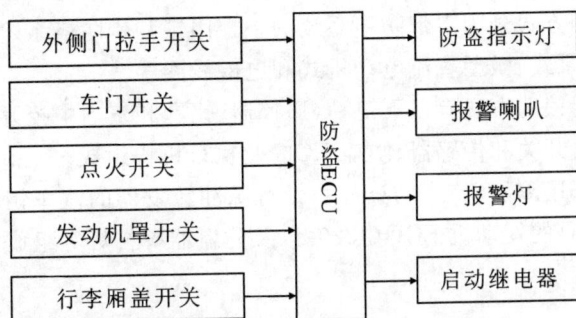

图 7-25　防盗系统的组成

二、防盗系统原理

防盗系统的工作是由中控门锁系统提供识别信号,防盗 ECU 识别信号并根据识别情况驱动执行装置工作。其控制电路通常包括输入器、存储器、识别器、编码器、驱动装置、抗干扰电路、显示装置、保险装置和电源等部分。

电源用来向该系统提供电能,是电子锁控制部分和执行机构必不可少的;编码器用来人为的设置密码;存储器可以将编码存储起来;输入器是用来将密码输入锁内;识别器是对来自输入器的编码和存储记忆的编码进行比较,当两组编码不相同时,便会通过显示装置显示出来,或报警求救,或控制防止汽车移动装置执行指令,不得使汽车移动;驱动装置是在接到识别器输送来的信号时,接通执行机构的电路,使执行机构进行开启或锁止;抗干扰电路防止汽车内外电磁信号干扰所引起防盗系统误动作;显示器和报警器是输出装置,它是用来在需要报警时进行报警;保险装置的作用是防止车速过高时车门自动打开,在控制电路发生故障时,门锁可以直接开启;执行机构可以分为电动机式或电磁线圈式,它用来将电能转换为机械能,以使门锁开启或锁止。

本章小结

1)电动刮水器主要由直流电动机、蜗轮箱、曲柄、连杆、摆杆和刮水片等组成,刮水电动机有绕线式和永磁式两种。

2)风窗玻璃洗涤装置主要由储液罐、洗涤泵、输液管、喷嘴等组成。洗涤泵的连续工作时间不应超过 1min。对于刮水和洗涤分别控制的汽车,应先开启洗涤泵,再接通刮水器。喷水停止后,刮水器应继续刮动 3~5 次,以便达到良好的清洁效果。

3)电动车窗主要由车窗玻璃、车窗玻璃升降器、电动机、控制开关等组成。通过车窗升降电动机的电路,电动机产生动力通过一系列的机械传动,使车窗玻璃按要求进行升降。

4)电动后视镜一般由镜片、驱动电机、控制电路及操纵开关等组成。在每个后视镜镜片的背后均有两个可逆电动机,可操纵其上下及左右运动。通常垂直方向的倾斜运动由一个永磁电动机控制,水平方向的倾斜运动由一个永磁电动机控制。

5)电动座椅为驾驶员及乘员提供便于操作、舒适而有安全的驾驶位置。一般由双向电动机、传动装置和控制电路等组成。

6)中央控制门锁系统一般由门锁开关、门锁控制器和门锁执行机构组成中控门锁。

7)中控门锁按控制方式分为不带防盗系统的中控门锁和带防盗系统的中控门锁。按结构可分为:双向空气压力泵式、微型直流电动机式和电磁线圈式。

8)实际操纵中控门锁的方法有以下三种:遥控器、钥匙和室内中控开关。

9)汽车防盗系统由开关和传感器、防盗 ECU 及执行机构组成。

10)桑塔纳 2000GSI 型轿车汽车防盗器由带有脉冲转发器的汽车钥匙、识读线圈、防盗器 ECU(J362),带可变代码的发动机 ECU(J220)以及防盗器警告灯等组成。

实训项目 桑塔纳 2000GSI 防盗系统的维修

一、实训的目的与要求：

1）熟悉防盗系统的自诊断功能；

2）学会钥匙的匹配。

二、实训的器材与设备

带防盗系统的桑塔纳 2000GSI 轿车、大众专用阅读仪 V. A. G1552 或 1551、万用表、其他辅助工具

三、实训的步骤和操作方法

1. 检查自诊断检测条件

1）被检测车辆蓄电池电压必须大于 11V。

2）将大众专用故障阅读仪 V. A. G1552 的插头与车内变速器操纵杆前的诊断插口连接。

3）点火开关打开。

2. 匹配汽车钥匙

桑塔纳 2000GSI 型轿车，新配车钥匙，更换防盗器 ECU，都必须用仪器进行一次钥匙匹配。此功能会将以前所有合法钥匙的代码清除，重编新的合法代码。如果用户遗失一把合法的钥匙，只要将其他钥匙重新完成一次匹配钥匙程序，那么丢失的钥匙就变为非法钥匙，不能启动发动机。匹配钥匙最多不能超过 8 把。

匹配汽车钥匙程序如下：

1）必须知道密码。如果丢失，可用仪器查出 14 字符后，向大众公司服务热线求得。

2）连接大众专用阅读仪 V. A. G1552，打开点火开关，输入"25"防盗器地址码，按 Q 键确认。按"→"键选择输密码功能。输入"11"，按 Q 键确认，屏幕显示如下：

| Login procedure |
| Enter code number XXXXX |
| 输入密码： |
| 输入密码号：XXXXX |

3）将密码号在 4 位数字前加"0"，如 08888 并输入。按 Q 键确认，如正确，则可回到功能菜单去进行下一步"匹配"。如屏幕显示如下：

| Function is unknown   or |
| Cannot be carried out at moment |
| 功能不清或 |
| 此刻不能执行 |

则表明密码错误,必须重新输入正确的密码。如果连续二次输错,必须输入"06"退出防盗器自诊断程序,在点火开关接通(打开)的情况下等待 30 分钟以后再进行。

4)匹配钥匙。输入"10"匹配功能并按 Q 键确认,屏幕显示:

| Adaptation |
| Feed in channel number XX |
| 匹配 |
| 输入频道号 XX |

输入"21"频道号,按 Q 键确认,屏幕显示:

| Channel 21 Adaptation　　2 |
| →＜－1　　　－3＞ |
| 频道 21 匹配 2 |
| →＜－1　　　－3＞ |

汽车钥匙数量可根据需要输入 0~8 数字,上面屏幕中的 2,表示已有 2 把合法的钥匙。此时键入"1"则表示要减少 1 把钥匙,键入"3"则表示增加 1 把钥匙。直到屏幕右上角需要的数量为止。注意:如果输入"0"表示全部钥匙都变为非法,将不能起动发动机。

按"→"键,屏幕显示:

| Channel 21 Adaptation　　5 |
| →Enter adaptation value XXXXX |
| 频道 21 匹配 5 |
| →输入匹配钥匙数 XXXXX |

如需匹配 5 把钥匙,则输入"00005",并按"Q"键确认。继续按"Q"键,直到屏幕显示:

| Channel 21 Adaptation　　5 |
| →Changed value is stored |
| 频道 21 匹配 5 |
| →改变的钥匙已储存 |

按"→"键,回到待机状态,输入"06"结束输出功能,按"Q"键确认。此时在汽车点火锁上的这把钥匙匹配完毕。关闭点火开关,然后换入另一把钥匙,打开点火开关至少 1 秒钟后,重复上述操作,把所有的钥匙都匹配完毕。

四、注意事项

1)每次匹配钥匙的操作过程顺利完成后,防盗警示灯亮 2 秒,然后熄灭 0.5 秒,再亮 0.5 秒后熄灭,表示过程完成。

2)对匹配好的钥匙都必须试用一下,或进入"02"故障查询功能检查一下以确认最终完成匹配。

3)匹配钥匙的操作过程应在 30 秒内完成,并必须打开点火开关,否则无效。

4)如果操作过程中发现错误,如将已匹配好的钥匙再次进行匹配,则防盗警示灯快速闪亮(每秒 2 次)报警,读出过程自动中断。如果要匹配的钥匙中转发器是坏的,或钥匙没有转发器,匹配将不能完成。

项目八　汽车空调系统

【项目要求与能力目标】

❖ 了解空调系统的功用；

❖ 掌握空调系统的结构和工作原理；

❖ 掌握空调系统的主要部件构造与原理；

❖ 了解空调系统的电气控制装置；

❖ 能够正确拆装与检修空调压缩机。

任务 1　空调系统的总体认识

汽车空调系统由制冷装置、暖风装置、通风装置、空气净化装置和加湿装置中的一个或多个部件以及必要的控制部件等构成，用于调节车内的温度、湿度和空气的洁净度，从而给驾驶员和乘员提供舒适的环境及新鲜空气的系统。

活动 1　认识空调系统的功能与分类

一、汽车空调的功能

1. 温度调节

这是汽车空调的主要功用，目前多数汽车的空调也主要具有这一功用。夏季由制冷系统产生冷气对车厢内降温；冬季除大型商用车采用独立燃烧式加热器采暖外，其他车辆基本上采用汽车余热进行采暖。

2. 湿度调节

湿度对车内乘员的舒适感觉有很大影响。车厢内的湿度一般应保持在 $30\%\sim70\%$，普通汽车空调不具备调节车内湿度的功能，只有通过使用通风装置或打开车窗靠车外空气来调节。高级豪华汽车采用的冷暖一体化空调器，通过制冷和采暖的共同使用才能对车内的湿度进行适当的调节。

3. 气流调节

气流的速度和方向对人的舒适性影响很大。如果直吹，在温度合适时，流速应限制在一定的范围内，根据乘客的生活环境、年龄、健康状况、冷热习惯等可以适当改变流速的大小。

4. 空气净化

车厢内空气的质量是驾乘舒适的重要保证。车厢内的空气时刻受到乘客呼出的 CO_2、乘员身体的各种异味、烟味、化妆品味、非金属材料味、大气中的悬浮物的污染及环境异味的影响，因而有的汽车在空调的进风口装有空气过滤装置和空气净化装置。

二、汽车空调的分类

(一)按驱动方式分类

汽车空调系统按驱动方式可分为非独立式汽车空调系统和独立式汽车空调系统。

1. 非独立式汽车空调系统

这种空调制冷压缩机由汽车本身的发动机驱动,汽车空调系统的制冷性能受汽车发动机工况的影响较大,工作稳定性较差,尤其是低速时制冷量不足,而在高速时制冷量过剩,并且消耗功率较大,影响发动机动力性。这种类型的汽车空调系统一般多用于制冷量相对较小的乘用车上。

2. 独立式汽车空调系统

这种空调制冷压缩机由专用的空调发动机(也称副发动机)驱动,因此汽车空调系统的工作稳定、制冷量大,制冷性能不受汽车主发动机工况的影响,但由于加装了一台发动机,不仅成本增加,而且体积和质量也增加。这种类型的汽车空调系统多用于商用车上。

(二)按结构形式分类

汽车空调按结构形式可分为整体式空调、分体式空调以及分散式空调。

1. 整体式空调

整体式空调将副发动机、压缩机、冷凝器和蒸发器通过传动带、管道连接成一个整体,安装在一个专用机架上,构成一个独立总成,由副发动机带动,通过车内通风管将冷风送入车内。

2. 分体式空调

分体式空调将压缩机、冷凝器、蒸发器以及独立式空调的副发动机部分或全部分开布置,用管道连接成一个制冷系统。

3. 分散式空调

分散式空调将蒸发器、冷凝器、压缩机等各部件分散安装在汽车各个部位,并用管道连接。

活动 2 空调系统的组成与工作原理

一、汽车空调的结构组成

汽车空调系统结构如图8-1所示,主要由制冷剂、压缩机、蒸发器、冷凝器、节流装置和辅助控制元件等组成。

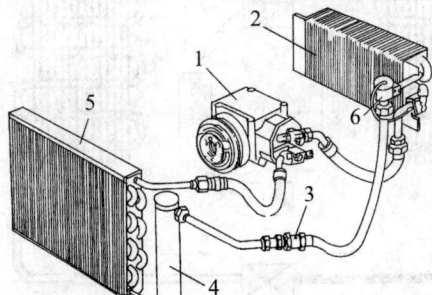

1—压缩机;2—蒸发器;3—视液窗;4—储液干燥器;5—冷凝器;6—热力膨胀阀。

图8-1 空调制冷系统基本组成

1. 制冷剂

制冷剂（俗称冷媒）是制冷系统中的一种工作介质，通过自身的"相态"的变化来实现热交换，从而达到制冷的目的的。汽车空调系统常用制冷剂 R12 和制冷剂 R134a。

2. 空调压缩机

空调压缩机是汽车空调制冷装置的动力元件，用来压缩和输送制冷剂。

3. 冷凝器

冷凝器是一种热交换器，是把来自压缩机的高温高压气体通过管壁和翅片将其中的热量传递给冷凝器周围的空气。它的作用和原理正好与蒸发器相反。

4. 节流装置

节流装置有热力膨胀阀、节流孔管等类型，是汽车制冷中的重要部件，起到节流降压、调节流量、防止"液击"和防止异常过热的控制作用。

5. 蒸发器

蒸发器也是一种热交换器，它利用从节流装置来的低温低压的液态制冷剂蒸发时吸收周围空气中的大量热量，从而达到车内降温的目的。

6. 辅助及控制元器件

空调系统中辅助及控制元器件有很多，主要包括储液干燥器（或气液分离器）、控制电路板、各种阀、各种开关、管路、视镜以及各种指示器和控制仪表等。它们的作用是提供必要的条件保证系统得以正常的工作。

7. 冷冻机油

冷冻机油为空调压缩机运动部件提供润滑，此外还有部分冷冻机油与制冷剂混合在一起在空调系统内循环。

二、汽车空调工作原理

空调制冷系统制冷是利用液态制冷剂汽化吸热产生冷效应。其工作原理如图 8-2 所示。

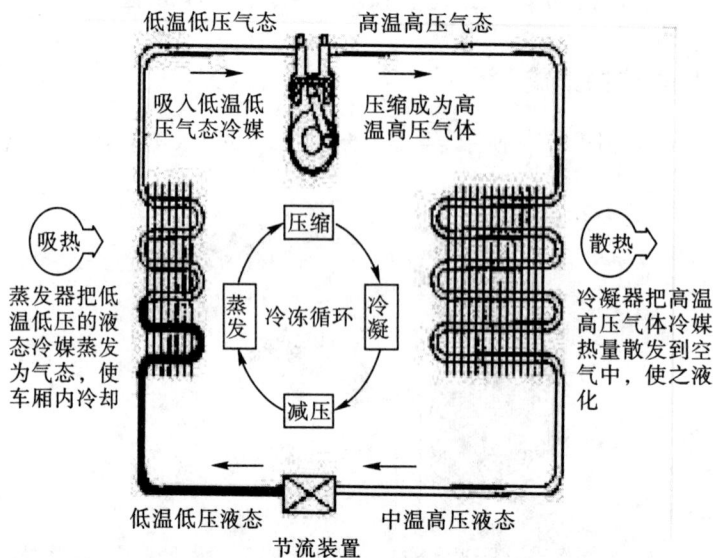

图 8-2　制冷循环原理图

制冷循环是由压缩、放热、节流和吸热四个过程组成。

1. 压缩过程

压缩机吸入蒸发器出口处的低温低压的制冷剂气体,把它压缩成高温高压的气体,然后送入冷凝器。此过程的主要作用是压缩增压,以便气体易于液化。压缩过程中,制冷剂状态不发生变化,而温度、压力不断升高,形成过热气体。

2. 放热过程

高温高压的过热制冷剂气体进入冷凝器(散热器)与大气进行热交换。由于压力及温度的降低,制冷剂气体冷凝成液体,并放出大量的热。此过程作用是排热、冷凝。冷凝过程的特点是制冷剂的状态发生变化,即在压力、温度不变的情况下,由气态逐渐向液态转变。冷凝后的制冷剂液体是高压高温液体。制冷剂液体过冷,过冷度越大,在蒸发过程中其蒸发吸热的能力也就越大,制冷效果越好。

3. 节流过程

高压高温制冷剂液体经膨胀阀节流降温降压,以雾状(细小液滴)排出膨胀装置。该过程的作用是使制冷剂降温降压,由高温高压液体迅速地变成低温低压液体,以利于吸热、控制制冷能力以及维持制冷系统正常运行。

4. 吸热过程

经膨胀阀降温降压后的雾状制冷剂进入蒸发器,因此时制冷剂沸点远低于蒸发器内温度,故制冷剂液体在蒸发器内蒸发、沸腾成气体。在蒸发过程中大量吸收周围的热量,降低车内温度。而后低温低压的制冷剂气体流出蒸发器等待压缩机再次吸入。吸热过程的特点是制冷剂状态由液态变化到气态,此时压力不变,即在定压过程中进行这一状态的变化。

上述过程周而复始地进行,便可使汽车内温度达到并维持在给定的状态。

任务 2 空调系统的主要零部件的构造

汽车空调压缩机和电磁离合器是汽车空调系统的重要组成部件。冷凝器大多布置在车前部、侧面或车底,蒸发器通常置于车内,由于蒸发器经常出现泄漏故障,一旦发生泄漏,将严重影响汽车空调系统的正常工作。

活动 1 认识压缩机及电磁离合器

一、空调压缩机

汽车空调压缩机及电磁离合器的基本组成如图 8-3 所示。

(一)压缩机的作用

汽车空调压缩机是汽车制冷系统的主要部件之一,是推动制冷剂在制冷系统中不断循环的动力源,起着输送制冷剂、保证制冷系统正常工作的作用。

(二)常见汽车空调压缩机的结构及工作原理

汽车空调压缩机一般都是开式容积式结构,除部分由辅助发动机直接带动外,大多靠电磁离合器由发动机通过传动皮带带动。中、大型商用车空调压缩机一般都是传统的曲轴连杆式,又称立式;中、小型汽车空调压缩机以摇摆斜盘式和回转斜盘式为主。

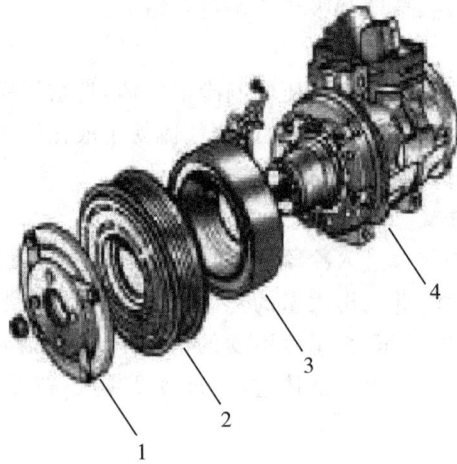

1—电磁离合器从动盘；2—皮带盘；3—电磁线圈；4—压缩机缸体。

图 8-3　空调压缩机的基本组成图

1. 摇摆斜盘式压缩机

摇摆斜盘式压缩机是往复式单向活塞结构（如图 8-4 所示），又称单向斜盘式或摇板式。摇摆斜盘式压缩机是将五个（或七个）气缸均匀分布在压缩机缸体内。摇板（又称行星盘）上均匀安装有五个或七个球窝，每个球窝连接座里的连杆都与一个活塞相连。主轴穿过摇板支承在缸体两端的径向轴承上。主轴上用销子固定一个传动板（又称斜盘），摇板（行星盘）紧靠着传动板的斜面（由弹簧压紧，压紧力可由调节螺钉调节），中间有平面轴承隔开，靠防旋齿轮或导向销限制摇板，使之不能作圆周方向的位移，只能靠传动板的推动做轴向往复摆动（当主轴转动时），从而带动活塞作轴向往复运动，吸入低压的制冷剂气体再压缩并排出高压制冷剂气体。

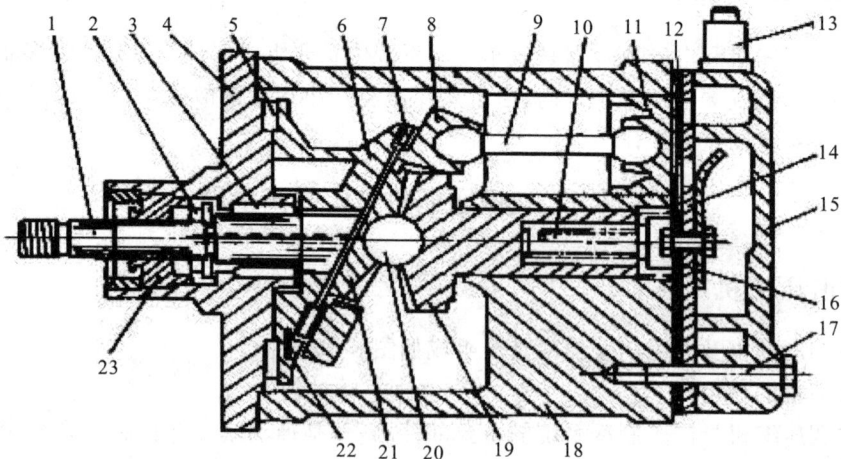

1—主轴；2—轴封；3—轴承；4—前盖；5—平面止推轴承；6—斜盘；7—平面止推轴承；8—摇板（行星盘）；9—球形连杆；10—弹簧；11—活塞；12—气缸垫；13—吸、排气口；14—阀板组件；15—气缸盖；16—调节螺钉；17—连接螺钉；18—缸体；19—防旋齿轮（固定齿）；20—钢球；21—防旋齿轮（动齿）；22—平衡块（铸入斜盘中）；23—油毛毡。

图 8-4　三电公司摇摆斜盘式压缩机剖面图（带防旋齿轮）

2. 回转斜盘式压缩机

回转斜盘式压缩机是往复式双向活塞,又称双向斜盘式。回转斜盘式压缩机和摇摆斜盘式压缩机属同一类型。回转斜盘式压缩机的工作原理是把装在主轴上的斜盘的回转运动变为双向活塞沿轴向的往复运动。活塞的两边都是气缸,因而一个活塞起到双缸的作用。

3. 回转斜盘式与摇摆斜盘式压缩机

回转斜盘式与摇摆斜盘式压缩机的结构差别如图8-5所示。

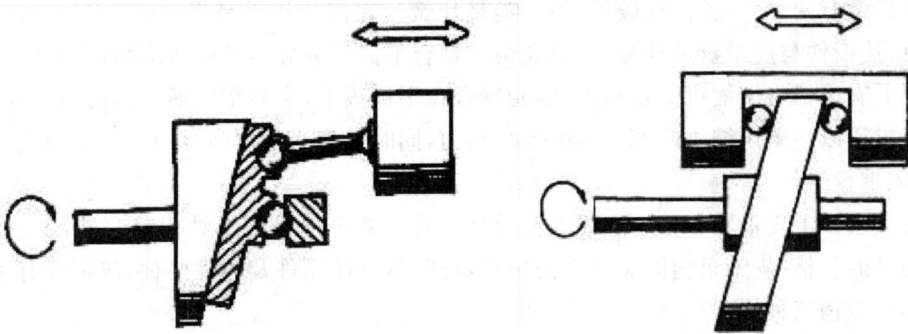

图8-5 回转式与摇摆式压缩机的结构比较

二、电磁离合器

1. 电磁离合器的作用

电磁离合器是用来断开或者接通压缩机动力的装置。除大型独立式空调机组外,一般汽车空调压缩机都是通过其前端的皮带盘与发动机曲轴皮带轮进行连接的,压缩机的停、开是由电磁离合器的释放或吸合决定的。

2. 电磁离合器的结构

电磁离合器主要由前板、皮带盘(转子)及电磁线圈组成。如图8-6所示。

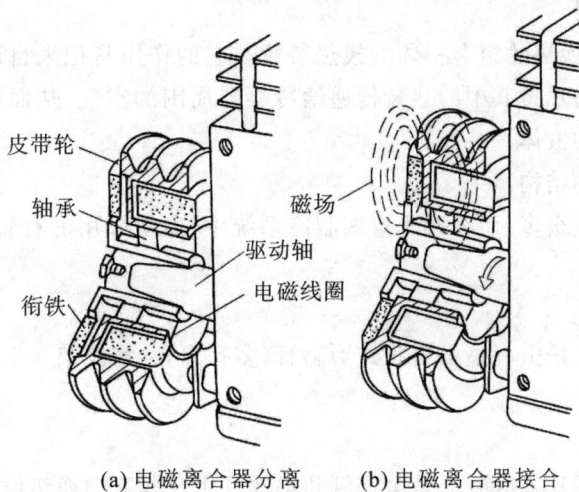

(a)电磁离合器分离　　(b)电磁离合器接合

图8-6 空调压缩机离合器结构

159

（1）前板

前板主要由衔铁（离合器从动盘）、回位弹性体、轴套（带键槽）、平衡板等元件组成。电磁离合器是通过衔铁与电磁线圈共同来工作的，根据电磁线圈的通电与否就产生吸合、释放两种状态。电磁线圈有电流通过，产生电磁力，衔铁与皮带盘吸合时，压缩机主轴与皮带盘一起转动，获得发动机的动力；电磁线圈没有电流通过时，电磁力消失，衔铁与皮带盘断开，压缩机主轴断开了动力。

回位弹簧有两类，一类是橡胶件，另一类是片簧。它们的作用是当电磁线圈不通电、电磁力消失时，让衔铁与皮带盘迅速分开，以免两个贴合平面因分离不及时造成摩擦烧坏。

轴套上有键槽与压缩机主轴相连，轴套铆合在平衡板上，又与衔铁通过铆钉联结成一体。平衡板用以平衡压缩机内部产生的不平衡力，同时也作为回位弹簧的一个支承点。

（2）皮带盘组件

皮带盘组件由皮带轮和轴承组成。皮带盘上有一侧平面是与衔铁相吸合的，上有许多供磁力线通过的长槽，皮带盘内圈装有平面轴承，皮带盘有冲压件及铸件两种，皮带槽有单槽、双槽及齿形皮带槽三种。

（3）电磁线圈

电磁线圈由线圈外壳、线圈及接线组成。

3. 电磁离合器的工作原理

电磁离合器的工作原理是当电流通过电磁线圈时，产生较强的磁场，使压缩机的电磁离合器从动盘和自由转动的皮带轮吸合，从而驱动压缩机主轴旋转。当把电流切断，磁场就消失，靠弹簧作用把从动盘和皮带轮分开，压缩机便停止工作。

活动2　认识冷凝器及蒸发器

一、冷凝器

（一）冷凝器的作用

冷凝器是换热管、换热片组合一体的换热装置。它的作用是把来自压缩机的高温高压气态制冷剂通过管壁和翅片将其中的热量传递给冷凝器周围的空气，从而使高压高温的气态制冷剂冷凝成高压中温的液体。

（二）空调冷凝器的结构

冷凝器的结构形式很多，而在汽车空调制冷系统中，经常采用的有管带式、管片式和平流式等类型。

1. 管带式冷凝器

如图8-7所示，它是由一整根扁状蛇形扁管（多孔扁管）和波浪形散热片焊接而成，扁管的孔数为3～4孔不等。

2. 管片式冷凝器

如图8-8所示，管片式冷凝器是由铜管和铝翅片组合起来的换热设备。一般用在大中型商用车的冷气装置上。这是最早的一种冷凝器，虽然体积较大，换热效率较差，但结构简单，加工成本低，因此，目前仍有应用。

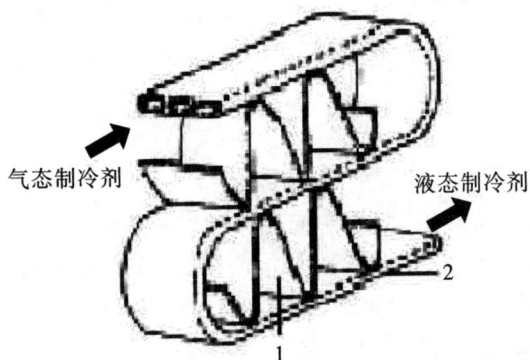

1—散热片；2—扁管。

图8-7　管带式冷凝器

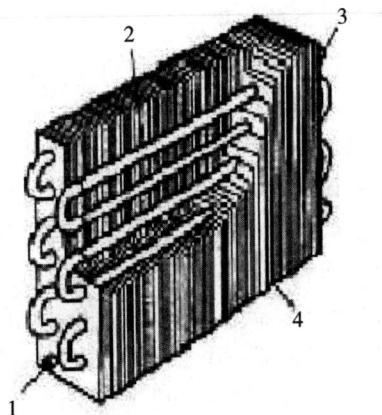

1—出口；2—圆管；3—进口；4—管片。

图8-8　管片式冷凝器

3. 平流式冷凝器

现在把制冷剂由R12改为R134a，要求冷凝器的换热效率进一步提高时，多元平流式冷凝器是最合适的。如图8-9所示，平流式冷凝器是由管带式冷凝器演变而成，也是由扁管和波浪形散热片组成，散热片上同样开着百叶窗式条缝，但扁管不是弯成管带式，而是每根截断的，两端各有一根集流管。平流式冷凝器又分为两种：一种是集流管不分段，制冷剂流动方向一致，取名为单元平流式冷凝器；另一种取名为多元平流式冷凝器，它的集流管是分段的，中间有分隔片隔开，起到分流和汇流的作用。

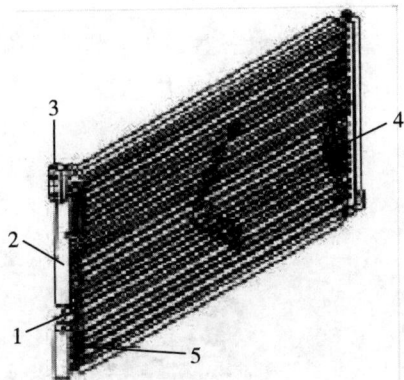

1—制冷剂扁管；2—圆柱形头；3—制冷剂出口集液箱；4—波纹百叶翅片；5—内插管。

图8-9　平流式冷凝器

(三)空调冷凝器的工作原理

当制冷系统工作时，由冷却风扇形成的空气流经过冷凝器，带走冷凝器管内制冷剂热量，从而使制冷剂由气态变为液态。

二、蒸发器

在汽车上总是把蒸发器、风机、温度控制器甚至还有许多相关的零部件组装在一起，称作蒸发器总成。采用这种结构方式便于整体安装和拆卸，避免零件的散落，对维修也十分方便。

（一）蒸发器的作用

汽车空调蒸发器置于车内，它属于直接风冷式结构，它利用低温低压的液态制冷剂蒸发时需吸收大量的热量的原理，把通过它周围的空气中的热量带走，变成冷空气送入车厢，从而达到车内降温的目的。

（二）空调蒸发器的结构

汽车空调制冷系统采用的蒸发器有管片式、管带式和层叠式等几种。

1）管片式和管带式蒸发器的结构与冷凝器的结构相同，不再描述。

2）层叠式蒸发器的单层结构是由铝制的平板中间夹一层波形散热片，两侧再用封条进行密封，如图 8-10(a) 所示是一个层叠式蒸发器的单层结构，将一个个单层叠置起来进行焊接，就构成层叠式蒸发器单体，蒸发器单体再与集流箱焊接，即构成完整的层叠式蒸发器，如图 8-10(b) 所示。

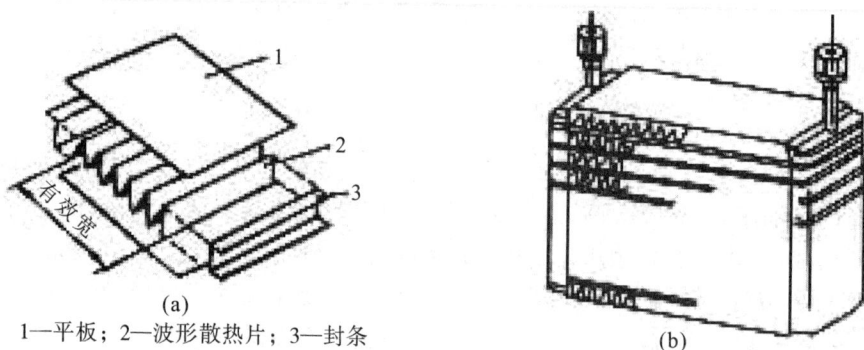

1—平板；2—波形散热片；3—封条

(a)   (b)

图 8-10 层叠式蒸发器

为了提高换热效果，翅片的结构上采取一些强化换热的措施，如图 8-11 所示，图(a)为光直形翅片，图(b)为锯齿形翅片，图(c)为多孔形翅片。

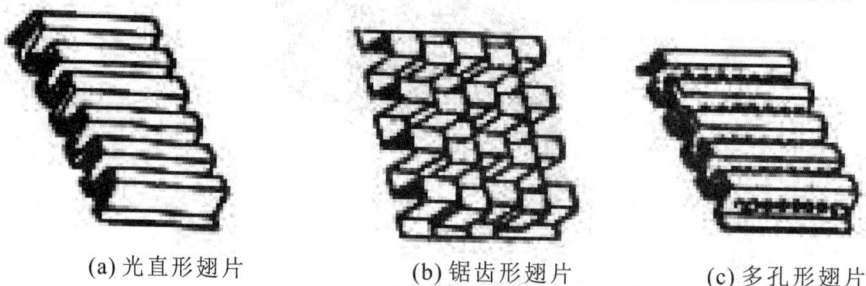

(a) 光直形翅片   (b) 锯齿形翅片   (c) 多孔形翅片

图 8-11 翅片的结构

层叠式蒸发器的传热面积是由隔板和翅片组成的，热传递基本是依靠翅片来完成的，隔板只传递一小部分。翅片除承担传热任务以外，还起到两隔板间的加强作用。因此，若翅片不能完全与隔板焊接在一起，不但影响传热效果，同时还影响到隔板的强度。

（三）空调蒸发器的工作原理

蒸发器的作用原理与冷凝器正好相反，从膨胀阀或节流孔管流出，直接进入蒸发器的制冷剂由于体积突然膨胀而变成低温低压雾状物（微粒液体），这种状态的制冷剂很容易汽化，汽化时将吸收周围大量的热量，空调风机强制使进入车内的空气从蒸发器表面流过，通过管片将热量传给蒸发器内的制冷剂,通过吸收热量使液态的制冷剂汽化。如图8-12所示。

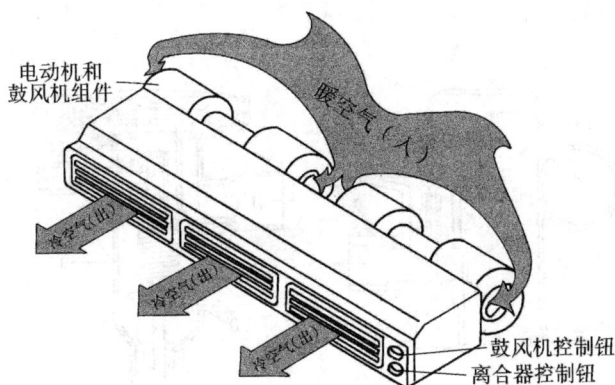

图 8-12 蒸发器工作原理

活动 3 认识节流膨胀装置

一、膨胀阀

(一)膨胀阀的主要作用

1. 节流降压

膨胀阀使从冷凝器出来的高温高压液态制冷剂节流降压成为容易蒸发的低温低压雾状物进入蒸发器,即分离了制冷剂的高压侧与低压侧,但制冷剂的液体状态没有改变。

2. 调节流量

由于制冷负荷的改变以及压缩机转速的改变,要求流量做相应调整,以保持车内温度稳定,制冷剂正常工作。膨胀阀就起了把进入蒸发器的流量自动调节到制冷循环所要求的合适程度的作用。

3. 控制流量

防止"液击"和异常过热发生。所谓"液击"就是这种过饱和气体在压缩机中因压缩升温,在过热蒸气的过程中,其中所含的液滴迅速蒸发膨胀,使气缸中压力骤增,活塞阻力突然加大,导致活塞像受到重击一样而损坏。膨胀阀以感温包作为感温元件控制流量大小,保证蒸发器尾部有一定的过热度,从而保证蒸发器总容积的有效利用,避免液态制冷剂进入压缩机而造成"液击"现象,同时又能将过热度控制在一定范围内,从而防止异常过热现象发生。

(二)汽车空调膨胀阀的结构及工作原理

膨胀阀根据平衡方式分为内平衡与外平衡两种,根据静止过热度调整(调弹簧预紧力)方式分为内调式与外调式两种,连接口又分为O形圈式与喇叭口式两种。膨胀阀的结构由两部分组成,即感温受压部分和阀体部分。

1. 感温受压部分

这是自动调节的信号发送机构,由感温包、毛细管和动力室组成一个密闭系统。动力室下面有一块厚度为0.1～0.2mm的薄膜片(称为传动膜片),它随着平衡压力的变化而产生上下位移。

2. 阀体部分

这是自动调节的执行机构,由阀针、过热度调节弹簧、阀体、推杆、顶杆、阀座、调节螺钉、过滤网等零件组成。膜片位移时,调节信号传递给顶杆,顶杆推动阀针,从而调整阀通径的大小,即调节了制冷剂的流量。

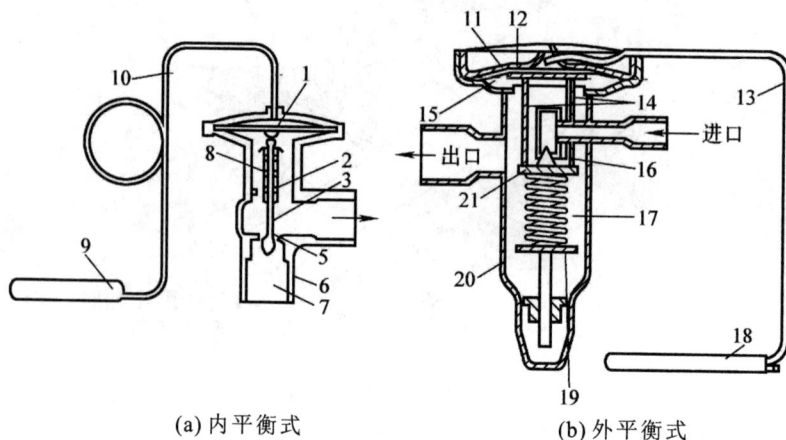

(a) 内平衡式   (b) 外平衡式

1—膜片;2—内平衡口;3—阀针;4—蒸发器出口;5—阀座;6—阀体;7—通储液罐的进口;8—弹簧;
9—遥控温包;10—毛细管;11—膜片;12—温包压力;13—毛细管;14—推杆;15—蒸发器出口压力;
16—阀座;17—过热弹簧;18—遥控温包;19—弹簧压力板;20—阀体;21—阀针。

图 8-13 热力膨胀阀结构

内平衡式热力膨胀阀如图 8-13(a)所示,膜片下的平衡压力是从蒸发器入口处导入,从蒸发器入口到出口会有压力损失。这会影响调节精度,但其结构简单,适宜于压力损失小的蒸发器。外平衡式热力膨胀阀如图 8-13(b)所示,膜片下的平衡压力是从蒸发器出口处导入,这弥补了蒸发器内部压力损失的影响。其工艺要求比内平衡式稍高,适宜于压力损失较大的蒸发器。

二、节流管

如图 8-14 所示,节流管是一根细小的铜管,安放在一根塑料套管内,在塑料套管上套有一根或两根 O 形密封圈,铜管的外面是滤网。由于 O 形圈的隔离作用,来自冷凝器的制冷剂只能从细小的铜管中通过,进入蒸发器。节流管上的滤网能阻挡杂质进入铜管。

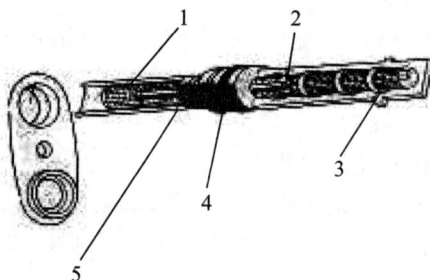

1—出口滤网;2—毛细管;3—进口滤网;4—O 形密封圈;
5—安装标记。

图 8-14 节流管

采用节流管的制冷系统(CCOT 方式)与常规制冷系统不同,它有一个大的集液器放在其中一个蒸发器后面而不是放在冷凝器后面,这个集液器的功能与常规的储液干燥罐也不同,称为集液器或气液分离器。在这种方式中,因为节流管没有运动部件,结构简单、成本低、可靠性高,同时节省能耗,美国很多高级乘用车都采用这种方式。近年来日本和我国部分高级乘用车上也采用了这种结构。

活动 4　认识储液干燥器及集液器

一、储液干燥器

1. 储液干燥器的作用

在制冷系统中不可避免地存在着水分,而水分的存在会引发很多后果,例如:

1)腐蚀　水能促进油与制冷剂的反应,使制冷剂分解产生酸并且会引起破坏性腐蚀。

2)冰堵　水容易在膨胀阀口结冰,从而影响制冷剂流动。

3)脏堵　水会促进淤渣的形成,并堵塞膨胀阀、节流管。

4)镀铜现象　在 R134a 系统中,若存在水分,有可能造成铜管上的铜分子沉积到钢零件表面,造成镀铜现象,使压缩机运动部件卡死。

2. 储液干燥器的结构

如图 8-15 所示,储液干燥器主要由储液器、干燥器、过滤器、视镜和安全装置这几部分构成。

储液器是个钢质或铝质的压力容器,就是制冷剂的储存筒,它能以一定的流量向膨胀阀输送液态制冷剂。储液罐的容量一般约为系统体积的1/3。干燥器实际上就是能吸收湿气的装置。干燥器中存放干燥剂,常用的干燥剂有硅胶、活性氧化铝、硫酸钙、分子筛等。

视镜有两个作用:一是指示系统中是否有足够的制冷剂;二是指示制冷剂是否有水分。视液窗安置在液管通路中或储液罐的出口处,当系统正常运行时,从玻璃中可以看到没有气泡稳定流动的液体。假如出现气泡或泡沫,则说明系统工作不正常或制冷剂不足。

易熔塞是一种安全设施,一般装在储液干燥器的头部,用螺塞拧入。螺塞中间是一种铜铝合金,当制冷工质温度升到 95～100℃时,易熔合金熔化,制冷剂逸出,避免了系统中其他部件损坏。

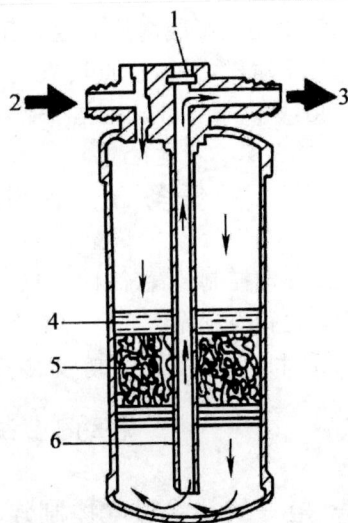

1—视液窗;2—进口;3—出口;4—滤网;5—干燥剂;6—吸出管。

图 8-15　膨胀阀系统储液干燥器结构

3. 储液干燥器的工作原理

如图 8-15 所示,从冷凝器过来的液态制冷剂,从进口处进入,经滤网和干燥剂除去水分和杂质后从出口进入膨胀阀。在储液干燥器上方的视液窗,可以用来观察制冷剂的流动情形,从而判断系统中制冷剂量是否正常。

二、集液器

1. 集液器的作用

对于采用 CCOT 系统的空调装置,所使用的是集液器。集液器的目的是防止液态制冷剂进入压缩机,同时也作为储存过量的制冷剂及安放干燥过滤器用,集液器被安装在系统的吸气管路上。

2. 集液器的结构

集液器的结构如图 8-16 所示。

3. 集液器的工作原理

制冷剂从顶部进入容器,其中液态制冷剂沉入容器底部,而在顶部的气态制冷剂则被吸出管引向压缩机。在容器底部的吸出管上有一个小孔,允许少量冷冻机油流回压缩机,以保持压缩机工作时的润滑需要,此小孔也允许少量液态制冷剂流入,随同冷冻机油和气态制冷剂流向通往压缩机的管路,由于在到达压缩机之前,这点液态制冷剂必将在管路中被汽化,所以不会引起"液击"现象的发生。

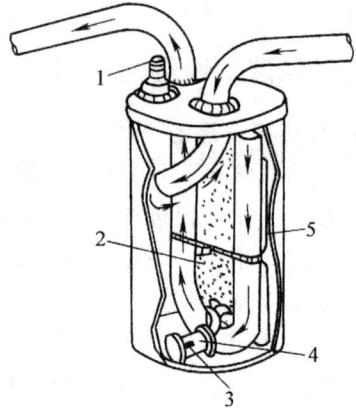

1—维修阀;2—干燥剂;3—滤网;4—泄油孔;5—出气管。

图 8-16　孔管系统储液干燥器结构

任务3　空调温度自控系统与电气控制装置

温度自动控制装置(简称 ATC)能为车厢提供并保持舒适的温度,并且很少需要甚至不需要人为地进行控制操作。电—气动式系统包括传感器电路、放大器、晶体管(现在已发展成集成电路板)和伺服传动装置等组成。

活动1　认识电—气动式温度控制装置

一、电—气动式温度控制装置的作用

电—气动式温度控制装置控制、调节的对象是压缩机(开、停)、加热器(水流量大小)、风机转速、各风门开度、内外空气转换风门的开闭等。

二、电—气动式温度控制装置的结构及工作原理

电—气动式系统包括传感器电路、放大器、晶体管(现在已发展成集成电路板)和伺服传动装置等组成。

1. 温度传感器

有三种温度传感器:车内传感器、风道传感器和大气传感器。

奥迪 100 轿车的车内温度传感器安放在仪表板中,由微型抽风机将少量车内空气吸入,使其通过温度传感器,如图 8-17 所示。

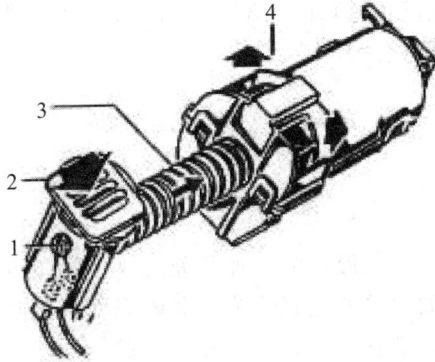

1—温度传感器;2—空气进口;3—连接软管;4—微型风机。

图 8-17　温度传感器(奥迪 100)

这些传感器的相同之处在于对微小的温度变化都很敏感。温度传感器主要采用热敏电阻,大多采用负温度特性电阻,即温度升高时,电阻减小;温度降低时,电阻增大。

2. 放大器与转换器

放大器的作用是输出一个与从传感器来的输入电压成比例的放大电压。放大器由三极管、电容器及电阻器组成。

转换器(也叫真空电磁阀)的作用是把来自放大器的电信号转变成真空信号,真空信号用来调节动力伺服机构。

转换器结构有几种,图 8-18 是其中的一种。根据来自放大器的电压的高低,改变铁柱的上下位置,从而调节通向伺服机构的真空信号的大小。

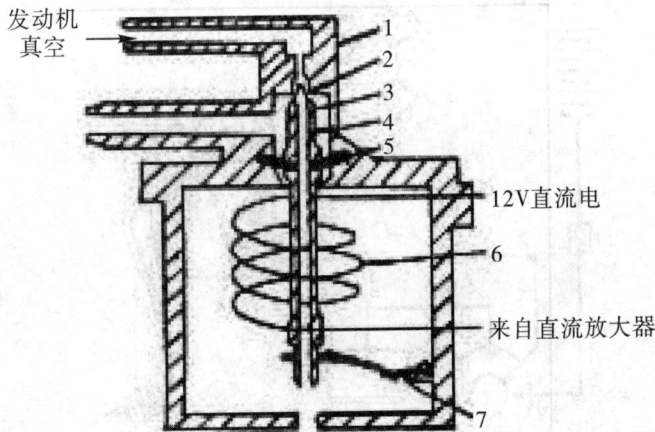

发动机真空

12V直流电

来自直流放大器

1—转换器架;2—二通针阀;3—标准气压;4—铁柱;5—橡胶隔膜;6—线圈;7—弹簧。

图 8-18　转换器

3. 动力伺服机构

动力伺服机构的作用是把各种调温门(如热水阀)拨到所要求的位置。它由真空动力装置、风机的电路板、旋转真空阀、补偿门的连接机构(与温度门相连)等构成。

真空动力装置可看成是一种与转臂相连的定位装置,它把来自转换器的真空供给各专用的功能门(温度门)及旋转真空阀,从而确定他们的位置。旋转真空阀在转动的同时确定了风机的触点位置(从而确定了风机转速),即当温度门开得越大(即制冷量越大或采暖量越大),风机转速也就越高。真空动作器就是其中一种。

活动 2 认识恒温器

一、恒温器的作用

恒温器是汽车空调系统中控制温度的一种开关元件,感受的温度有蒸发器表面温度、车内温度、大气温度等,一般所指的恒温器是感受蒸发器的表面温度从而控制压缩机的开与停,起到调节车内温度及防止蒸发器结霜的一种电气开关装置。

二、恒温器结构及工作原理

控制离合器工作的恒温器有三种形式:波纹管式、双金属片式和热敏电阻式。

1. 波纹管式恒温器

波纹管式恒温器是热力杠杆式(或称热力机械式)结构,将一根由毛细管连接的温度传感器(感温包)放在需要感温的部位,一般插在蒸发器中间。

工作原理如图 8-19 所示,制冷系统工作一段时间后,车内温度逐渐降低,蒸发器表面温度也逐渐降低,传感器将低温传到恒温器中的波纹管,波纹管逐渐收缩。当温度降到一定值,波纹管收缩到一定程度,使波纹管对摆动框架的压力不足以克服拉力弹簧的拉力,触点 7 分开,电路中断,电磁离合器脱开,压缩机停转。当蒸发器温度逐渐升高,波纹管膨胀,推动框架使触点接合,压缩机又开始转动,如此反复,使蒸发器不结霜,并保持车内温度稳定。

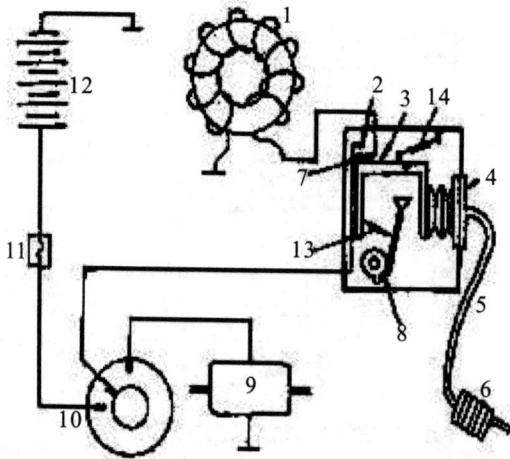

1—电磁离合器;2—触点;3—摆动框架;4—波纹管;5—毛细管;6—感温包;7—绝缘块;8—冷点控制;9—电机;10—开关;11—保险丝;12—蓄电池;13—拉力弹簧;14—弹簧。

图 8-19 波纹管式恒温器原理图

2. 双金属片式恒温器

双金属片式恒温器没有毛细管,直接靠空气通过表面进行工作。它的温度调整方法与波纹管式相同。工作原理如图 8-20 所示:有两片对温度变化胀缩程度不同的金属组成的双金属片,上面有一个动触点,壳体上有一个定触点。在设定温度范围内,双金属片平伸,触点闭合,电流接通,压缩机电磁离合器吸合。由于温度变化,这两片金属产生不同变形而弯曲,使触点分开,中断电磁离合器电流,使压缩机停止转动。

工作过程:当冷空气通过恒温器时,引起恒温器中的双金属片中的一片收缩形成弓形。随着空气温度的不断降低,这片金属不断收缩,直到使触点分开。当温度升高时,另一片金属受热伸长,把触点拉回到一起。

3. 热敏电阻式恒温器

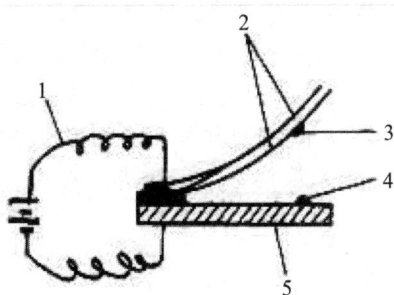

1—导线;2—双金属片;3—动触点;4—定触点;5—壳体。

图 8-20　双金属片恒温器工作原理

这种恒温器为一种电气结构,有一个小圆片形的热敏电阻与毛细管一样插在蒸发器芯子中间(或其他需要感温的部位),热敏电阻由导线与晶体管电路系统相连,由于温度变化使热敏电阻的电阻值发生变化,从而控制电路的接通与断开。

热敏电阻有两种,一种电阻具有负电阻特性,即温度升高,电阻值下降;一种具有正温度特性,即温度上升,电阻值上升。

活动 3　认识电气控制装置

一、环境温度开关

在较低的环境温度下,空调压缩机或风机的运转能使空气中的潮气降低,因为空气中的水分被冷凝析出了。用这种方法可以去除在下雨天、雾天或较冷天气下车窗玻璃的结雾现象。但在过低的环境温度下,开空调压缩机显然是浪费。为防止误动作,有的空调车上设有环境温度开关。

环境温度开关是一种电气开关,因环境温度的改变而工作。当大气温度低于某一值(例如-4℃)时,使压缩机处于"OFF"位置;当大气温度高于某一值(例如 2℃)时,又使压缩机处于"ON"位置。

二、过热开关及热力熔断器

1. 安装在压缩机缸盖上的过热开关是一种温度—压力感应开关

在正常情况下,此开关处于断开位置。当系统处在高温高压状态下,或者低温低压状态下,此开关保持常开;当系统处于高温低压状态时,此开关闭路。系统的高温低压状态通常是在缺少制冷剂时出现的。此时若压缩机继续保持运转,将会因缺少润滑及过热而损坏。过热开关使压缩机停止转动,直到故障排除,再恢复运转,起到了故障自动保护作用。

热力熔断器是与过热开关配套工作的,由温度感应保险丝、线绕电阻器(加热器)组成,如图 8-21 所示。

当过热开关闭路时,通向电磁离合器的电流通过了热力熔断器中的加热器,使加热器温度升高,直到把熔断器熔化。这样电磁离合器电路中断,压缩机停止转动。

2. 安装在蒸发器出口的过热开关

以尼桑汽车为例,它的空调器的过热开关置于蒸发器出口管路上,如图 8-22 所示。当制冷剂温度升高到一定值,膜片下的蒸发压力使膜片上升,推动螺钉,带动动触点与定触点接触,过热开关接通,在过热开关后面串接一个过热时间继电器。当过热状况是持续的而不是瞬时的情况下,泄漏报警灯才点亮。

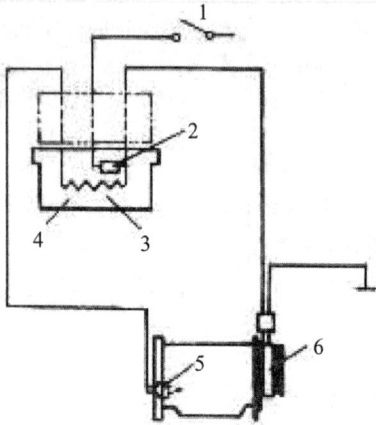

1—环境温度开关;2—熔断器;3—加热器;4—热力熔断器;5—过热开关;6—离合器线圈。

图 8-21　热力熔断器

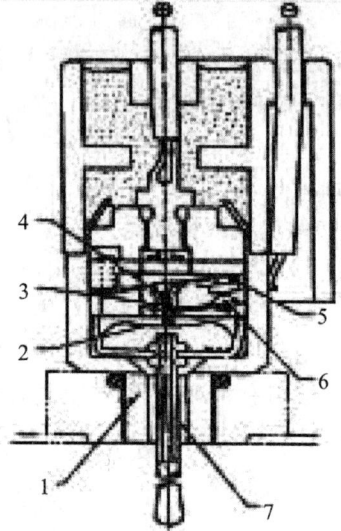

1—制冷剂;2—膜片;3—调整螺钉;4—调整螺帽;5—定触点;6—动触点;7—温度传感器。

图 8-22　过热开关示意图

泄漏报警灯的检查步骤:先打开点火开关"ON"位置,发动机不启动,设法使泄漏报警灯亮。然后起动发动机,假如制冷剂是足够的,此灯应该不亮。

三、水温开关

水温开关装在发动机水箱或管路中,感应发动机水温。当水温超过某一规定值(例如奥迪 100 为 120℃),开关断路,使空调压缩机停转。当水温降至某一值(例如奥迪 100 为 106℃),开关又自动接通。

四、除霜开关

为了消除蒸发器外壁的积霜,有的空调系统在膨胀阀与蒸发器之间的管路外壁安放有除霜开关的传感器,当温度到达 0℃时,波纹管收缩,接通继电器的电磁线圈回路,线圈产生电磁力,使继电器开关开路,压缩机停转,直到蒸发器温度上升,它又重新工作。除霜开关工作系统如图 8-23 所示。

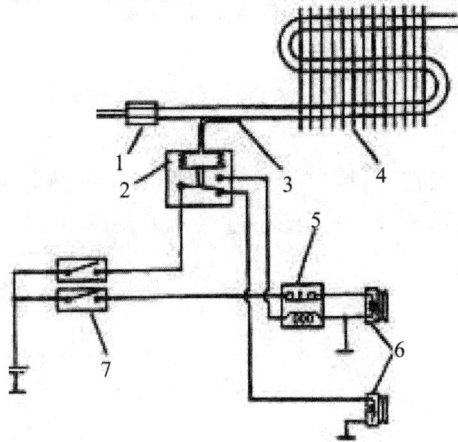

1—膨胀阀;2—除霜开关;3—感温管;4—蒸发器;5—继电器;

6—电磁离合器;7—空调开关。

图 8 - 23　除霜开关工作系统

五、继电器

汽车空调控制电路中有各种类型的继电器,其作用是便于控制各部件执行不同的功能,并能减少流入控制开关的电流,延长开关使用寿命。一般继电器分常开型和常闭型两种,常开型继电器一般用于电磁离合器控制、冷凝器风扇控制、怠速提升装置控制等。只要有控制电流流过,继电器线圈上产生的磁力将活动芯棒吸入,使触点接通,反之则断开。

冷凝风扇继电器的作用是只要冷气开关接通,冷凝器风扇便能自动工作,防止压缩机工作时,因未开冷凝风扇而导致冷凝压力和温度异常升高。

常闭型继电器用在只要有控制电流流过触点就断开的电路上。例如将空调电源继电器串接在起动电路中,只要汽车开关处于起动位置,此继电器的触点就断开,保证在汽车起动时,空调器不能工作。它的结构与常开型继电器相似,仅铁芯动作相反,怠速继电器也属于此类。

本章小结

1)汽车空调系统由制冷装置、暖风装置、通风装置、空气净化装置和加湿装置中的一个或多个部件以及必要的控制部件等构成,用于调节车内的温度、湿度和净洁度,并使其以一定的速度在车内定向流动和分配,从而给驾驶员和乘员提供舒适的环境及新鲜空气的系统。

2)制冷装置由压缩机、冷凝器、储液干燥器、气液分离器、节流元件、蒸发器、制冷剂管路和风机等构成,是将车室内的热量传递给室外环境的装置。

3)暖风装置由汽车发动机提供的余热或独立燃烧器产生的热量作为热源,是车厢内采暖及风窗玻璃除霜和除雾的热交换装置。

4)汽车空调系统的主要元件有制冷剂、压缩机、蒸发器、冷凝器、节流装置和辅助控制元件等。

5)汽车空调压缩机和电磁离合器是汽车空调系统的重要组成部件。冷凝器大多布置在车头前部、侧面或车底,蒸发器通常置于车内。

6)温度自动控制装置(简称 ATC)能为车厢提供并保持舒适的温度,并且很少需要甚至不需要人为地进行控制操作。

7)电一气动式系统包括传感器电路、放大器、晶体管(现在已发展成集成电路板)和伺服传动装置等。

8)控制离合器工作的恒温器有:波纹管式、双金属片式和热敏电阻式。

9)电气控制装置主要包括环境温度开关、过热开关及热力熔断器、水温开关、除霜开关、继电器等。

实训项目　空调系统压缩机的拆装与检修

一、实训目的与要求

1）掌握空调系统压缩机的拆装方法；

2）掌握空调系统压缩机的结构特点；

3）理解压缩机的工作原理；

4）掌握压缩机的解体检测和维修方法。

二、实训设备及器材

桑塔纳3000整车、扭力扳手、冷媒回收与充注机、桑塔纳专用工具等；空调压缩机维修专用工具（如二爪拉马、卡簧钳等）等。

三、实训步骤及操作方法

（一）空调压缩机皮带的拆卸与安装

1. 拆卸（如图8-24所示）

1）用内六角扳手，旋松空调压缩机下方两个连接螺栓（箭头B）；

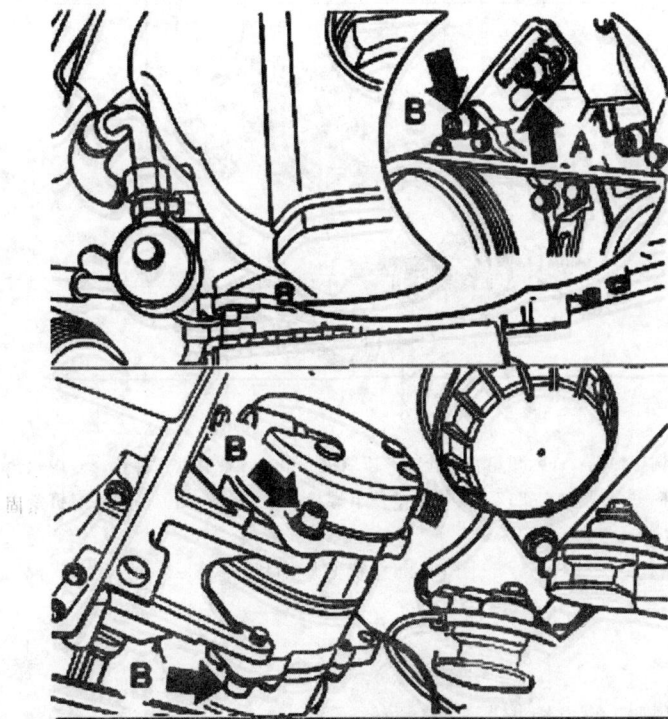

图8-24　拆卸空调压缩机皮带

2)沿顺时针方向旋转皮带张紧调节螺栓(箭头 A)直至皮带放松;

3)用套筒扳手将皮带由带轮上向汽车前进方向脱出。

如更换皮带,应拆卸发动机前悬置;如仅拆空调压缩机,可不拆发动机前悬置。

2．安装(如图 8 – 25 所示)

1)用套筒扳手,沿顺时针方向旋转调节螺栓(箭头所示),直至皮带张紧;

2)用拇指按压皮带中部,变形量为 5～10mm 即可;

3)用扭力扳手,将空调压缩机下方两个连接螺栓拧紧,力矩为 40N·m;

4)将皮带套在带轮上,注意运转方向。

(二)空调压缩机的拆卸与安装

1．拆卸(如图 8 – 26 所示)

1)拆卸空调压缩机上高、低压管,并封闭管口,防止异物侵入;

2)拔下电磁离合器线束插头;

3)拆下压缩机皮带;

4)将整车举升到适当高度,旋出压缩机紧固螺栓 9,从压缩机支架 3 上取下空调压缩机 1。

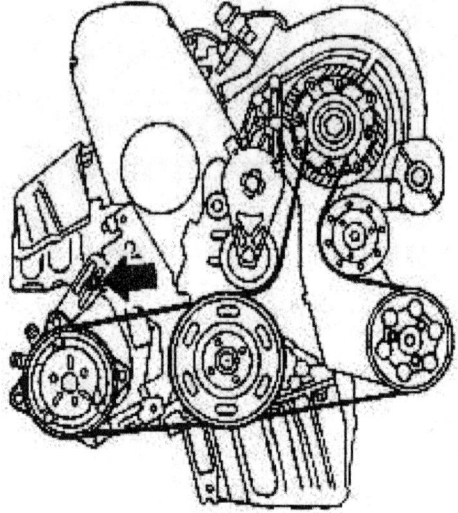

图 8 – 25　安装压缩机皮带

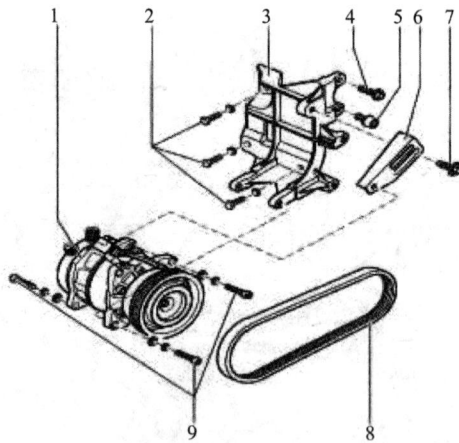

1—空调压缩机;2—六角组合螺栓;3—压缩机支架;4—带肩六角螺栓;5—内六角螺栓;6—皮带张紧支架;7—皮带张紧调节螺栓;8—压缩机皮带;9—压缩机紧固螺栓。

图 8 – 26　拆卸压缩机

2．安装

顺序与拆卸相反。

1)用扭力扳手以规定的力矩拧紧固定螺栓;

2)更换高、低压管的密封圈;

3)根据情况补充制冷剂；

4)必须使离合器多楔带轮、发动机皮带轮的带槽处在同一平面内。

(三)电磁离合器的拆卸、安装与检修

1. 拆卸(如图 8－27 所示)

(1)拆卸空调压缩机皮带

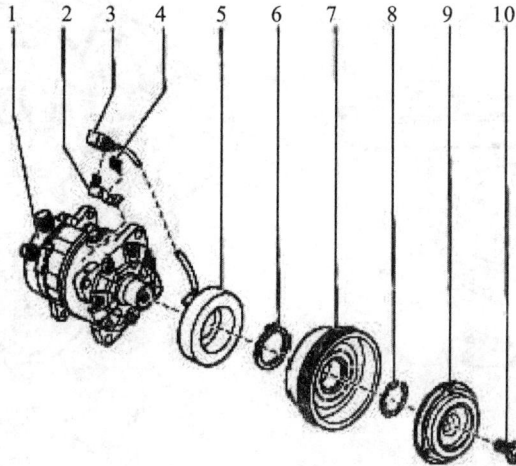

1—空调压缩机(型号:SE7PVl6A Rl34a);2—插头固定支架;3—螺栓架;4—线束插头;5—电磁线圈;6—挡圈;7—皮带盘;8—卡环;9—离合器从动盘;10—六角组合螺钉。

图 8－27　拆卸电磁离合器

如图 8－28 所示,用扭力扳手,拆卸六角组合螺母,取出离合器吸盘。

(2)拆卸内部轴承卡环

如图 8－29 所示,用图示卡簧钳将卡环取出。

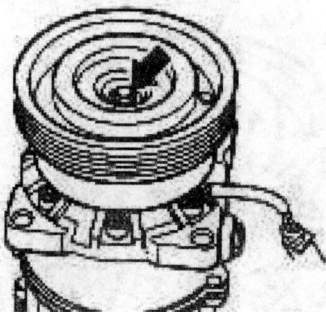

图 8－28　旋出离合器吸盘

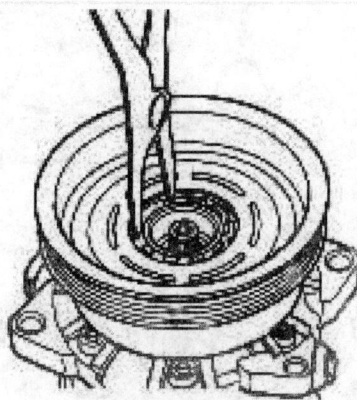

图 8－29　取出卡环

(3)拆卸皮带盘

如图 8－30 所示,将专用工具组合成图示二爪拉马形式,轻轻钩住皮带盘的下沿。注意两侧夹持部位应在同一水平面上。顺时针转动,使皮带盘脱出。

（4）拆除前盖挡圈

如图 8－31 所示，用图示卡簧钳将挡圈取出，取出电磁线圈。

安装时线圈突缘须与压缩机前盖上凹槽相配，防止线圈移动，并正确放置导线。

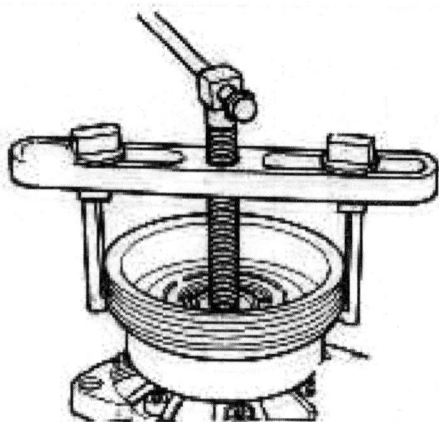

图 8－30　拆卸皮带盘

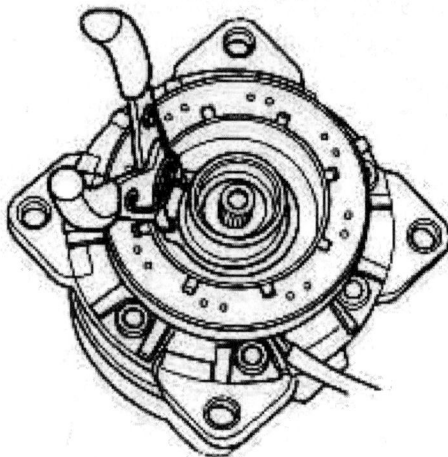

图 8－31　拆除前盖挡圈

2. 安装

顺序与拆卸相反。

（1）安装皮带盘

如图 8－32 示，将专用工具组合使用，并置于中心部位，用锤子轻击四周，使皮带盘安装到位。

（2）安装离合器吸盘

如图 8－33，将图示工具压在离合器吸盘中心孔部位，用锤子轻击，使离合器吸盘安装到位。

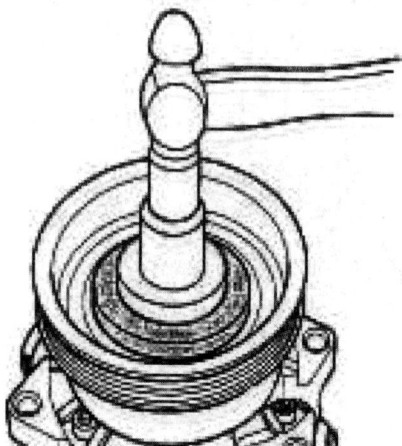

图 8－32　安装皮带盘

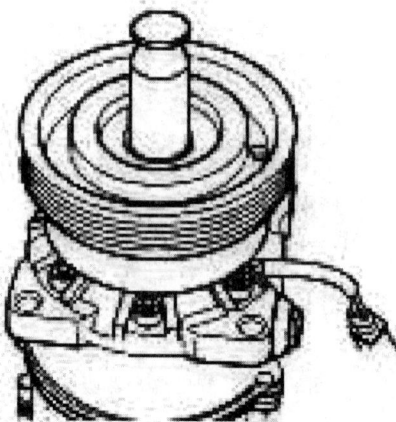

图 8－33　装离合器吸盘

3. 检修

1)检查压盘是否变色、剥落或损伤。如果有损坏,更换离合器装置。

2)用手转动皮带,检查皮带轮轴承的间隙和阻力,如图 8-34 所示。如果出现噪声或间隙过大、阻力过大,则更换离合器。

3)用百分表测量皮带轮(A)与压盘(B)之间的间隙,如图 8-35 所示。将百分表归零,然后给压缩机离合器施加蓄电池电压。在施加电压时,测量压盘的位移。如果间隙不在规定的范围内(间隙约为 0.35~0.6mm),需要使用调整垫片进行调整。调整垫片有多种厚度可供选择,如 0.1mm、0.3mm 和 0.5mm 等。

图 8-34　检查皮带轮轴承的间隙和阻力

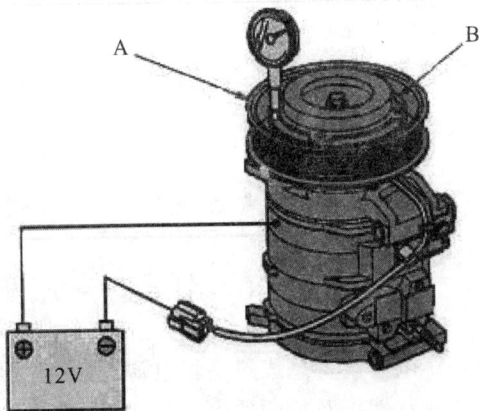

图 8-35　测量皮带轮与压盘之间的间隙(百分表)

4)测量皮带轮(A)与压盘(B)之间的间隙(标准同步骤三),如图 8-36 所示。也可以使用间隙规来测量,之后选择不同的垫片来增大或减小间隙。

5)测量励磁线圈的电阻,如图 8-37 所示。如果电阻不符合技术要求,则更换励磁线圈。电阻约为 4~5Ω,温度为 20℃。

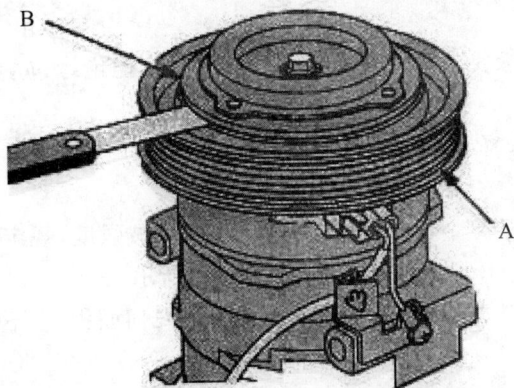

图 8-36　测量皮带轮与压盘之间的间隙(间隙规)

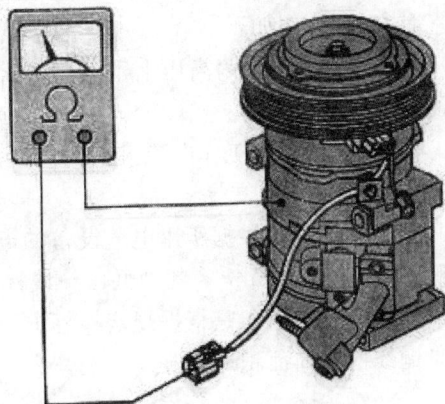

图 8-37　检查线圈

项目九　汽车电器设备总线路

【项目要求与能力目标】

❖ 了解汽车用导线的规格、型号及选用原则；

❖ 了解汽车线束和汽车电路接头连接方式；

❖ 掌握汽车电路开关、保护装置的作用、种类及工作方式；

❖ 熟知汽车电路的组成和电路图的种类；

❖ 熟知汽车电路的接线规律和识读电路图的要点；

❖ 掌握汽车电气故障种类与故障产生的原因；

❖ 学会电气系统故障诊断的一般程序和方法；

❖ 学会利用原车电路图分析和查找电路故障。

任务1　汽车电器基础元件

汽车电器设备总线路是将电源、起动系、点火系、照明、仪表以及辅助装置等，按照它们各自的工作特性以及相关的内在的联系，通过开关、导线、保险器连接起来所构成的一个整体。

活动1　认识汽车导线、线束及连接器

一、导线

导线是电器线路的基础元件，导线有低压导线和高压导线两种。低压导线中有普通导线、起动电缆和搭铁电缆；高压导线则有铜芯线和阻尼线。

导线的选线因素要考虑绝缘性能、通过电流的大小以及机械强度，且应用条件不同，三个因素各有侧重，例如：

高压电路：根据耐高压上千至上万伏的绝缘要求选用，采用线芯截面积小，但绝缘包层很厚的电线。

低压电路：根据工作电流大小和机械强度选择。

1. 导线截面积

导线的截面积根据所用电气设备的电流值确定。为保证导线有足够的机械强度，规定截面积不能小于 $0.5mm^2$。各种低压导线标称截面积所允许载流量如表 9-1 所示。

导线标称截面积是根据规定换算方法得到的截面积值，它既不是线芯的几何面积，也不是各股铜线的几何面积之和。

表 9－1　低压导线允许载流量

铜芯导线截面积／mm²	1.0	1.5	2.5	3.0	4.0	6.0	10	13
导线允许截流量／A	11	14	20	22	25	35	50	60

12V 车辆主要线路导线的标称截面积推荐值如表 9－2 所示。

表 9－2　12V 汽车导线推荐规格

标称截面积／mm²	适　用　的　电　路
0.5	尾灯、顶灯、仪表灯、指示灯、牌照灯、燃油表等
0.8	转向灯、制动灯、停车灯、点火线圈初级绕组等
1.0	前照灯、电喇叭等（3A 以下）
1.5	前照灯、电喇叭等（3A 以上）
1.5～4.0	其他 5A 以上电路
4.0～6.0	柴油车电热塞电路
6.0～25	电源电路
16～95	起动电路

2. 导线的颜色

随着汽车上使用的电器增多，导线数量增多，为便于安装和检修，导线采用双色线，主色为基础色，辅色为环布导线的条色带或螺旋色带，且标注时主色在前，辅色在后。各种汽车电器的搭铁线应选用黑色导线，黑色导线除作搭铁外，没有其他用途。电线的各种颜色均用字母表示，其代号规定见表 9－3；导线的截面积标注在颜色代码前面，单位为毫米时不标注，如：1.25R 表示导线截面积为 1.25mm² 的红色导线；1.0G/Y 表示导线截面积为 1.0mm² 的双色导线，主色为绿色，辅助色为黄色。

表 9－3　导线颜色代号

颜色	黑	白	红	绿	黄	棕	蓝	灰	紫	橙
代号	B	W	R	G	Y	Br	BL	Gr	V	O

低压电线的选择主色规定见表 9－4。

表 9－4　低压电线的选择主色

系统名称	主色代号	系统名称	主色代号
电器装置搭铁线	B	仪表及报警指示和喇叭系统	Br
点火起动系统	W	前照灯、雾灯等外部照明系统	BL
电源系统	R	各辅助电动机及电器操纵系统	Gr
灯光信号系统	G	收音机、点烟器等辅助装置	V
防雾灯及内部照明系统	Y		

3. 汽车电器数据总线

所谓数据总线，就是指在一条数据线上传递的信号可以被多个系统共享，从而最大限度地提高系统整体效率，充分利用有限的资源。汽车电脑与电脑之间的通信和数据共享，采用

CAN 数据总线。

CAN 数据总线的作用是传输数据,它是双向数据线,分为 CAN 高位和 CAN 低位数据线。数据没有指定接收器,数据通过数据总线发送给控制模块,各控制模块接收到数据后进行计算。为了防止外界电磁波的干扰和向外辐射,CAN 数据总线采用将两根线缠绕在一起的方法,如图 9-1 所示。两根线上的电位总是不等的,如果一根线上的电压是 5V,另一根线上的电压是 0V,两根线上的电压和总是 5V,可以看成两根线朝一个方向合起来流过一个稳定的电流,同时起到屏蔽作用。一汽宝来、一汽奥迪 A6、上海帕萨特 B5 等车都采用了 CAN 双线式数据总线系统。

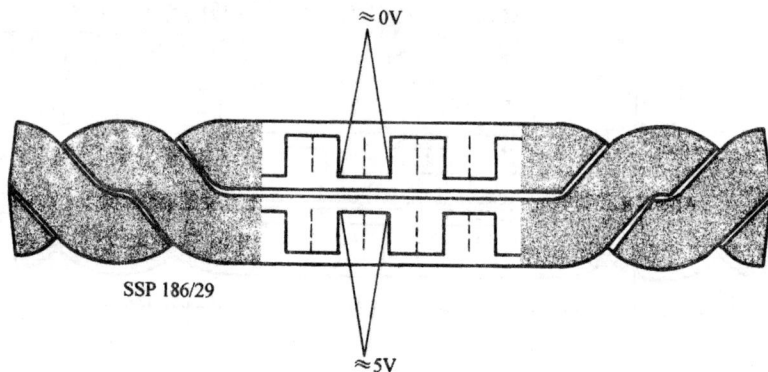

图 9-1　CAN 数据总线

二、线束

为使全车线路规整,安装方便及保护导线的绝缘,汽车上的全车线路除高压线、蓄电池电缆和起动机电缆外,一般将同区域不同规格的导线用棉纱或薄聚氯乙烯带缠绕包扎成束,称为线束。同一种车型的线束在制造厂里按车型设计制造好后,用卡簧或绊钉固定在车上的既定位置,其抽头恰好在各电器设备接线柱附近位置,安装时按线号装在其对应的接线柱上。各种车型的线束各不相同,同一车型线束按发动机、底盘和车身分为多个线束。

线束的包扎:

1)电缆半叠包扎法,涂绝缘漆,烘干,以增加电缆的强度和绝缘性能。

2)新型线束,局部塑料包扎后放入侧切口的塑料波纹管内,使其强度更高,保护性能更好,查找线路故障方便。

三、连接器

连接器和电线焊片是线路与各电器设备之间、线路与线路之间的连接部件。现代车辆由于采用了线间连接器,使线束设计的自由度增加,其线束的数量也可较多,给安装、检修和更换带来了方便。车辆常用连接器及电线焊片的种类如图 9-2 所示。

连接器由插头和插座两部分组成,车辆上不同位置所用连接器的端子数目、几何尺寸和形状各不相同。为保证连接可靠,连接器上设有锁止装置,大多数连接器具有良好的密封性,以防止油污、水、灰尘等进入而使端子锈蚀。在车辆电路图上连接器有特定的图形符号表示,如图 9-3 所示为汽车连接器的图形符号。

十四线插接器　　十五线插接器　　六线插接器　　四线插接器　　四线插接器　　二线插接器

插头　　　　　　插头　　　　　　插头　　　　　　插头　　　　　　插头　　　　　　插头

插座　　　　　　插座　　　　　　插座　　　　　　插座　　　　　　插座　　　　　　插座

十二线　　　　仪表指示　　　　前照灯　　　　　片状电线　　　　图形电线焊接片
圆形插座　　　灯泡插座　　　　灯泡插座　　插头插座焊片

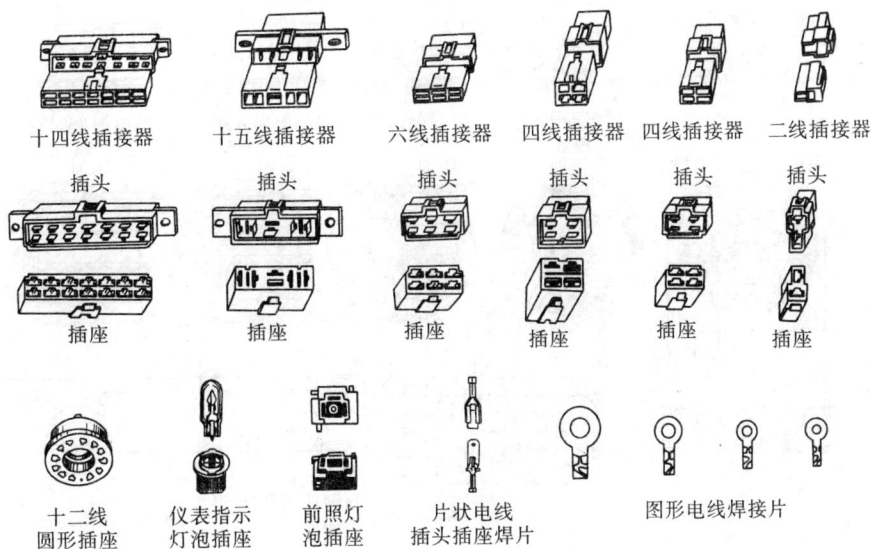

图 9-2　车辆常用连接器及电线焊片接头的种类

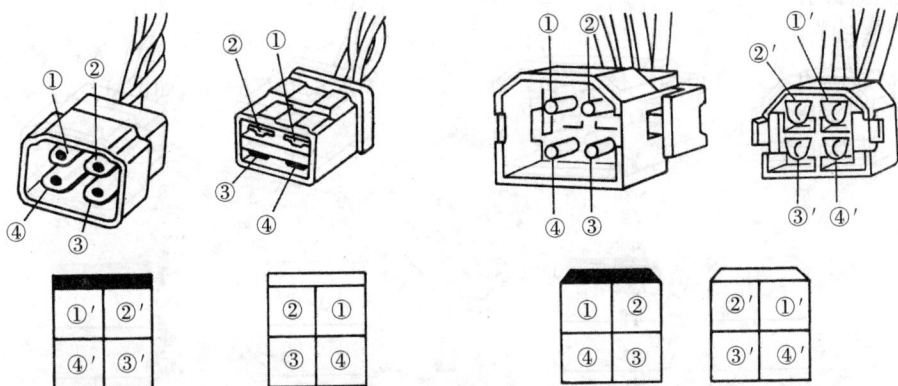

图 9-3　连接器符号示例

活动 2　认识汽车常见开关、继电器及保护装置

一、开关

1. 点火开关

点火开关是汽车电路中最重要的开关,是各条电路分支的控制枢纽。常见点火开关的结构及表示方法如图 9-4 所示。其主要功能是:锁住转向盘转轴(Lock),接通点火仪表指示等(ON 或 IG),起动(ST 或 Start)挡,附件挡(Acc 主要是收放机专用),如果用于柴油车则增加(HEAT)挡。

其中起动、预热挡因为工作电流很大,开关不易接通过久,所以这两挡在操作时必须用手克服弹簧力,扳住钥匙,一松手就弹回点火挡,不能自行定位,其他挡均可自行定位。

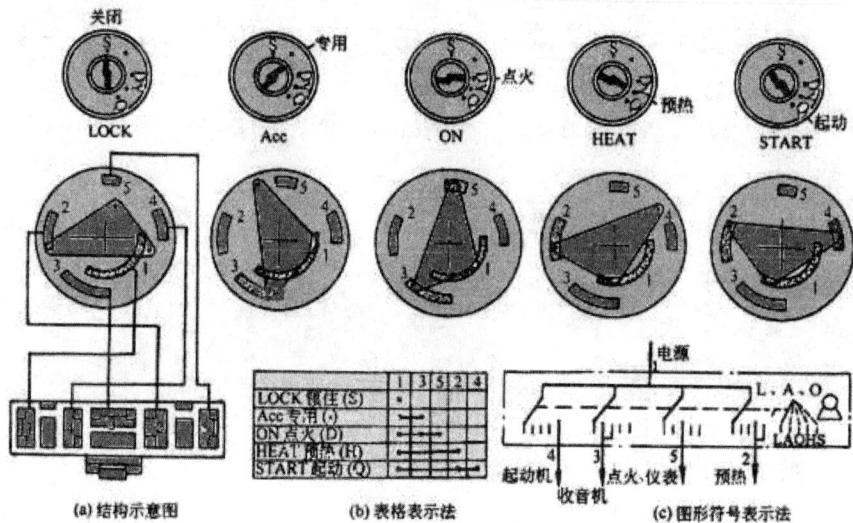

图 9-4　点火开关的结构及表示方法

2. 多功能组合开关

多功能组合开关将照明开关(前照灯开关、变光开关)、信号(转向、危险警告、超车)开关、刮水器/清洗器开关等组合为一体安装在便于驾驶员操纵的转向柱上,如图 9-5 所示。

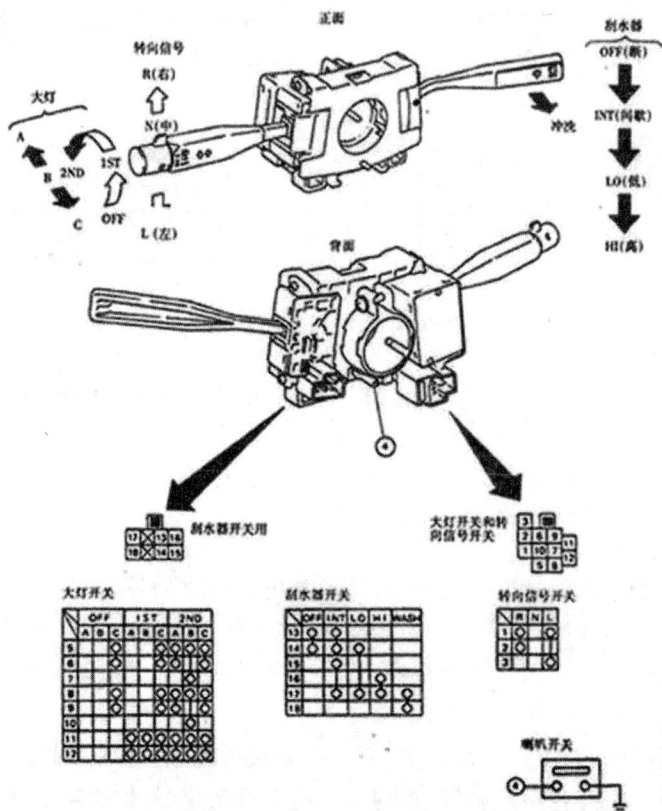

图 9-5　组合开关的结构及挡位

二、继电器

继电器是利用电磁或其他方法(如热电或电子),实现自动接通或切断触点,完成用小电流控制大电流以减小控制开关触点的电流负荷。

如进气预热继电器、空调继电器、喇叭继电器、雾灯继电器、中间继电器、风窗刮水器/清洗器继电器、危险报警与转向闪光继电器等。

继电器通常分为:常开继电器,常闭继电器和常开、常闭混合型继电器。其外形与内部原理如图 9-6 所示。

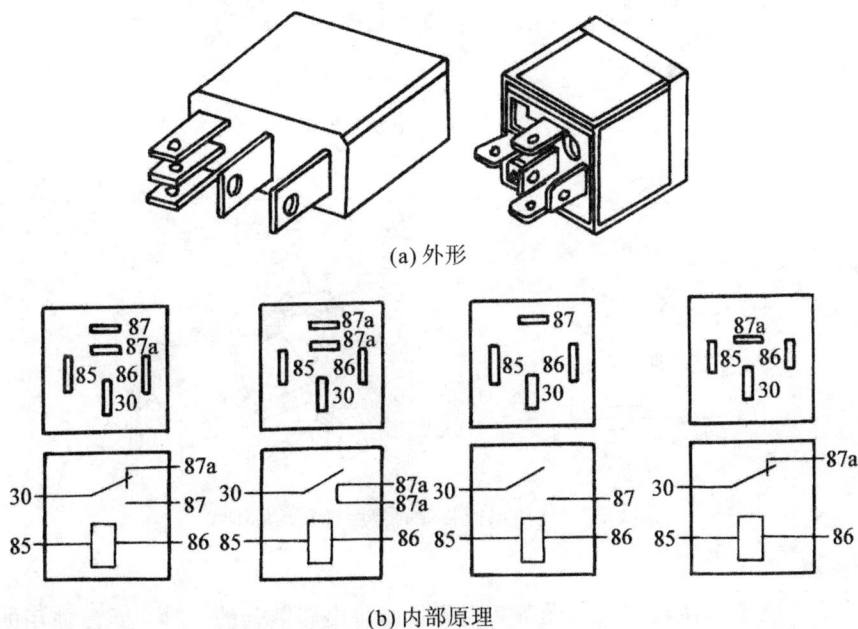

(a) 外形

(b) 内部原理

图 9-6 常见继电器的外形与内部原理

三、保险装置

汽车电路中都设有保护装置,当线路因负荷超载、短路故障而电流过大时,保护装置自动断开电源电路,以防止线路或用电设备烧坏。

(1)熔断器

熔断器的保护元件是熔丝,串联在其所保护的电路中。当通过熔丝的电流超过其规定值时,熔丝发热熔断,从而保护了线路用电设备不被烧坏。

熔断器的熔丝固定在可插式塑料片上或封装在玻璃管中。通常将熔断器集中安装在一个盒中,并称之为熔断器盒或电源盒,如图 9-7 所示。各熔断器都编号排列,有的还在熔断器上涂以不同的颜色,以便于检修时识别。

(2)易熔线

易熔线比熔丝粗一些,被保护线路的工作电流往往较大,通常连接在电源线路和通过电流较大的线路上。因此,易熔线常用于保护总电路或大电流电路,一般位于蓄电池和启动机之间或附近,如图 9-8 所示。

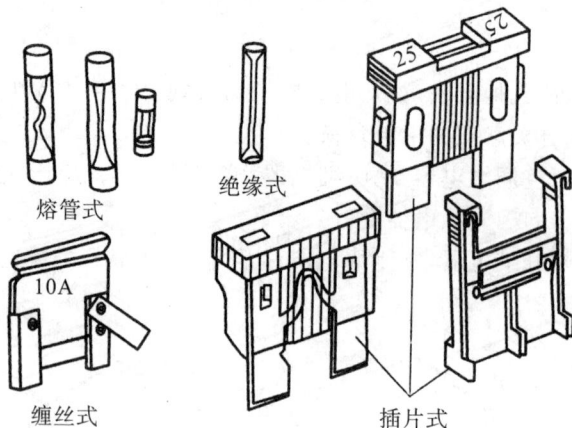

图 9 - 7 常见熔断器外形

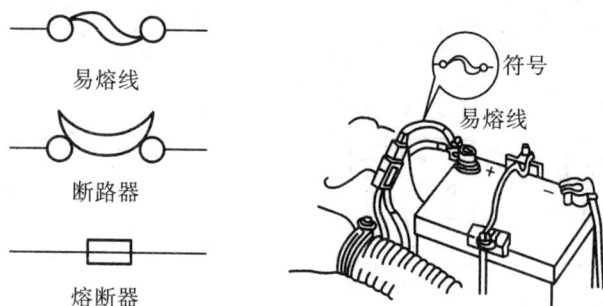

图 9 - 8 电路保护装置的常用符号及易熔线

（3）断路器

断路器是当电流负荷超过用电设备额定容量时将电路断开的一种可重复使用的电路保护装置。因此，断路器用于正常工作时容易过载的电路，其原理是利用双金属片受热变形使触点分离。断路器有自恢复式（如图 9 - 9 所示）和按压复位式（如图 9 - 10 所示）两种。

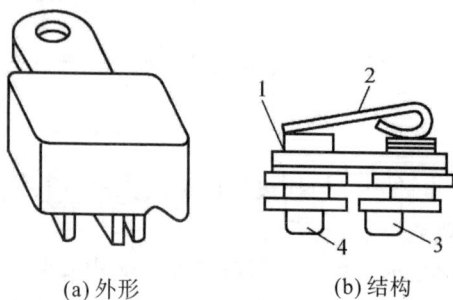

(a) 外形 　　(b) 结构

1—触点；2—双金属片；3、4—接线柱。

图 9 - 9 自恢复式断电器

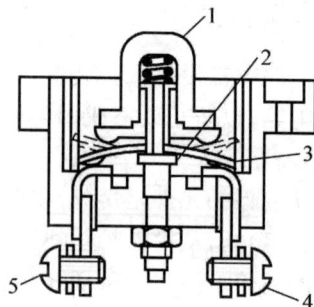

1—复位按钮；2—双金属片；3—触点；4、5—接线柱。

图 9 - 10 按压复位式断电器

四、中央接线盒(板)

一般整车电气系统通常采用中央线路板方式，即大部分继电器和熔丝都安装在中央线路板正面。主线束从中央线路板反面接插后通往各用电器。中央线路板上标有线束和导线接插位置的代号及接点的数字号。图9-11为桑塔纳2000的继电器在中央接线盒正面的位置和名称。图9-12为桑塔纳2000的继电器在中央接线盒反面的位置和名称。

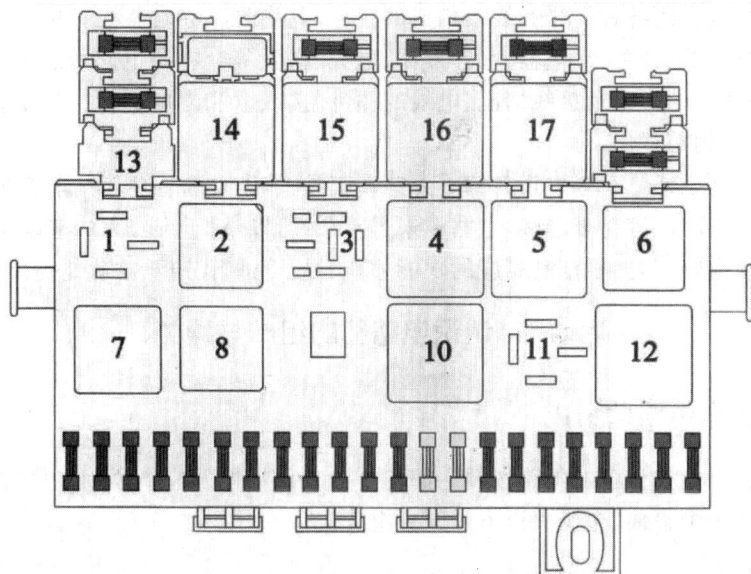

1—空位；2—燃油泵继电器；3—空位；4—冷却液液位继电器；5—空调继电器；6—喇叭继电器；7—雾灯继电器；8—X-接触继电器；9—拆卸保险丝专用工具；10—前风窗刮水及清洗继电器；11—空位；12—转向灯继电器；13—诊断线接口；14—摇窗机自动下降继电器；15—摇窗机延时继电器；16—内部灯延时继电器；17—压缩机切断继电器。

图9-11　桑塔纳2000的继电器在中央接线盒正面布置

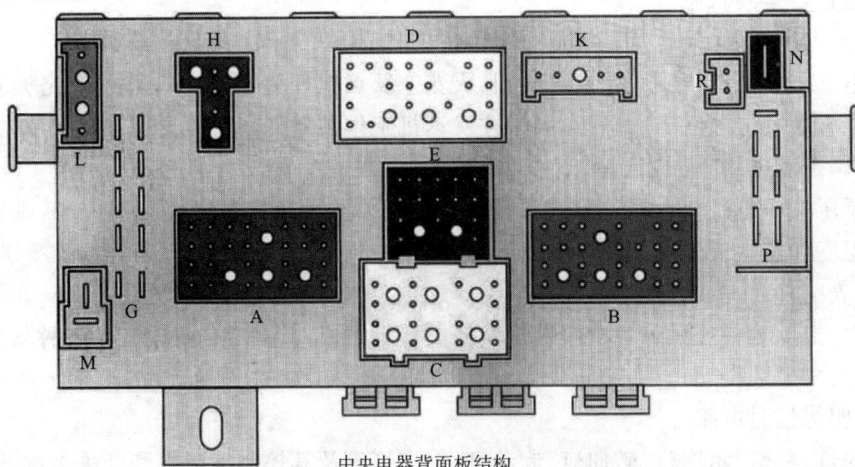

中央电器背面板结构

A—用于连接仪表板线束束，插件颜色为蓝色；B—用于连接仪表板束，插件颜色为红色；C—用于连接发动机室左边线束，插件颜色为黄色；D—用于连接发动机室右边线束，插件颜色白色；E—用于连接车辆后部线束，插件颜色为黑色；G—用于连接单个插头（主要用于冷却液不足指示控制器）；H—用于连接空调装置线路，插件颜色为棕色；K—空位；L—用于连接双音喇叭线路，插件颜色为灰色；M—空位；N—单个插头（主要用于进气歧管预热器的加热电阻的电源）；P—单个插头（主要用于蓄电池火线与中央线路板"30"的连接，中央线路板"30"与点火开关"30"接线柱连接）；R—空位。

图9-12　桑塔纳2000的继电器在中央接线盒反面布置

任务 2　汽车电路图的识读

　　汽车电路图是利用各种符号和线条构成的图形,电路图清楚地表示了电路中各组成元件,如电源、保险、继电器、开关、继电器盒、连接器、电线、搭铁等。有些电路图还表示了电器零件的安装位置、连接器的形式及接线情况、电线的颜色、接线盒和继电器盒中继电器及保险的位置,线束在汽车上的布置。

　　汽车电路图是维修汽车电气设备的重要辅助工具,特别是随着现代汽车工业的不断发展,汽车有关电子电器的内容越来越多,电路越来越复杂,所以,对于维修人员来说,有很多故障必须通过仔细阅读电路图,并根据其相应的功能才能对故障进行分析,准确地查出故障的部位。

活动 1　认识电路图的组成与种类

一、汽车整车电路的组成

　　整车电路就是电气设备的电路按照它们各自的工作性能及它们之间的内在联系,用导线连接起来构成的一个整体,主要由以下几部分组成:

　　(1)电源电路

　　由蓄电池、发电机及电压调节器和工作情况显示装置等组成,其主要任务是对全车所有用电设备供电并维持供电电压稳定。

　　(2)起动电路

　　由起动机、起动继电器、起动开关及起动保护装置等组成,其主要任务是将发动机由静止状态转变为自行运转状态。

　　(3)点火电路

　　由分电器、电子点火控制器、点火线圈、火花塞及点火开关等组成,其主要任务是控制并产生足以击穿火花塞电极间隙的电压,同时按发动机工作顺序将高压电送至各缸火花塞。

　　(4)空调控制电路

　　由空调压缩机电磁离合器、空调控制器、控制开关及风机控制电路等组成,其主要任务是根据环境温度和空气质量控制调节车内的温度和空气质量,以满足乘员舒适度的要求。

　　(5)仪表电路

　　由仪表、指示表、传感器、各种报警器及控制器等组成,其主要任务是控制各种仪表显示信息参数及报警。

　　(6)照明与信号电路

　　由前照灯、雾灯、示廓灯、转向灯、制动灯、倒车灯等及其控制继电器和开关组成,其主要任务是控制各种照明灯的启闭及各种信号的输出。

　　(7)辅助电器电路

　　由各种辅助电器及其控制继电器和开关等组成,其主要任务是根据需要控制各种辅助电器的工作时机和工作过程。

　　(8)电子控制系统电路

　　由电子控制器 ECU 根据车辆上所装用的电控系统内容不同采用不同的控制方式完成控

制功能。

二、汽车电路的种类

1. 布线图

布线图就是汽车电线在车上、线束中的分布图,如图 9 - 13 所示。布线图是按照汽车电器在车身上的实际位置相对应地外形简图画在图上,再用线将电源、开关、熔断器等装置和这些电器一一连接起来的。

其特点是:全车的电器(即电器设备)数量明显且准确,导线的走向清楚,有始有终,便于循线跟踪,查找起来比较方便。它按线束编制将导线分配到各条线束中去,与各个插件的位置严格对应。在各开关附近用表格法表示了开关的接线与挡位控制关系,表示了熔断器与电线的连接关系,表明了电线的颜色与截面积。

布线图的缺点:图上电线纵横交错,印制版面小则不易分辨,版面过大印装受限制;读图、画图费时费力,不易抓住电路重点、难点;不易表达电路内部结构与工作原理。

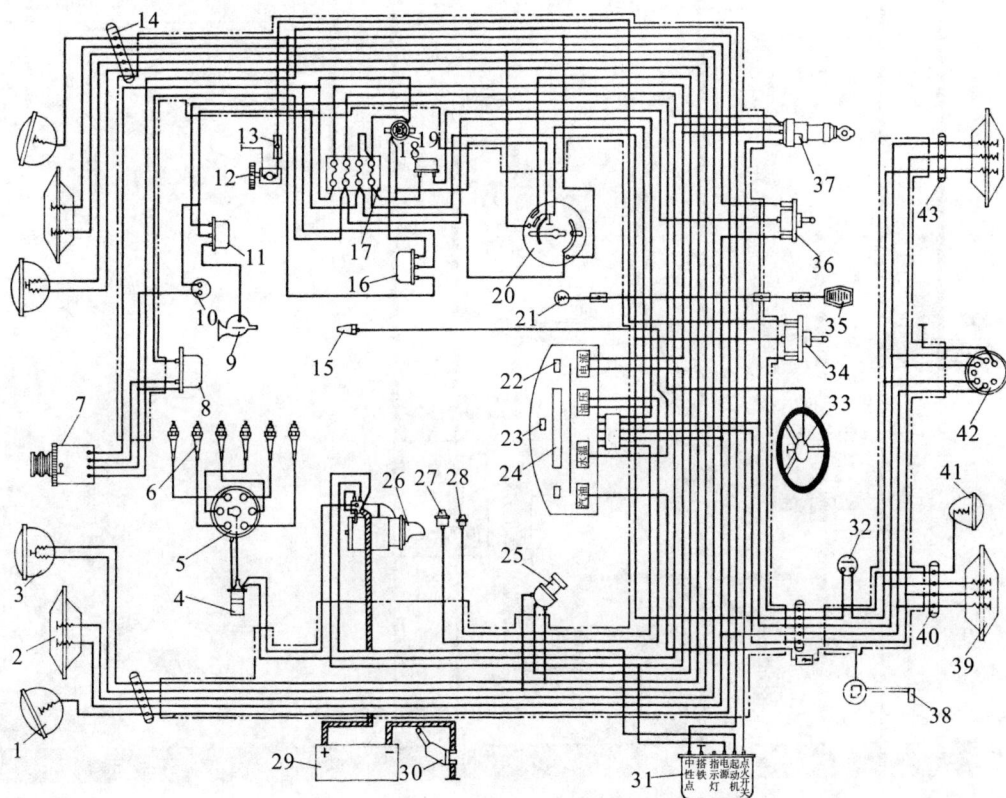

图 9 - 13　东风 EQ1090 型汽车线路图

2. 原理图

电路原理图是用各国家、公司规定的图形符号,按原理把仪表及各电器设备,按由上到下的原则合理地连接起来,然后再按各系统进行横向排列。原理图是包含所有电器元件在内的、表明其工作原理的参考图;原理图与线路图有所不同,它是将线路图高度简化后得到的,故图面清晰、电路简单明了、通俗易懂,更好地反映了各个电路系统的组成及电路原理,如图9-14所示。

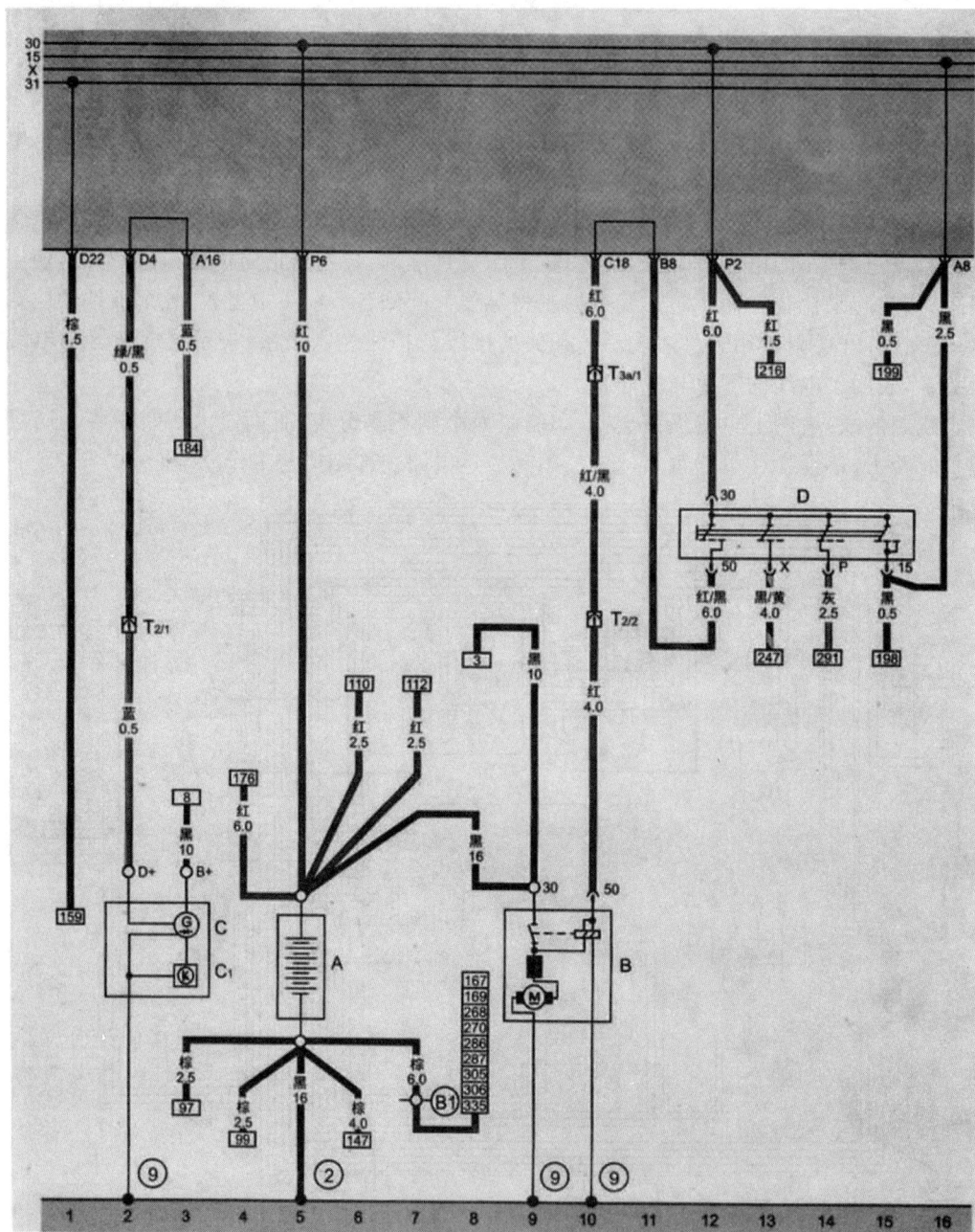

图9-14 桑塔纳轿车电路原理图(局部)

(1)整车电路原理图

为了生产与教学的需要,常常需要尽快找到某条电路的始末,以便确定故障的路线。在分析故障原因时,不能孤立地仅局限于某一部分,而要将这一部分电路在整车电路中的位置及与相关电路的联系都表达出来。整车电路图的优点在于:

1)对全车电路有完整的概念,它既是一幅完整的全车电路图,又是一幅互相联系的局部电路图。重点难点突出、繁简适当。

2）在此图上建立起电位高、低的概念：其负极"－"接地（俗称搭铁），电位最低，可用图中的最下面一条线表示；正极"＋"电位最高，用最上面的那条线表示。电流的方向基本都是由上而下，路径是：电源正极"＋"→开关→用电器→搭铁→电源负极"－"。

3）尽可能减少电线的曲折与交叉，布局合理，图面简洁、清晰，图形符号考虑到元器件的外形与内部结构，便于读者联想、分析，易读、易画。

4）各局部电路（或称子系统）相互并联且关系清楚，发电机与蓄电池间、各子系统之间的连接点尽量保持原位，熔断器、开关及仪表等的接法基本上与原图吻合。

（2）局部电路原理图

为了了解汽车电器的内部结构，各个部件之间相互连接的关系，研究某个局部电路的工作原理，常从整车电路图中抽出某个需要研究的局部电路，参照其他资料，必要时根据实地测绘、检查和试验记录，将重点部位进行放大、绘制并加以说明。这种电路图的用电器少、幅面小，看起来简单明了，易读易绘，其缺点是只能了解电路的局部。

3. 线束图

整车电路线束图常用于汽车厂总装线和修理厂的连接、检修与配线。如图 9 - 15 所示。

线束图主要表明电线束各用电器的连接部位、接线柱的标记、线头、插接器（连接器）的形状及位置等。这种图一般不去详细描述线束内部的电线走向，只将露在线束外面的线头与插接器详细编号或用字母标记。它是一种突出装配记号的电路表现形式，非常便于安装、配线、检测与维修。

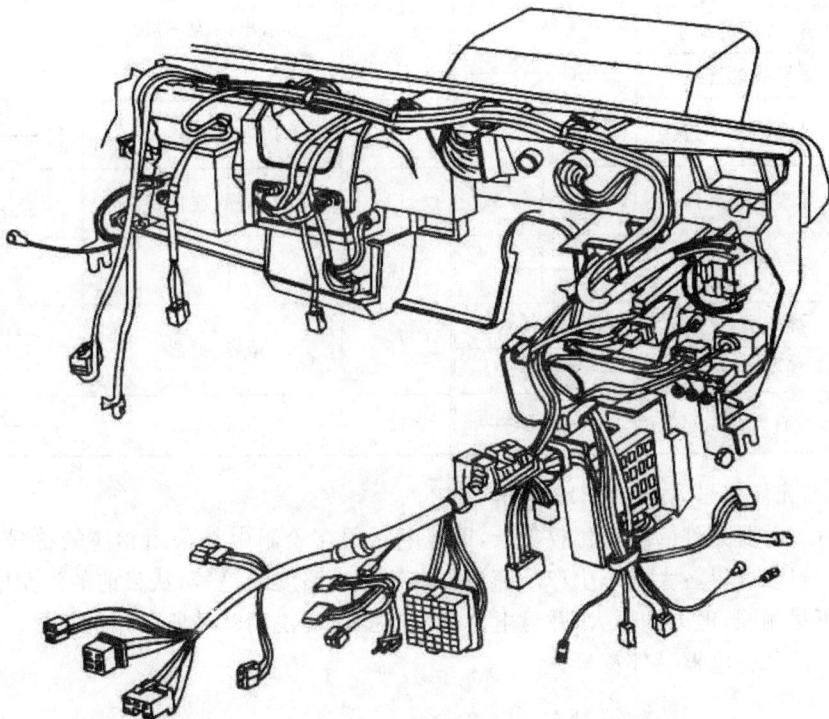

图 9 - 15　美国克莱斯勒公司汽车仪表线束图

活动 2　常用图形符号及标志

为了读懂汽车电路图,首先要识别电路图中的各种图形符号及其含义。汽车电器设备电路图常用的图形符号有电路图形符号和仪表、开关、指示灯标志图形符号。不同厂商生产的汽车其电路图形符号也不相同。

(1)限定符号如表 9-5 所示。

表 9-5　限定符号

序号	名称	图形符号	序号	名称	图形符号
1	直流	—	6	中性点	N
2	交流	~	7	磁场	F
3	交直流	≂	8	搭铁	⊥
4	正极	+	9	交流发电机输出接线柱	B
5	负极	—	10	磁场二极管输出端	D+

(2)导线、端子和导线的连接符号,如表 9-6 所示。

表 9-6　导线、端子和导线的连接符号

序号	名称	图形符号	序号	名称	图形符号
1	接点	●	11	多极插头和插座(示出的为三极)	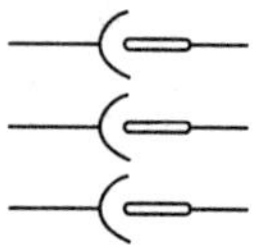
2	端子	○			
3	可拆卸的端子	Øø			
4	导线的连接		12	接通的连接片	
5	导线的分支连接				
6	导线珠交叉连接		13	断开的连接片	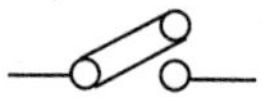
7	导线的跨越	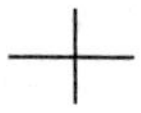	14	边界线	
8	插座的一个极	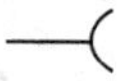	15	屏蔽(护罩)	
9	插头的一个极				
10	插头和插座	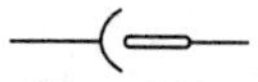	16	屏蔽导线	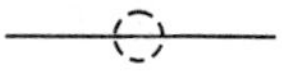

(3)电器元件符号,如图 9-16 所示。

由于汽车电器元件的结构比较复杂,因此电路图在绘制中都采用相应的符号来表示各种电器元件。目前世界各大汽车生产厂商还没有统一电路图的符号,从目前的汽车电路图来看,虽然符号不尽相同,但差别不大,并且电路图都有相应的说明解释所采用的符号。下图为大众车系所使用的各种电器元件符号。

保险丝　　　　　　　　　　　　手动开关

蓄电池　　　　　　　　　　　　温控开关

　　　　　　　　　　　　　　　按键开关

起动机　　　　　　　　　　　　机械开关

交流发电机　　　　　　　　　　压力开关

点火线圈　　　　　　　　　　　多挡手动开关

　　　　　　　　　　　　　　　继电器

火花塞和火花塞插头　　　　　　灯泡

电热线

电阻　　　　　　　　　　　　　双丝灯泡

可变电阻　　　　　　　　　　　发光二极管

符号	名称	符号	名称
	内部照明灯		不可拆式导线接点
	显示仪表		线束内导线连接
	电子控制器		氧传感器
	电磁阀		电机
	电磁离合器		双速电机
	接线插座		感应式传感器
	插头连接		爆震传感器
	元件上多针插头连接		数字钟
	元件内部导线接点		喇叭
	可拆式导线接点		扬声器

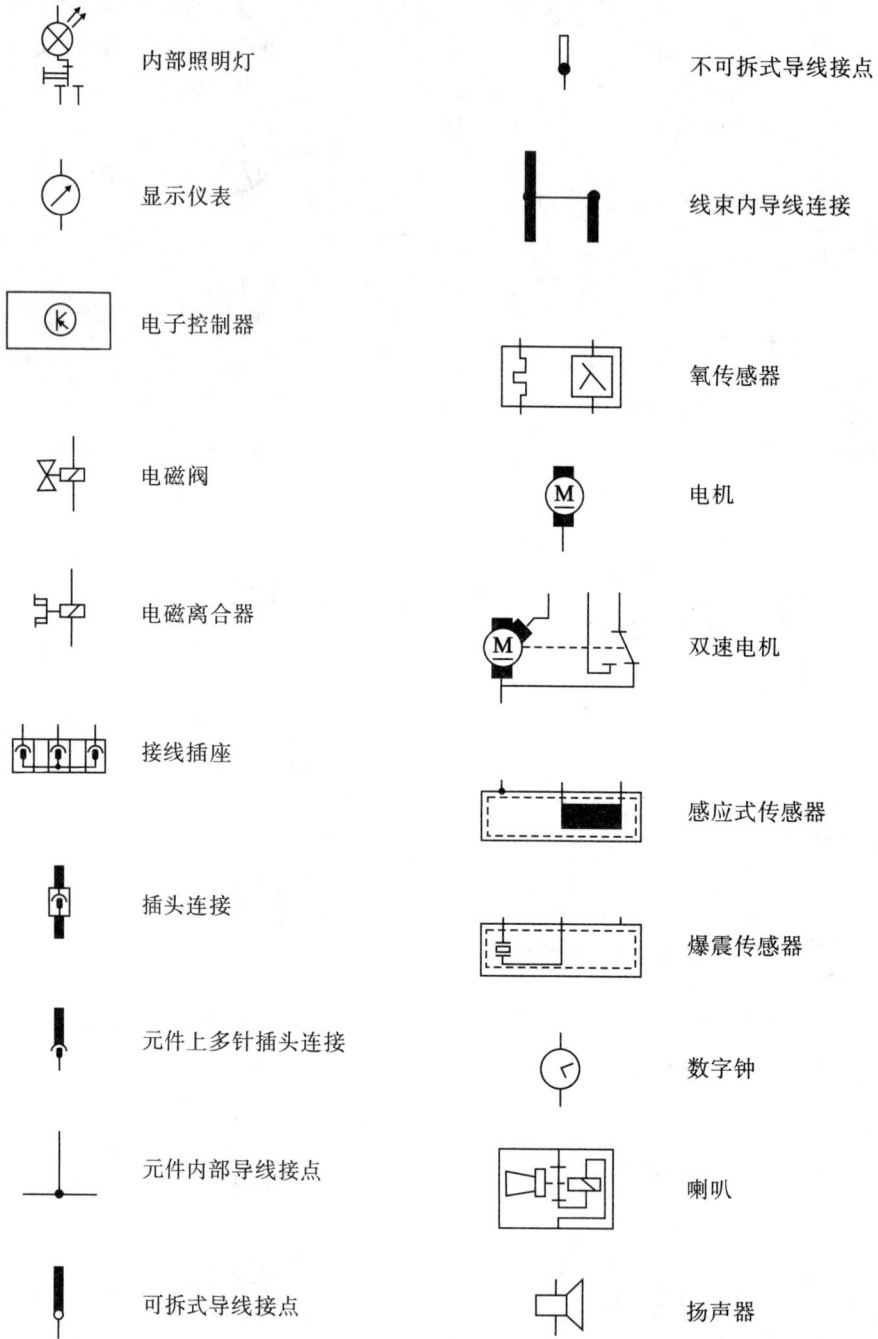

图 9 - 16　电器元件符号

（4）仪表板上常用控制符号，如图 9 – 17 所示。

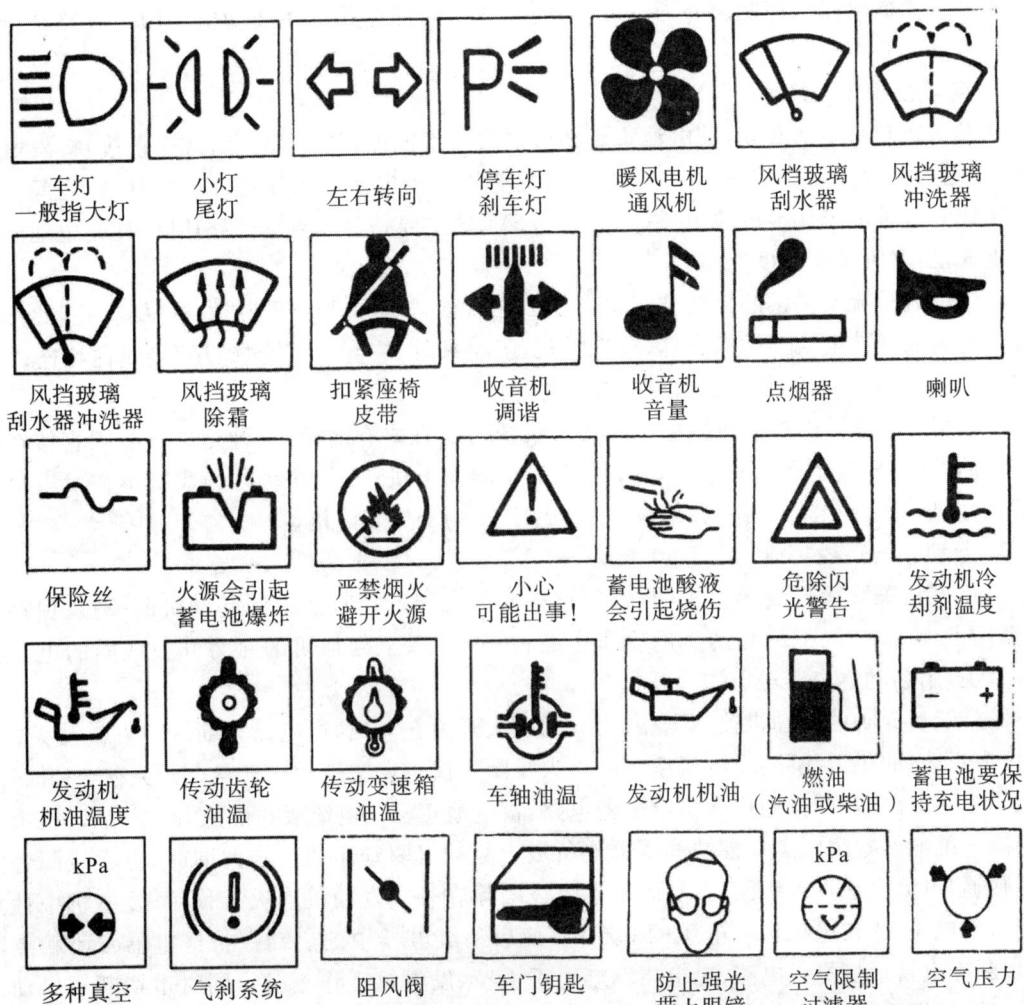

车灯 一般指大灯	小灯 尾灯	左右转向	停车灯 刹车灯	暖风电机 通风机	风档玻璃 刮水器	风挡玻璃 冲洗器
风挡玻璃 刮水器冲洗器	风挡玻璃 除霜	扣紧座椅 皮带	收音机 调谐	收音机 音量	点烟器	喇叭
保险丝	火源会引起 蓄电池爆炸	严禁烟火 避开火源	小心 可能出事！	蓄电池酸液 会引起烧伤	危险闪 光警告	发动机冷 却剂温度
发动机 机油温度	传动齿轮 油温	传动变速箱 油温	车轴油温	发动机机油	燃油 （汽油或柴油）	蓄电池要保 持充电状况
多种真空	气刹系统	阻风阀	车门钥匙	防止强光 带上眼镜	空气限制 过滤器	空气压力

图 9 – 17　仪表板上常用控制符号

任务 3　典型汽车电路分析

活动 1　汽车电路识读的一般方法

一、汽车线路接线的特点与规律

汽车总线路按车辆结构形式、电器设备数量、安装位置、接线方法而各有所异，但其线路接线的特点和一般规律是：大多采用单线制，用电设备并联并由各自开关控制，负极搭铁，各车均装有保险装置，以防止短路而烧坏用电设备，线路用颜色不同的线和编号加以区分，并以点火开关为中心分成几条主干线。

汽车电器线束连接的三大中心为中央配线盒、仪表接线盒和开关。中央配线盒（保险与继电器盒)是所有电器的电源来源;仪表接线盒是大多数电器的电源目的地;开关不但是线束的中心还是各局部电路的控制核心,开关的功能反映了局部电路的主要功能。因此电路分析要抓住开关的核心作用。

1. 电源系统接线规律

1)发电机与蓄电池并联,蓄电池负极必须搭铁。蓄电池正极经电流表(或直接)接发电机正极,蓄电池静止电动势常在 11.5~13.5V,发电机输出电压常限定在 13.8~15V 之间。发电机工作时正常电压比蓄电池电压高 0.3~3.5V,这主要是为了克服线路压降,使蓄电池充电时既能充足,又不至于过度充电。

2)国产硅整流发电机的接线柱旁均有标记或名称,"+"或"B+"为"电枢"接线柱,此接线柱应与电流表或蓄电池"+"极相连;"F"为"磁场"接线柱,它与调节器"磁场"接线柱相连;"E"为"搭铁"接线柱,应与调节器的"搭铁"接线柱相接。

3)采用外装调节器的交流发电机的磁场线圈搭铁方式有两种:一种是磁场线圈直接在发电机内部搭铁,如国产东风 EQ1092 BJ2020 汽车的发电机;另一种是磁场线圈不在发电机内部搭铁,而是通过调节器搭铁,如解放 CA1092 汽车的交流发电机。

2. 起动系统接线规律

1)点火开关直接控制起动机的电路:点火开关在起动挡直接控制起动机的吸拉、保持线圈,多用于 1.2kW 以下的起动机的轿车电路;1.5kW 以上起动机的磁力开关线圈的电流在 40A 以上,用起动继电器触点作为开关。

2)带起动保护的起动机控制电路:当起动点火开关在 0 挡时,电路均断开。点火开关在 1 挡时(未启动)的供电线路:发电机激磁—点火线圈—仪表点亮指示灯。点火开关在 2 挡时,除了接通上述电路,还要接通启动机继电器电路:蓄电池正极—电流表—点火开关—启动机继电器线圈—继电器常闭触点—搭铁—蓄电池负极—起动机驱动主机。与此同时,点火线圈旁路触点接通,电流直通点火线圈初级,附加电阻被隔除在外。发动机点火工作后,发电机中性点 N 的对地电压(约发电机调节电压的 0.5 倍)使启动继电器中的启动保护继电器常闭触点断开,切断充电指示灯搭铁电路,充电指示灯熄灭,表示发电机工作正常。同时也切断了启动继电器线圈的搭铁电路,当发电机正常工作时,即使误将点火开关扳到 2 挡,启动机也不会与飞轮啮合,避免打坏飞轮齿圈与启动机,起到保护启动机的作用。

3. 点火系统接线规律

汽车点火系统可以分为普通(有触点)点火系统、无触点点火系统、微机控制点火系统等形式,其工作过程基本上都是按以下顺序循环:初级电流接通—初级电流切断(此时恰是某缸活塞处于压缩上止点前某一角度)—初级线圈产生自感电动势(300V 左右)—次级线圈互感产生脉冲高压(6000~30000V 左右)—火花塞出现电火花。

无触点点火系统的点火模块必须具备的引出线:由点火开关控制的电源输入线 2 条,由信号发生器来的信号输入线 3 条,初级电流的输入、输出线 2 条。

4. 照明系统的接线规律

汽车照明系统一般由前照灯、示宽灯(位置灯)、尾灯(后示宽灯)、牌照灯、仪表灯、室内灯等组成,其中前照灯又分为远光灯与近光灯,用变光开关控制。照明灯由灯光开关控制:开关在 0 挡时灯灭,1 挡为小灯亮(包括示廓灯、尾灯、仪表灯、牌照灯),2 挡为前照灯小灯同时亮。灯光系统的电流一般来自蓄电池正极,不受点火开关控制(由于前照灯远光功率较大,常用灯光继电器来控制通断,开关的 2 挡用于控制继电器线圈)。现代汽车的照明系统常用组合开关集中控制,组合开关多装在转向柱上,位于转向盘下侧,操作时驾驶员的手可以不离开转向盘。

5. 仪表报警系统接线规律

1)所有电气仪表都受点火开关控制。

2)各仪表的表头与其传感器串联,燃油表、水温表一般还接有仪表稳压器。

3)电流表串联在发电机正极与蓄电池正极之间。发电机充电电流从电流表正极进去,指针偏向正端;而在蓄电池往外放电时,指针偏向负端。注意:当发电机不工作时,蓄电池向其他负载供电的电流必须经过电流表。现代汽车多用充电指示灯代替电流表,其缺点是不知充放电流大小,过充电不易发现。

4)电压表并接在点火开关之后,只在点火开关接通时显示系统电压。12V 系统常使用 $10\sim18V$,24V 系统常使用 $20\sim36V$ 的电压表。

5)指示灯、报警灯常与仪表装配在一个总成内或在其附近布置,它们与仪表一同受点火开关的工作挡(ON)和启动挡(ST)控制。在 ON 挡能检验大多数仪表、指示灯、报警灯是否良好。指示灯和报警灯按照电路接法可分为两种:一种是灯泡接点火开关火线,外接传感开关。如:充电指示灯、手制动指示灯、制动液面报警灯、未关门报警灯、机油压力报警灯、水位过低报警灯等;另一种接法是指示灯泡接地,控制信号来自其他开关的火线端。如:远光指示灯、转向指示灯、座椅安全带未系指示灯、防抱死制动指示灯(ABS)、巡航控制指示灯等。

6)汽车仪表常用双金属片电热丝式结构,表头一般只有 2 根线。例如,燃油指示表的两个接线柱是上下排列的,一般应将上接线柱与电源线相连,下接线柱与传感器相连,否则将不会正常工作。

6. 信号系统接线规律

信号系统主要有转向信号、危险警告信号、制动信号、倒车信号、喇叭等,这些信号都是由驾驶员根据道路交通情况向别的车辆和行人发出的,带有较强的随机性,如制动信号多由制动踏板联动控制;倒车灯多由变速杆倒挡轴联动控制,不用驾驶员特意操作即可接通;喇叭按钮多在转向盘上,驾驶员手不离方向盘即可发出信号。

1)转向信号灯具有一定的闪频,国标中规定为 60~120 次/分,转向灯功率通常为 21~25W,前后左右均设有,大型车辆和轿车往往在侧面还有一个转向信号灯。其电路一般接法是:转向灯与转向灯开关以及转向闪光继电器经危险警告灯开关的常闭触点与点火开关串联,即转向信号灯是在点火开关处于工作挡(ON)时使用。

2)危险警告灯的使用场合主要有:本车有故障或危险不能行驶,需要他车注意;本车需要优先通过,需要他车避让。因此,危险警告灯可以在发动机不工作时使用,此时无须接通点火系统及仪表报警灯。为此设有危险警告开关,它是一个多刀联动开关,在断开点火开关接线的同时,接通蓄电池接线,闪光器及灯泡电源直接来自蓄电池,并将闪光继电器的输出端与左右转向灯连在一起。即在闪光继电器工作时,左右转向灯及指示灯同时发出危险信号。

二、电路的识读方法

电路读图的目的是找出正确回路,识别回路中的导线、插座、保险、继电器及各种元件,从而分析故障点。首先要由集中到分散,将局部电路从全车电路中分离出来。

1. 认真读几遍图注

图注说明了该汽车所有电气设备的名称及其数码代号,通过读图注可以初步了解该汽车都装配了哪些电气设备。然后通过电气设备的数码代号在电路图中找出该电气设备,再进一步找出相互连线及控制关系。

2. 牢记电气图形符号

汽车电路图是利用电气图形符号来表示其构成和工作原理的。因此,必须牢记电路图形符号的含义,才能看懂电路原理图。

3. 熟记电路标记符号

为了便于绘制和识读汽车电器电路图,有些电器装置或其接线柱等都赋予不同的标志代号。

4. 牢记汽车电路特点

单线制、负极搭铁、用电设备并联。

5. 牢记回路原则

任何一个完整的电路都是由电源、熔断器、开关、控制装置、用电设备、导线等组成。电流的流向必须从电源正极出发,经过熔断器、开关、控制装置、导线等到达用电设备,再经过导线(或搭铁)回到电源负极,才能构成回路。因此读电路图时,有三种思路。

思路一:沿着电路电流的流向,由电源正极出发,经过用电设备,开关、控制装置等,回到电源负极。

思路二:逆着电路电流的方向,由电源负极(搭铁)开始,经过用电设备、开关、控制装置等回到电源正极。

思路三:从用电设备开始,依次查找其控制开关、连线、控制单元,到达电源正极和搭铁(或电源负极)。

实际应用时,可视具体电路选择不同思路,但有一点要注意:随着电子控制技术在汽车上的广泛应用,大多数电气设备电路同时具有主回路和控制回路,读图时要兼顾两回路。

6. 浏览全图,分割各个单元系统

要读懂汽车电路图,首先必须掌握组成电路的各个电器元件的基本功能和电器特性。在大概掌握全图的基本原理的基础上,再把一个个单元系统电路分割开来,这样就容易抓住每一部分的主要功能及特性。

在框划各个系统时,一定要遵守回路原则,注意既不能漏掉各个系统中的组件,也不能多框划其他系统的组件,一般规律是:各电器系统只有电源和总开关是公共的,其他任何一个系统都应是一个完整的、独立的电器回路,即包括电源、开关(保险)、电器(或电子线路)、导线等。从电源的正极经导线、开关、保险丝至电器后搭铁,最后回到电源负极。

7. 熟记各局部电路之间的内在联系和相互关系

从整车电路来讲,各局部电路除电源电路公用外,其他单元电路都是相对独立的,但它们之间也存在着内在联系(如信号共享)。因此,识图时,不但要熟悉各局部电路的组成、特点、工作过程和电流流经的路径,还要了解各局部电路之间的联系和相互影响。这是迅速找出故障部位、排除故障的必要条件。

8. 掌握各种开关在电路中的作用

对多层多挡接线柱的开关,要按层、按挡位、按接线柱逐级分析其各层各挡的功能。有的用电设备受两个以上单挡开关(或继电器)的控制,有的受两个以上多挡开关的控制,其工作状态比较复杂。当开关接线柱较多时,首先抓住从电源来的一两个接线柱,再逐个分析与其他各接线柱相连的用电设备处于何种挡位,从而找出控制关系。

对于组合开关,实际线路是在一起的,而在电路图中又按其功能画在各自的局部电路中,遇到这种情况必须仔细研究识读。

9. 全面分析开关、继电器的初始状态和工作状态

在电路图中,各种开关、继电器都是按初始状态画出的。即按钮未按下,开关未接通,继电器线圈未通电,其触点未闭合(指常开触点),这种状态称为原始状态。在识图时,不能完全按原始状态分析,否则很难理解电路的工作原理,因为大多数用电设备都是通过开关、按钮、继电器触点的变化而改变回路的,进而实现不同的电路功能。所以,必须进行工作状态的分析。

10. 掌握电器装置在电路图中的位置

大量电器装置是机电合一的,在电路图上表示时,厂家为了使画法既简单(便于画图)又便于识图,多根据实际情况采用集中或分开表示法。

集中表示法是把一个电器装置的各组成部分,在图上集中绘制的一种表示方法。此法仅适用于较简单的电路。

分开表示法,如把继电器的线圈、触点分别画在不同的电路中,用同一文字符号或数字符号将分开部分联系起来。

11. 先易后难

有些汽车电路图的某些局部电路可能比较复杂,一时难以看懂,可以暂时将其放一放,待其他局部电路都看懂后,结合看懂图中与该电路有联系的相关信息,再进一步识读这部分电路。

12. 注意搜集资料和经验积累

对于看不懂的电路要请教有关人员,同时还要善于查找收集相关资料;注意深入研究典型汽车电路,做到触类旁通;特别注意实际工作经验的积累,新技术、新工艺的应用和创新。

活动2　大众公司汽车电路图的读图方法

德国大众系列汽车在我国的轿车工业中占据了主导地位,如一汽生产的奥迪、捷达轿车以及上海生产的帕萨特及桑塔纳轿车等,这些产品的电路图与其他系列汽车电路图相比,具有许多不同之处。它不同于其他车辆的接线图、原理图。但在实际上,却可以看作是电路原理图,只不过形式上更接近接线图。

在对汽车故障进行分析、检测与维修时,迅速、熟练的浏览汽车电路图是必须要掌握的技能,下面以"桑塔纳2000GSI"轿车部分电路为例,介绍大众系列汽车电路图的读法。

一、大众公司汽车电路图的特点

1. 接点标记具有固定的含义

在大众公司汽车电路图中经常遇到接点带有数字及字母的标记,它们都具有固定的含义。如数字30代表的是来自蓄电池正极的供电线;数字31代表蓄电池负极接地线;数字15代表来自点火开关的点火供电线;数字50代表点火开关在起动挡时的起动供电线;X代表受点火开关控制的大容量用电设备供电线(来自卸荷继电器的供电线)等。无论这些标记出现在电路的什么地方,相同的标记都代表相同的接点。

2. 所有电路都是纵向排列,不互相交叉

大众公司汽车电路图采用了断线地址代码法来处理线路复杂交错的问题。例如,假设某一条线路的上半段在电路续号为 116 的位置上,下半段在电路接续号为 147 的位置上。这时,在上半段电路的终止处画一个标有 147 的小方格,在下半段电路的终止处也有一小方格,内标有 116,通过 116 和 147 就可以将上、下半段电路连在一起了。

3. 整个电路以中央配电盘为中心

大众公司汽车电路图在表示线路走向的同时,还表达了线路的结构情况。中央配电盒的正向插有各种继电器和熔断器。在电路图上的继电器标有 4/86、3/87a 等数字,其中分子数 4、3 是指中央配电盒插孔代号,分母 86、87a 是指继电器的插脚代号。4/86 就表示了继电器插脚与插孔的配合关系。

二、电路图的整体标识

1. 外线部分

外线部分在图上以粗实线画出,集中在图的中间部分,每条线上都有导线的颜色、截面积的标注。线端都有接线标号或插口标号表示其连接关系。颜色标记以字母表示,对应关系为:ws＝白色;sw＝黑色;ro＝红色;br＝棕色;gn＝绿色;bi＝蓝色;ge＝灰色;li＝紫色;ye＝黄色。如果导线是双色的,则以两种颜色的字母共同标记。例如 ro/sw,sw/ge 等。导线的截面积是用数字标示在导线颜色上方,单位是 mm^2。例如 4.0,6.0 等。

2. 内部连接部分

内部连接部分在图上以细实线画出,这部分连接是存在的,但线路是不存在的。标示线路只是为了说明这种连接关系,也使电路图更加容易被理解。

3. 电器元件部分

电路图本身就是表达元件之间的连接关系的。因此,电器元件在电路图中是主体。电器元件在图中用框图辅以相应的标号表示。每一个元件都有一个代号,如 A,表示蓄电池;C1,表示发电机电压调节器等。电器元件的接线点都用标号标出,标号在元件上可以找到。例如,起动机 B,有两个接点,一个标号 30,一个标号 50。

4. 继电器、熔断器及其连接件部分

这一部分表示在图的上部,反映的内容有:继电器位置号、继电器名称,中央配电盒上插接件符号,中央配电盒上连接件符号,熔断器座标号及熔断器容量等。

5. 电路接续号(地址码)

电路接续号在图的最下方,这一标号只是制图和识图的标记号,数字的大小没有实际的物理意义。它有两个作用,一是可顺序表达整个车的全部电路内容,便于每一部分既相对独立又相互联系;二是便于反映在一部分电路图中难以表达的接续部分。

6. 所有负载、开关、触点表示状态

带有连接导线的负载回路,在图中所有开关和触点均处于机械静止位置。

三、电路图线段、接点的含义(如图 9-18 所示)

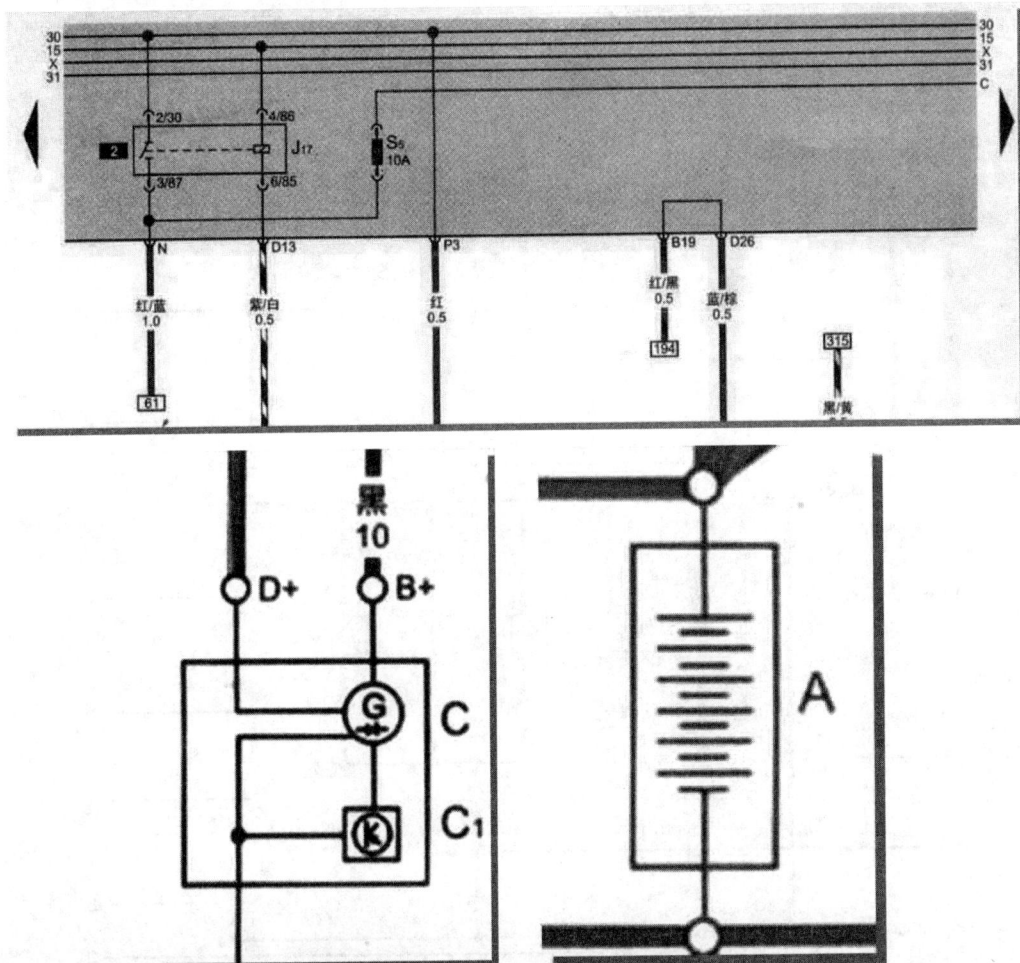

30—直接接蓄电池正极,蓄电池 12V/24V 转换继电器;15—蓄电池的下游受开关的控制的正极(来自点火/行驶开关);X—点火开关控制卸载荷继电器的蓄电池正极端子;31—连接蓄电池负极端子的回线或接地;A—蓄电池;B—起动机;C—交流发电机;C1—调节器;D—点火开关。

图 9-18　电路图线段、接点的含义

四、电路图例解

大众车系电路图各符号含义如图 9－19 所示。

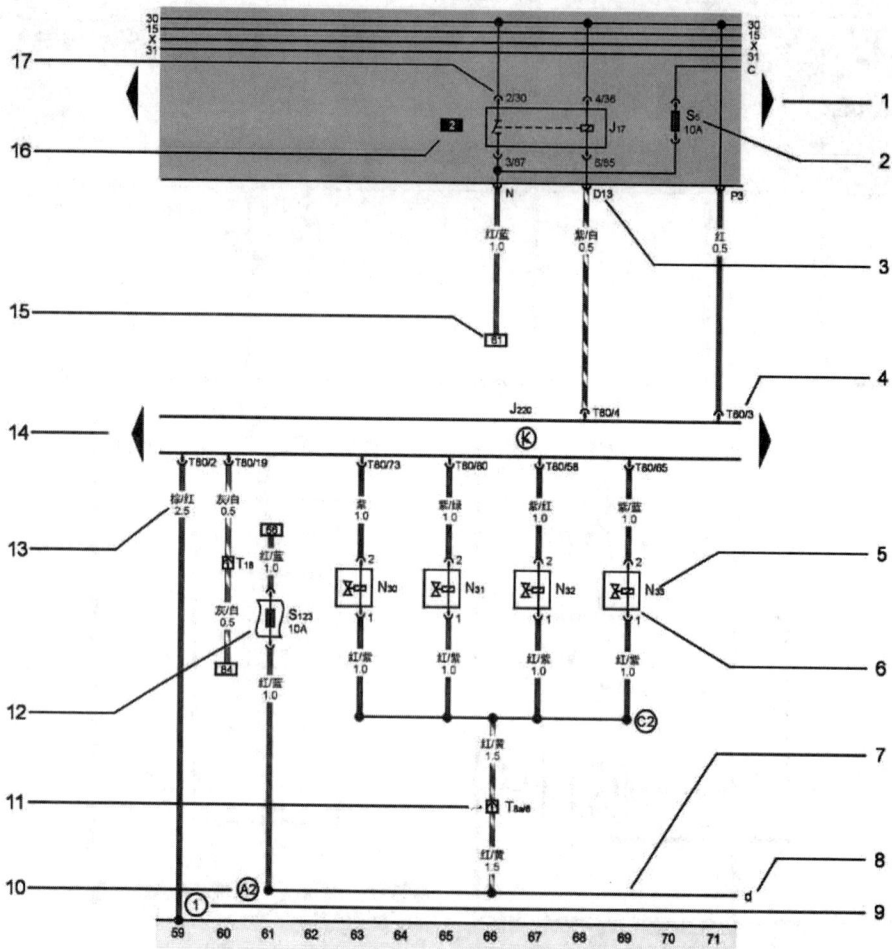

1—三角箭头：表示下接下一页电路图；2—保险丝代号：图中 S5 表示该保险丝位于保险丝座第 5 号位，10A；3—继电器板上插头连接代号：表示多针或单针插头连接和导线的位置，例如 D13 表示多针插头连接，D 位置触点 13；4—接线端子代号：表示电器元件上接线端子数／多针插头连接触点号码；5—元件代号：在电路图下方可以查到元件的名称；6—元件的符号：可参见电路图符号说明；7—内部接线（细实线）：该接线并不是作为导线设置的，而是表示元件或导线束内部的电路；8—指示内部接线的去向：字母表示内部接线在下一页电路图中与标有相同字母的内部接线相连；9—接地点的代号：在电路图下方可查到该代号接地点在汽车上的位置；10—线束内连接线的代号：在电路图下方可查到该不可拆式连接位于哪个导线束内；11—插头连接：例如 T8a／6 表示 8 针插头触点 6；12—附加保险丝符号：例如 S123 表示在中央电器附加继电器板上第 23 号位保险丝，10A；13—导线的颜色和截面积（单位：平方毫米）；14—三角箭头：指示元件接续上一页电路图；15—指示导线的去向：框内的数字指示导线连接到哪个接点编号；16—继电器位置编号：表示继电器板上的继电器位置编号；17—继电器板上的继电器或控制器接线代号：该代号表示继电器多针插头的各个触点。例如 2／30 表示 2＝继电器板上 2 号位插口的触点 2。

图 9－19　电路图例解

五、大众车系电路图识读举例

大众车系电路图如图 9-20 所示。

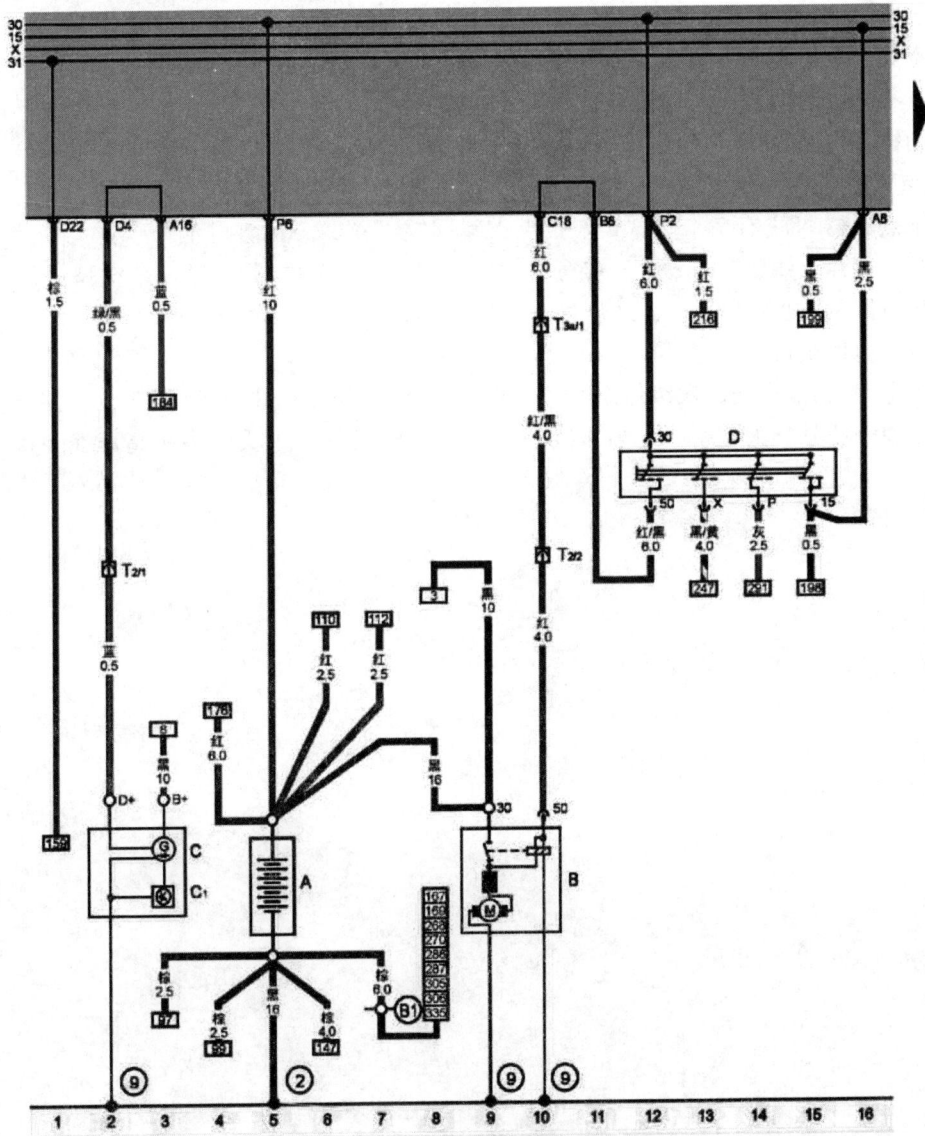

A—蓄电池;B—起动机;C—交流发电机;C₁—调压器;D—点火开关;T₂—发动机线束与发电机线束插
头连接,2 针,在发动机舱中间支架上;T₃ₐ—发动机线束与前大灯线束插头连接,3 针,在中央电器后
面;2—接地点,在蓄电池支架上;9—自身接地;B1—接地连接线,在前大灯线束内。

图 9-20　大众车系电路图

1. 电源系电路

整体式硅整流发电机。当 n 大于 1200r/min 时向外供电,并向蓄电池充电,充电指示灯
熄灭。

发电机励磁电路为:蓄电池"＋"或(发电机"＋")→点火开关→充电指示灯→发电机励磁

绕组→电压调节器→搭铁→蓄电池"－"或(发电机"－")。

2. 起动系电路

直流串励式电动机(功率为 950W)由点火开关的起动挡直接控制。点火开关内设置有机械锁止装置,对起动系统起保护作用。

当点火开关置于起动挡时,接通起动机电磁开关内的吸拉和保持线圈,其电路为:蓄电池正极→点火开关起动挡→起动机电磁开关→搭铁→蓄电池负极。

起动机主电路为:蓄电池正极→电磁开关接触盘→起动机→搭铁→蓄电池负极。

3. 点火系电路(霍尔式电子点火系)

电子点火器 N41 有 7 个脚,"1"—接点火线圈"－";"2"—接蓄电池"－";"3"—接分电器"－";"4"—接点火线圈"＋";"5"—接分电器"＋";"6"—接分电器"S";"7"—空脚。

低压电路为:电源正极→点火开关→编号 15 的线路→点火线圈初级绕组→电子点火器 41→搭铁→电源负极。

高压电路为:点火线圈次级绕组"＋"→点火线圈"＋"接线柱→编号 15 的线路→点火开关→蓄电池→搭铁→火花塞→分高压线→配电器旁电极→分火头→中央高压线→次级绕组"－"。

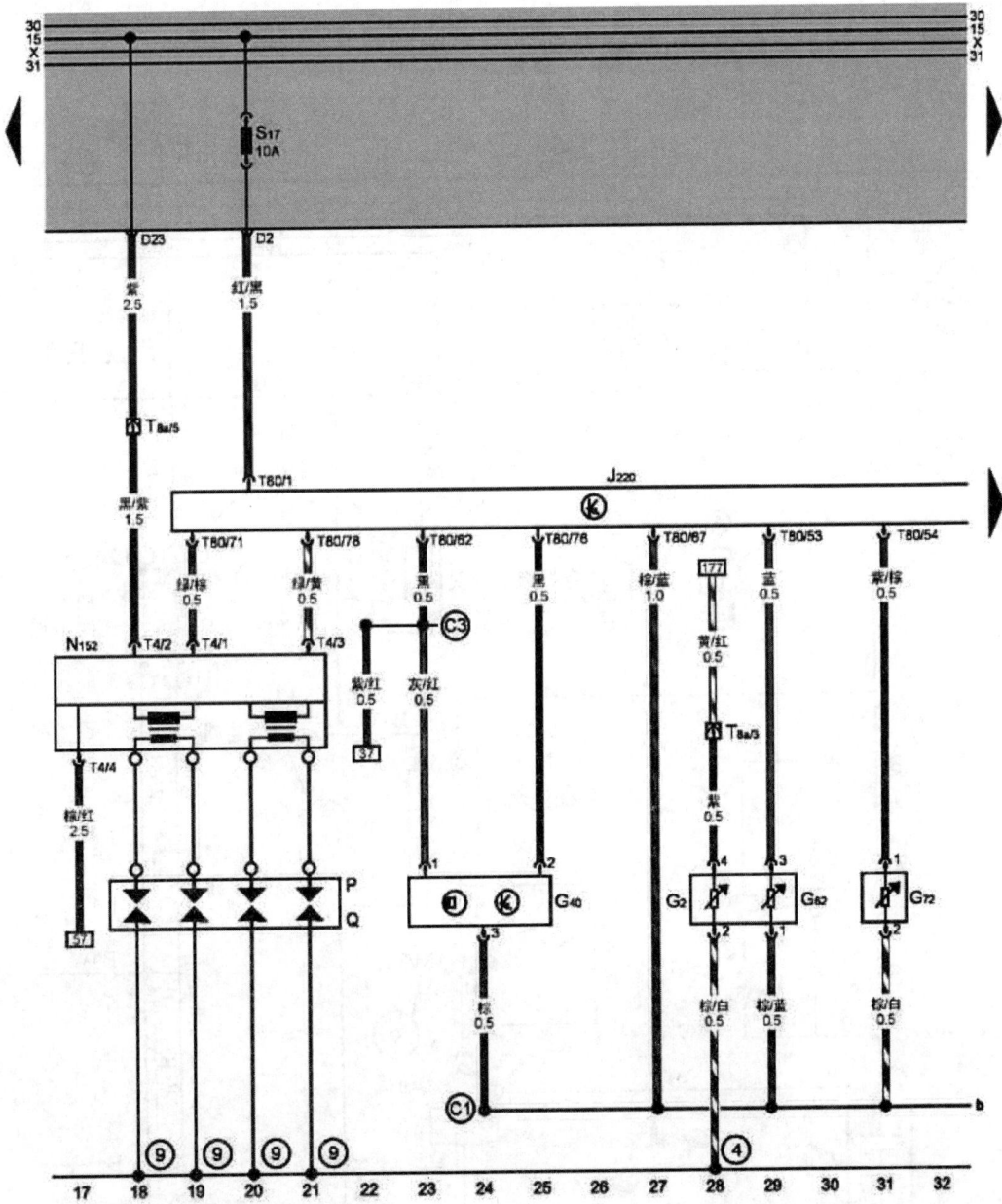

G₂—水温表传感器；G₄₀—霍尔传感器；G₆₂—冷却温度传感器；G₇₂—进气温度传感器；J220—Motronic 发动机控制单元；N₁₅₂—点火线圈；P—火花塞插头；Q—火花塞；S₁₇—发动机控制单元保险丝，10A；T4—前大灯线束与散热风扇控制器插头连接，4 针，在散热风扇控制器上；T₈ₐ—发动机线束与发动机右线束插头连接，8 针，在发动机舱中间支架上；T80—发动机线束、发动机右线束与发动机控制单元插头连接，80 针，在发动机控制单元上；4—接地点，在离合器壳上的支架上；9—自身接地；C1—连接线，在发动机右线束内；C3—+5V 连接线，在发动机右线束内。

图 9-21 大众车系电路图

活动3　丰田公司汽车电路图的读图方法

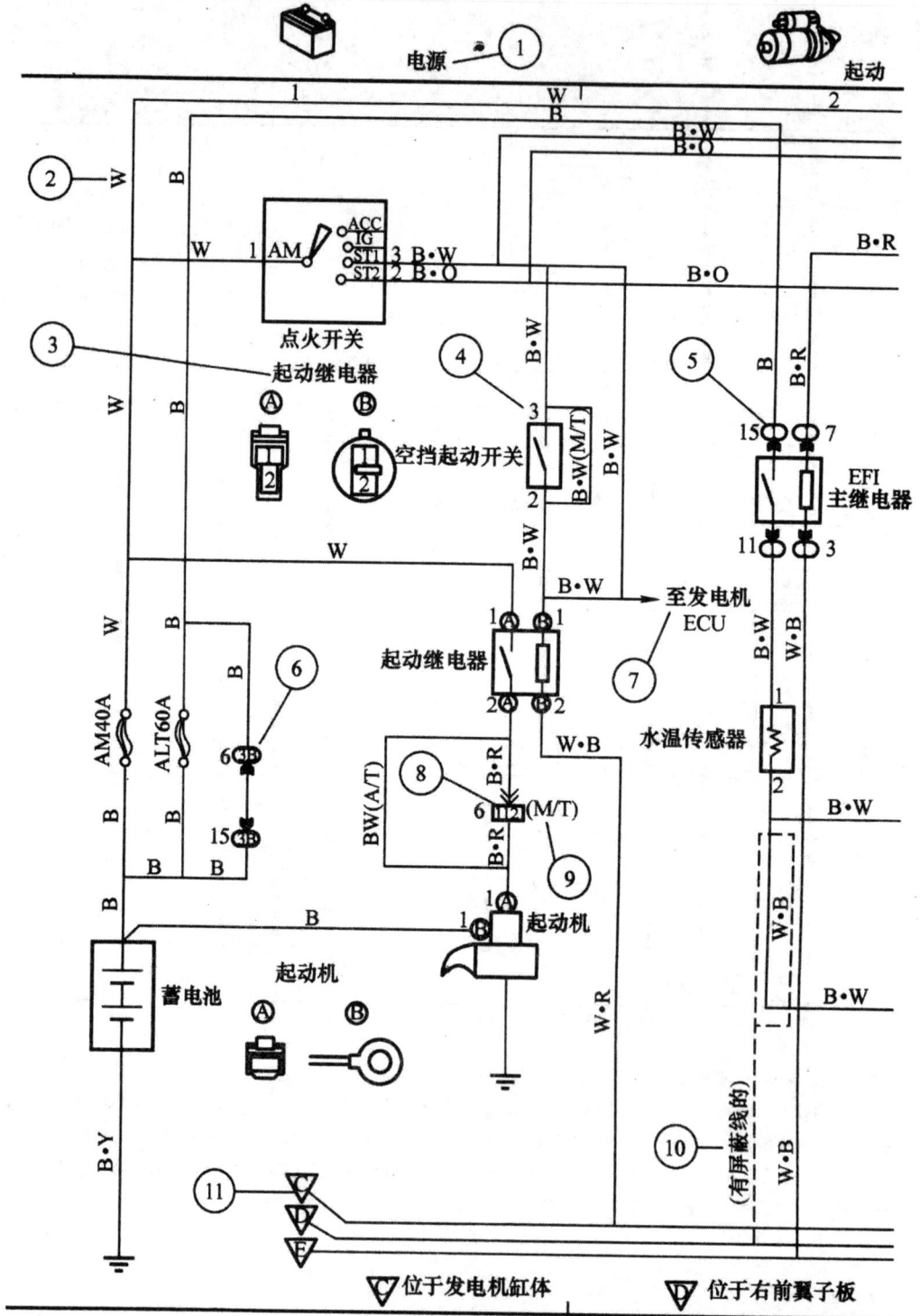

图 9-22　丰田公司汽车电路图

丰田公司汽车电路如图9-22所示,电路图中大圆圈内的数字是注释符号,其各部分的含义如下:

1——系统标题;

2——配线颜色;

3——与电路元件连接的插接器;

4——插接器的接线端子编号;

5——继电器盒;

6——接线盒,圈内数字表示接线盒(J/B)号码,圈旁数字表示该插接器插座位置代码;

7——相关联的系统;

8——配线与配线之间的插接器;

9——当车辆型号、发动机型号或规格不同时,用括号中内容来表示不同的配线和插接器等;

10——屏蔽的配线;

11——搭铁点位置,搭铁(搭铁)点在电路图中用"▽"符号表示。

活动4　通用公司汽车电路图的读图方法

一、电路图的特点

(1)电路图中标有特殊的提示号

1)静电敏感符号,用于提醒检修人员。系统内含有对静电放电敏感的部件,在维修时应注意。

2)安全气囊符号,用于提醒检修人员,该系统为安全气囊系统或与安全气囊系统相关。

3)故障诊断符号,用于提醒读者该电路在车载诊断(OBD-Ⅱ)范围内,当该电路出现故障时,故障指示灯就会亮。

4)注意事项符号,用于提醒检修人员还有其他附加系统维修的信息。

(2)电路图中标有电源接通说明

系统电路图中的电源通常是从该电路的熔断器起,在电路图的上方,用黑框表示,并用黑框中的文字说明在什么样的情况下该电路接通电源。

(3)电路图中标有电路编号

通用车系的电路图中,各导线除了标明颜色和截面积外,通常还标有该电路的编码,通过电路编码可以知道该电路在汽车上的位置,以便读图和故障查询。

二、电路图的读图说明(如图9-23所示)

1)"运行或起动发热"表示线路在点火开关处于点火或起动挡时有电,电压为蓄电池工作电压。

2)表示27号10A的熔断器。

3)虚线框表示没有完全表示出接线盒所有部分。

4)表示导线由熔断器接线盒的C2连接插头的E2插脚引出,连接插头编号C2写在右侧,插脚编号E2写在左侧。

5)符号 P100 表示贯穿式密封圈,其中 P 表示密封圈,100 为其代号。

6)"0.35 粉红色"表示导线截面积为 0.35mm,线的颜色为粉红色,数字"339"是车辆位置分区代码,表示该线束位置在乘客室。

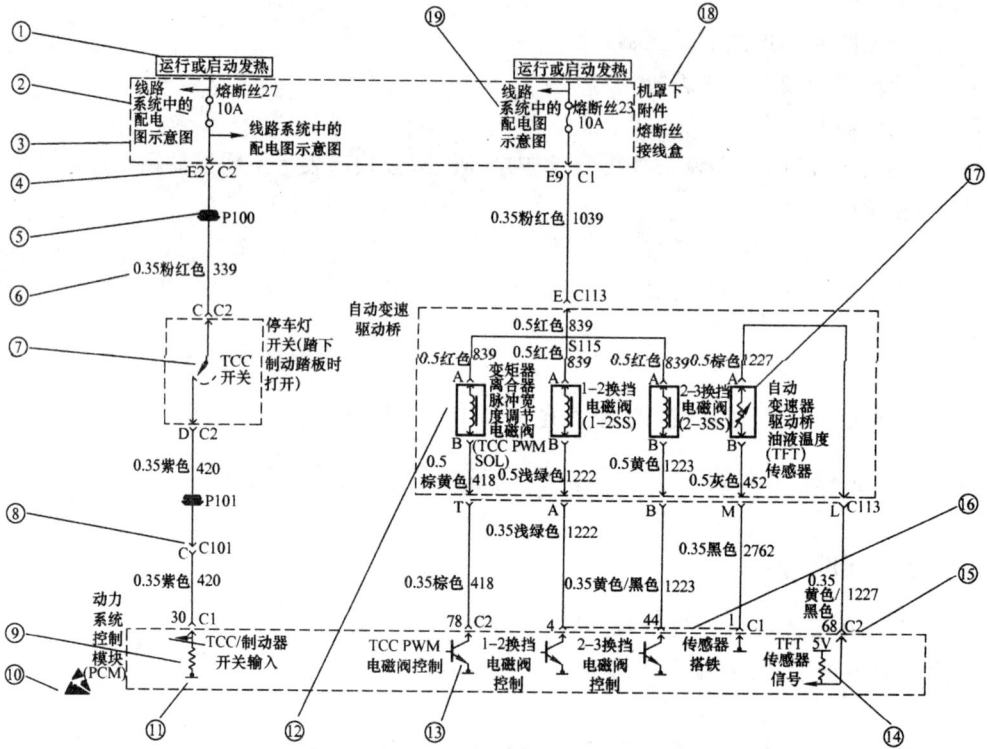

图 9-23　电路图的说明

7)表示 TCC(液力变矩器中的锁止离合器控制)开关,图示 TCC 处于接通状态,其开关信号经过 P101 和 C101,由动力控制模块(PCM)中的 Cl 插头 30 号插脚进入 PCM 中。

8)表示直列型插接器,右侧"C101"表示连接插头编号(其中 C 表示连接插头),左侧"C"表示直列线束插接器的 C 插脚。

9)表示输出电阻,这里用来把 TCC 和制动灯开关的信号以一定的电压信号的形式输出给动力控制模块 PCM 的内部控制电路。

10)表示动力控制模块 PCM 是对静电敏感的部件。

11)符号表示搭铁。

12)表示在自动变速器内部的 TCC 锁止电磁阀,此电磁阀控制液力变矩器内部锁止离合器的结合。它在点火开关处于点火或起动挡时,通过 23 号 10A 的熔断丝供电。

13)表示带晶体管半导体元件控制的集成电路。这里为动力电控单元 PCM 内部集成的控制电路,控制电磁阀驱动电路,通过 PCM 搭铁。

14)表示输出电阻。PCM 提供 5V 稳压通过内部串接电阻与自动变速器油温传感器(TFT)连接,同时将自动变速器油温传感器(NTC 型电阻)信号传给 PCM。

15)表示动力制模块 PCM 的 C2 连接插头的 68 插脚。

16)用虚线表示 4、44、l 插脚均属于 C1 连接插头。

17)表示自动变速器内部的自动变速器油温传感器,它是一个随温度增加阻值减小的NTC型电阻。

18)表示部件的名称及所处的位置。该机罩下附件导线接线盒位于发动机的左侧(从车的前面看)。

19)表示导线通往机罩下附件导线接线盒的其他电路,对目前所显示的电气系统没有作用,是一种省略的画法。

任务4　汽车电气故障的检修方法

活动1　汽车电路检修的一般流程和方法

一、汽车电路常见故障

1. 断路

断路一般由导线折断、导线连接端松脱或接触不良等原因所造成。

2. 短路

造成短路的原因有:导线绝缘破坏,并相互接触造成短路,开关、接线盒、灯座等外接线螺钉松脱,造成线头相碰;接线时不慎,使两线相碰;导线头碰着金属部分。

3. 搭铁

搭铁的原因:火线直接与金属机体相碰。

二、汽车电路检修

汽车电路检修的一般流程如下流程图9-24。

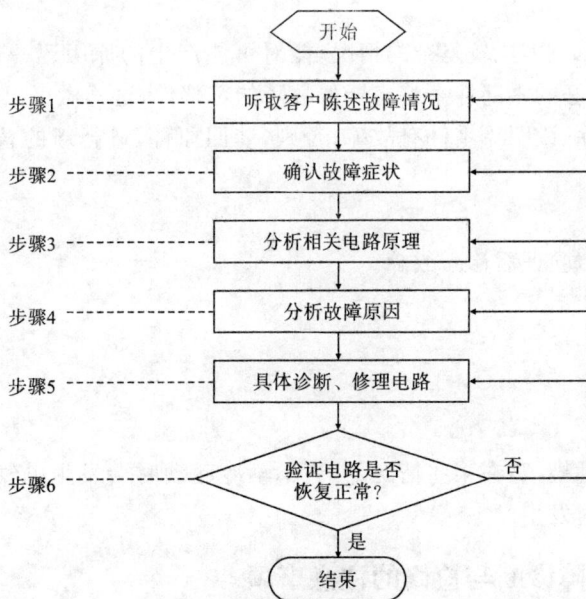

图 9-24　汽车电路检修流程图

实际工作中不必过分拘泥于流程步骤,可以视实际情况或凭经验略过一些步骤,直达故障点进行检修,可有效提高工作效率。

三、汽车线路故障诊断与检修的常用方法

1. 直观法

当汽车电系的某个部分发生故障时,会出现冒烟、火花、异响、焦臭、高温等异常现象。通过人体的感觉器官,听、摸、闻、看等对汽车电器进行直观检查,进而判断出故障的所在部位,从而大大地提高了检修速度。

2. 检查保险法

当汽车电系出现故障时,首先应查看保险是否完好。如汽车在行驶中,若某个电器突然停止工作,同时该支路上的熔断器熔断,说明该支路有搭铁故障存在。某个系统的保险反复烧断,则表明该系统一定有类似搭铁的故障存在,不应只更换熔断器了事。

3. 刮火法

刮火法又称试火法,通常应用于判断线束或导线有无开路。拆下用电设备的某一线头对汽车的金属部分(打铁)碰试,根据火花的有无,判断是否开路。

注意:刮火不宜用来检查汽车电子电路,以免损坏电子元件器材。

4. 试灯法

试灯法是用一个汽车灯泡作为临时试灯,检查线束是否开路或短路,电器或电路有无故障等。此方法适合检查不允许直接短路的带有电子元器件的电器。

使用临时试灯法应注意试灯的功率不要太大,在测试电子控制器的控制(输出)端子是否有输出及输出是否足够时尤其要慎重,防止使控制器超载损坏。

5. 短路法

短路法又叫短接法,即用一根导线将某段导线或某一电器短接后观察用电器的变化。

6. 替换法

替换法常用于故障原因比较复杂的情况,能对可能产生的原因逐一进行排除。其具体做法是:用一个已知是完好的零部件来替换疑似故障的零部件,这样做可以试探出零件是否有故障。若替换后故障消除,说明原零件有故障;否则,装回原件,进行新的替换,直至找到真正的故障部位。

7. 模拟法

进行发生条件模拟验证后诊断故障。

1)车辆振动模拟;

2)热敏感性(温度)模拟;

3)浸水模拟;

4)电负载模拟;

5)冷起动或热起动模拟:在某些情况下,当车辆冷起动时会发生电气故障,有时也会在车辆短暂熄火后热起动时发生。

四、汽车线路故障诊断与检修的注意事项

维修汽车电气系统的首要原则是不要随意更换电线或电器,这种操作有可能因短路、过载

而引起火灾。同时还应注意以下各项：

1）拆卸蓄电池时，总是最先拆下负极电缆；装上蓄电池时，总是最后连接负极电缆。拆下或装上蓄电池电缆时，应确保点火开关或其他开关都已断开，否则会导致半导体元器件的损坏。切勿颠倒蓄电池接线柱极性。

2）允许使用欧姆表及万用表的 $R\times100$ 以下低阻欧姆挡检测小功率晶体三极管，以免电流过载损坏它们。更换三极管时，应首先接入基极，拆卸时，则应最后拆卸基极。对于金属氧化物半导体管（MOS），则应注意静电击穿，焊接时，应从电源上拔下烙铁插头。

3）拆卸和安装元件时，应切断电源。如无特殊说明，元件引脚距焊点应在 10mm 以上，以免烙铁烫坏元件，且宜使用恒温或功率小于 75W 的电烙铁。

4）更换烧坏的保险时，应使用相同规格的保险。使用比规定容量大的保险会导致电器损坏或产生火灾。

5）靠近震动部件（如发动机）的线束部分应用卡子固定，将松弛部分拉紧，以免由于震动造成线束与其他部件接触。

6）不要粗暴地对待电器，也不能随意乱扔。无论好坏器件，都应轻拿轻放。使其避免承受过大冲击。

7）与尖锐边缘磨碰的线束部分应用胶带缠起来，以免损坏。安装固定零件时，应确保线束不要被夹住或被破坏，同时应确保接插头接插牢固。

8）进行保养时，若温度超过 80℃（如进行焊接时），应先拆下对温度敏感的零件（如 ECU）。

活动 2　汽车电器元件及线路的检查

一、保险及相关电路的检查

保险本身可用目视或万用表的电阻挡进行检查，测量其是否导通，如果保险烧毁，用万用表测试时，其电阻为无穷大。保险烧毁后，应找出保险烧毁的原因，并对线路进行测量，测量时可用万用表或试灯测量保险的电源端是否有电源的电压，测量电器端是否直接搭铁。如果电源端无电压则应继续向电源方向检查，直至查到电源为止。若电器端搭铁（对搭铁的电阻为 0），则必须查出线路在何处搭铁，排除故障，否则换上新保险也会烧毁。

二、继电器及相关电路的检查

继电器一般由一个控制线圈和一对或两对触点组成，触点有常开和常闭触点之分，检查时用万用表的电阻挡测量继电器的线圈，检查其电阻是否符合要求，如果电阻符合要求，再给继电器线圈加载工作电压，检查其触点的工作情况，如果是常开触点，加载工作电压后，触点应闭合，测量电阻应为 0；如果触点为常闭触点，加载工作电压后，其触点应断开，测量电阻应为无穷大，如图 9-25 所示。

相关电路检测时，继电器线圈的两个插脚，一个在控制开关接通后应有继电器的工作电压，另一插脚应搭铁。触点的插脚应根据电路图确定其应接电源还是搭铁，并按照其工作情况用万用表检测是否符合要求，如图 9-26 所示。

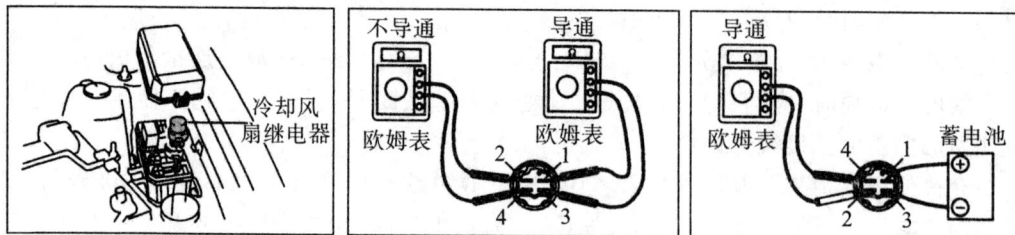

图 9－25　继电器的测量

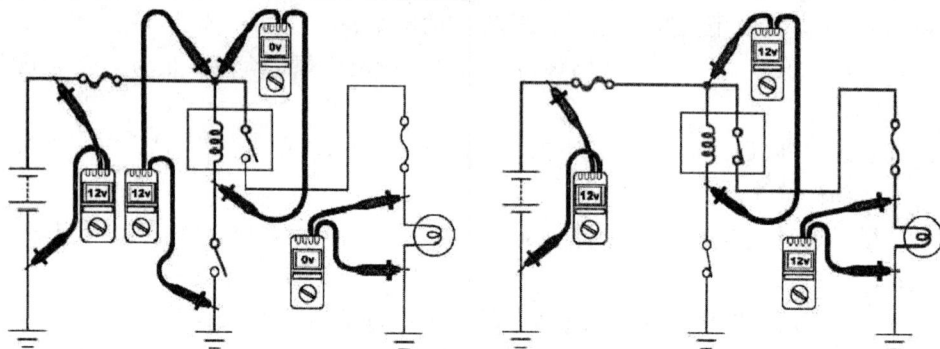

图 9－26　继电器相关电路的检查

三、灯泡的检查

灯泡是电器元件中比较容易损坏的部件,检查时一般可用万用表检查灯丝的通断,如果测量到灯丝的电阻为无穷大,则为灯泡损坏。灯泡的检查如图 9－27 所示。

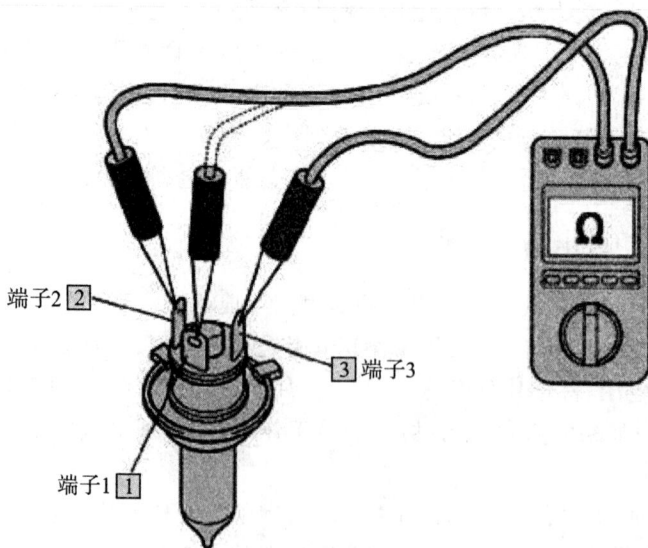

图 9－27　灯泡的检查

四、开关的检查方法

开关是汽车电器中最常用的部件,可根据开关的功能和开关各挡位的导通情况用万用表进行检查,通常开关与线束连接时采用插接器,插接器上的导线都有编号,检查时,使开关处于不同的挡位,按照开关接通情况测量插接器或插头相应编号导线之间的导通情况,如图 9-28 所示,如果检查的结果不符合开关的功能要求,说明开关已经损坏。

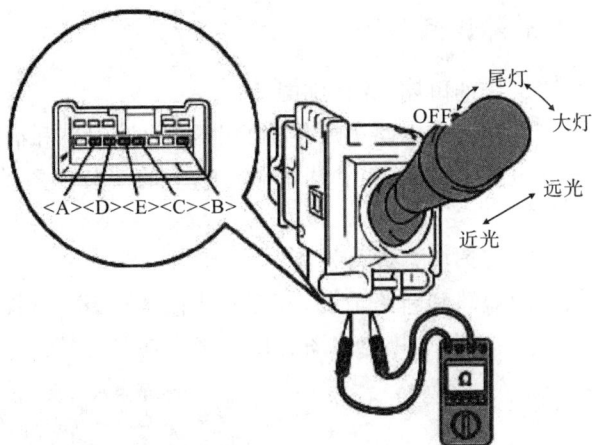

图 9-28　开关的检查

五、线路的检查方法

线路检查一般采用两种方法,一种是利用万用表的电压挡,沿着电路图中的线路分段用万用表检查电压或用试灯测试亮灭的情况;另一种方法是用万用表的电阻挡测量相应导线的通断程度及搭铁情况,如图 9-29 所示。

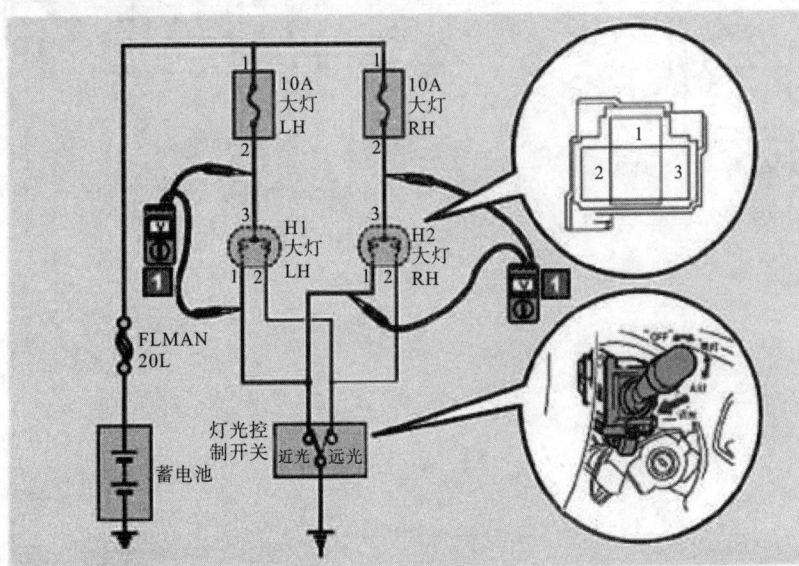

图 9-29　线路的检查

活动3 利用电路图检查故障

当电气系统出现故障时,首先应确定故障的现象和发生故障的条件,这样可以大致确定故障的范围,检查时应首先对电源、故障系统的供电情况及故障元件本身进行检查,如果通过上述检查工作还不能确定故障原因时,就需借助电路图进行故障诊断。电路图可以提供电器设备的基本电路、电器元件的安装位置、线束及连接器的基本情况。

一、使用电路图进行故障诊断步骤

1)在电路图中找出故障系统的电路,并仔细阅读;

2)通过阅读电路图找出故障系统电路中所包含的电器元件、线束和插接器等;

3)通过电路图找出上述电器元件、线束和插接器在车上的安装位置及电器元件和插接器上各端子的作用或编码;

4)对怀疑有故障的部件按前述内容进行检测;

5)根据电路图检查线束的短路和断路情况,直至查出故障的部位。图 9-30 为利用电路图进行电压检测的情况,图 9-31 为利用电路图进行短路检查的情况。

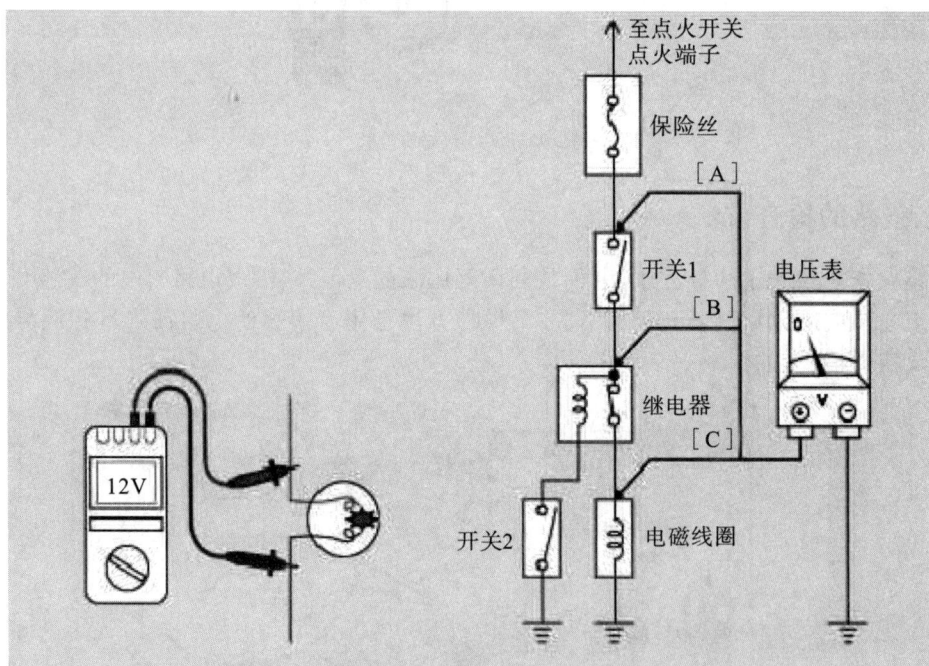

图 9-30 线路电压检测

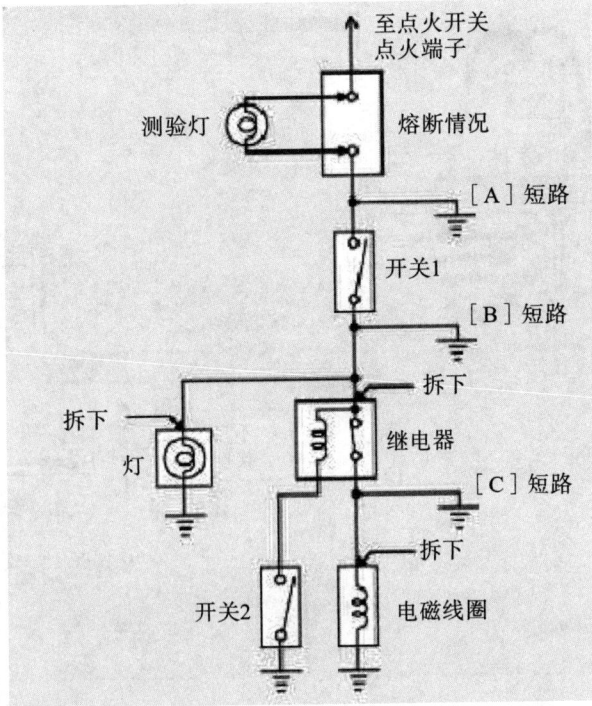

图 9-31　线路短路检查

如果检测到的数据与正确的数据不符,就说明系统有故障。图 9-32 为开关接通时各点的电压,如果电压不符,如图 9-33 中继电器触点处有 2V 电压,就说明此处有接触电阻,故障为触点接触不良。

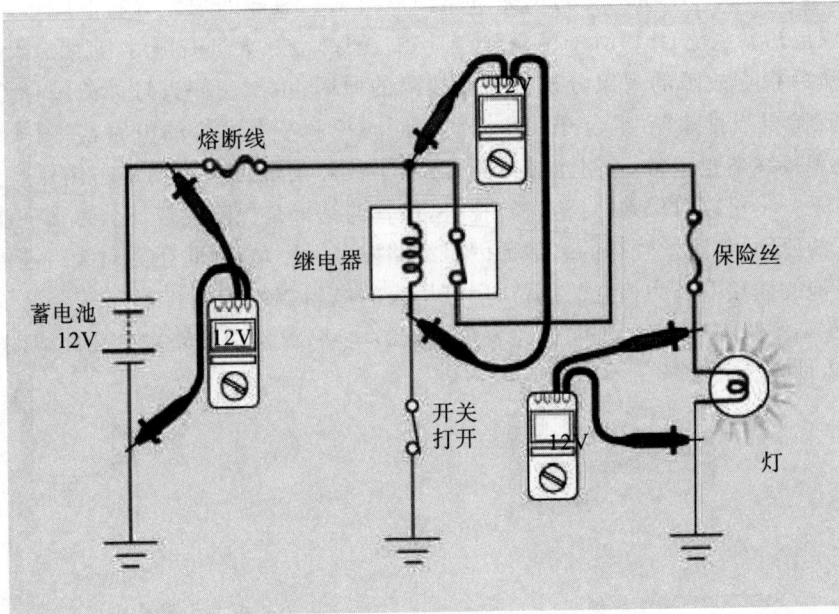

图 9-32　开关接通时各点电压的正确数据

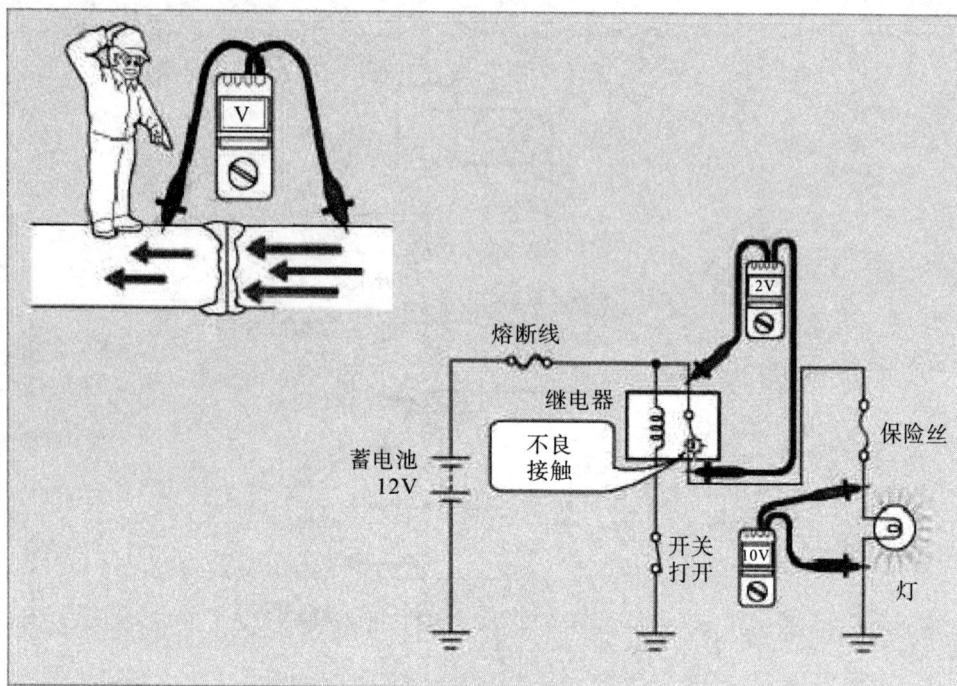

图 9-33　继电器触点接触不良时的电压数据

二、利用电路图检查故障的实例

一辆车的右侧大灯的近光和远光都不亮,诊断时应在电源检查的基础上仔细阅读电路图,大灯的电路图如图 9-34 所示。阅读完电路图后可根据故障的现象分析故障可能发生的部位,这些部位包括蓄电池、FL MAIN 保险、前部右侧保险丝、大灯右侧灯泡、组合开关、接线器和线束等,然后根据故障的现象分析排除非故障的原因,由于左侧大灯无故障,所以蓄电池、FL MAIN 保险可以排除掉,组合开关和接线器同时控制左右大灯的电路,左侧大灯正常,说明组合开关和接线器也正常,通过上述分析,可能出故障的部位只有前部右侧保险丝、右侧灯泡和线束。下一步可以对保险、灯泡进行检查,检查的结果是保险丝烧坏。再下一步是要确定保险丝烧坏的原因,保险丝烧坏的多数原因是线路发生了短路,因此还需对线路进行检查。检查时可将灯泡的插接器作为检查的部位,用万用表的电阻挡检查插接器上三个端子的绝缘情况,如果电源端绝缘情况良好,说明短路发生在下游电路,此例中短路发生在此线束,维修后更换保险,故障排除。

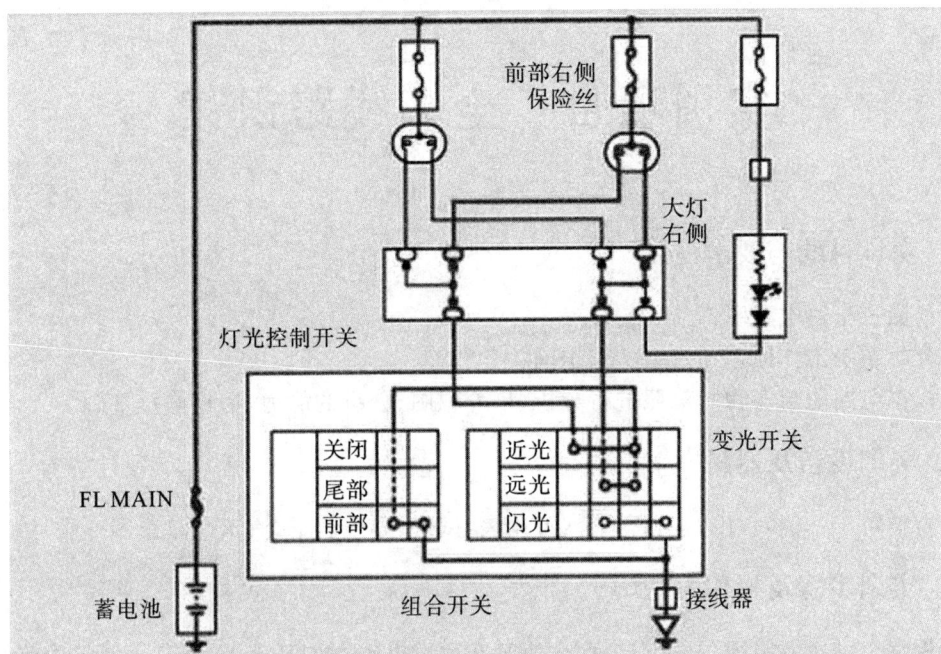

图 9-34 大灯的电路图

本章小结

1)汽车电系的连接导线有低压导线和高压导线两种。

2)连接器和电线焊片是线路与各电器设备之间、线路与线路之间的连接部件。连接器由插头和插座两部分组成,车辆上不同位置所用连接器的端子数目、几何尺寸和形状各不相同。

3)继电器通常分为:常开继电器,常闭继电器和常开、常闭混合型继电器。

4)开关在电路图中的表示方法有多种,常用的有结构图表示法、表格表示法和图形符号表示法等。

5)汽车电路常见的有线路图、电路原理图、线束图等三种表示方法。

6)汽车电气设备电路图常用的图形符号有电路图形符号和仪表、开关、指示灯标志图形符号。

7)汽车电路图的读图要领:牢记回路原则、注意开关在电路中的作用、要善于化整为零。

8)汽车电路常见故障主要有:断路、短路、电器设备的损坏等。

9)汽车电路常用检修方法:直观法、刮火法、短路法、断路法、高压试火法、试灯法、替换法、模拟法等。

实训项目　全车线路识读

一、实训目的与要求

1）读懂汽车总电路图；

2）分析系统工作原理和线路电流走向；

3）根据电路图与实物相对照进行分析，培养识图、分析的能力，为检修打基础。

二、实训设备及器材

桑塔纳轿车一辆，常用的工具一套、万用表、试灯、导线若干，汽车电路总图一张

三、实训步骤及操作方法

分析汽车设备电路图，是指在全面分析某车型总电路图的基础上，以某一系统电路为研究主体，分析该系统的工作原理和电流流向，结合原车实际的线路连接进行验证，最后与实物相对应，对整个系统了如指掌，并能对故障的发生部位进行大致的判断。

1. 全面分析总电路图

桑塔纳轿车总电路很多书中都有，本书中不单独贴出，请读者自行寻找。各电器部分的线路纵向排列，清晰明了，从左至右分别是电源区、起动区、点火区、仪表区等。电气图上端灰色区域为中央接线板部分，其上有继电器、熔断器、内部线路、接口、插座及各种线束。整车电器系统正极电源分三路："30 - A"路是常火线，12V，通过P区接线柱、红色导线、起动机电缆直接与蓄电池相连；"15 - B"路是受点火开关控制的小容量电器火线；"X - C"路是受点火开关控制的大容量电器火线。中央接线板的负极接口D22通过搭铁线与机体连接。

读图时，一是要注意各图形的编号，根据编号在本页下部查出图形表示什么元件；二是要注意读懂电路图下面的坐标，以确定该图形元件所处的位置，在读线路指向某一数字坐标时很有用；三是要注意各线路在中央接线板、继电器及其他电器元件上的接口编号，通过接口编号能读懂其线路走向。

2. 分析点火系工作原理和线路电流走向

桑塔纳采用霍尔效应式无触点晶体管电子点火系，由蓄电池、点火开关、点火线圈、霍尔无触点式分电器、电子点火控制器、高低压导线及火花塞等组成。其工作原理是通过点火线圈的初级线圈电流的通断，在次级线圈上感应出高压电，通过高压线路及正时分配使各缸火花塞跳火。初级电流的通断受点火器的控制，而点火器依靠点火传感器的信号来控制。

低压电流走向：蓄电池"＋"接线柱（经电缆）→起动机的"30"接线柱（经红线）→中央接线板P→另一P接线柱（经红线）→点火开关"30"接线柱→点火开关"15"接线柱（经黑线）→中央接线板A8接线柱→D23接线柱（经黑线）→点火线圈"＋"接线柱。然后分两路：一路进入点火线圈内部经初级线圈到"－"接线柱（经绿线）→点火控制器"1"接线柱→点火控制器内部→点火控制器"2"接线柱（经棕线）→发动机机体搭铁（经搭铁线）→蓄电池"－"接线柱；另一路向

点火控制器供电,从点火线圈"＋"接线柱(经黑线)→点火控制器"4"接线柱→点火控制器内部→点火控制器"2"接线柱(经棕线)→发动机机体搭铁(经搭铁线)→蓄电池"－"接线柱。另一方面第一路的导通和断开受分电器霍尔式点火传感器的信号控制,接线如下:点火控制器"5"接线柱(经红/黑线)→霍尔传感器"＋"接线柱;霍尔传感器"－"接线柱(经棕/白线)→点火控制器"3"接线柱;点火控制器"3"接线柱(经绿/白线)→霍尔传感器"信号"接线柱,向霍尔传感器提供12V电压(高电位),此信号线受霍尔电压控制。当产生霍尔电压时,霍尔传感器使该线路搭铁(低电位),当点火控制器检测到该信号是低电位时,便断开初级电流,从而在点火线圈中感应出高压电来。该信号在高电位和低电位之间来回变化,以使初级电流通—断—通—断,从而使点火线圈中的次级线圈感应出高压。

高压电流走向:次级线圈→点火线圈"＋"接线柱→D23→A8→点火开关→P→蓄电池→搭铁→火花塞电极、中心电极→分电器盖配电器(旁电极、分火头)→次级线圈。

3. 实物对照

根据总电路图和点火系线路电流走向与实物进行对照,将理论的分析结果与实物的每个部件,每根线束、每个控制元件进行对照,同时可画出点火系线路拆画图,以简化分析。

4. 故障判断

根据分析的结果,与实物对照无误后,对点火系统的可能发生的故障进行现场检测。

四、注意事项

1)在分析系统电路时,要全面细致。

2)分析电流走向时,要注意电流的方向。

3)拆画的系统电路图要符合电路图规范。

参 考 文 献

[1]娄云.汽车电器[M].北京:机械工业出版社,2004.

[2]李春明.汽车电器与电路[M].北京:高等教育出版社,2003.

[3]林平.汽车电系故障速查快修[M].北京:电子工业出版社,2003.

[4]李春明.汽车车身电子技术[M].北京:北京理工大学出版社.2003

[5]张茂国.汽车电气设备构造与维修[M].北京:人民交通出版社,2004.

[6]王勇.汽车电气设备构造与维修[M].北京:机械工业出版社,2002.

[7]林晨.桑塔纳 2000GSI－AT/GSI/GLI/GLS 轿车维修手册[M].北京:机械工业出版社,2002.

[8]周建平.汽车电气设备构造与维修[M].北京:人民交通出版社,2005.

[9]鲁植雄.汽车防盗系统故障诊断图解[M].南京:江苏科学技术出版社.2003.

[10]张大成.上海桑塔纳 2000 系列轿车维修手册[M].北京:北京理工大学出版社,2001.

[11]麻友良等.汽车电器与电子控制系统[M].北京:机械工业出版社,2002.

[12]马智勇等.汽车电器维修技师培训教材[M].北京:人民交通出版社,2003.

[13]王遂双.汽车电子系统的原理与检修[M].北京:北京理工大学出版社,2000.

[14]边焕鹤.汽车电器与电子设备[M].北京:人民交通出版社,2000.